Cornelia Ziegler

Südlicher Schwarzwald

826ssw ST

Sie sagen, es wäre dort finster,
weil Tannen vorm Lichte stehen,
wir aber haben dort unten
das Schauspiel der Welt angesehn.

Bertolt Brecht
über den Schwarzwald

Impressum

Cornelia Ziegler
Reise Know-How Südlicher Schwarzwald

erschienen im
Reise Know-How Verlag Peter Rump GmbH
Osnabrücker Str. 79, 33649 Bielefeld

8., neu bearbeitete und komplett aktualisierte Auflage 2013

Gestaltung
Umschlag: G. Pawlak, P. Rump (Layout);
Svenja Lutterbeck (Realisierung)
Inhalt: G. Pawlak (Layout),
Svenja Lutterbeck (Realisierung)
Karten: Cathérine Raisin, der Verlag
Fotonachweis: die Autorin (cz),
Tourismus GmbH Todtnauer Ferienland (TTF),
Claudia Everke (ce), Schwarzwald Tourismus GmbH (ST),
Stadt Hornberg (SH), WTM Blumberg (WTMB),
Heinz Erhardt (he), Ralf Greiner (rg),
Schwarzwälder Freilichtmuseum Vogtsbauernhof (SFV)
www.fotolia.de (Autorennachweis jeweils am Bild)
Titelfoto: www.fotolia.de © j.b.photo

Lektorat (Aktualisierung): Svenja Lutterbeck

Druck und Bindung: Wilhelm & Adam, Heusenstamm

Anzeigenvertrieb
KV Kommunalverlag GmbH & Co. KG,
Alte Landstraße 23, 85521 Ottobrunn,
Tel. 089 928096-0, info@kommunal-verlag.de

ISBN 978-3-8317-2318-8
Printed in Germany

Dieses Buch ist erhältlich in jeder Buchhandlung Deutschlands, der Schweiz, Österreichs, Belgiens und der Niederlande. Bitte informieren Sie Ihren Buchhändler über folgende Bezugsadressen:
Deutschland
Prolit GmbH, Postfach 9, D-35461 Fernwald (Annerod)
sowie alle Barsortimente
Schweiz
AVA Verlagsauslieferung AG,
Postfach 27, CH-8910 Affoltern
Österreich
Mohr Morawa Buchvertrieb GmbH,
Sulzengasse 2, A-1230 Wien
Niederlande, Belgien
Willems Adventure, www.willemsadventure.nl

715ssw ST

Wir freuen uns über Kritik, Kommentare und Verbesserungsvorschläge, gern auch per E-Mail an info@reise-know-how.de.

Alle Informationen in diesem Buch sind von der Autorin mit größter Sorgfalt gesammelt und vom Lektorat des Verlages gewissenhaft bearbeitet und überprüft worden.

Da inhaltliche und sachliche Fehler nicht ausgeschlossen werden können, erklärt der Verlag, dass alle Angaben im Sinne der Produkthaftung ohne Garantie erfolgen und dass Verlag und Autorin keinerlei Verantwortung und Haftung für inhaltliche und sachliche Fehler übernehmen.

Die Nennung von Firmen und ihren Produkten und ihre Reihenfolge sind als Beispiel ohne Wertung gegenüber anderen anzusehen. Qualitäts- und Quantitätsangaben sind rein subjektive Einschätzungen der Autorin und dienen keinesfalls der Bewerbung von Firmen oder Produkten.

Wer im Buchhandel trotzdem kein Glück hat, bekommt unsere Bücher auch über unseren Büchershop im Internet:
www.reise-know-how.de

Cornelia Ziegler

SÜDLICHER SCHWARZWALD

Vorwort

Der Schwarzwald meiner Kindheit ist nicht der des Professor Brinkmann aus der legendären TV-Serie „Schwarzwaldklinik“. Mein Schwarzwald ist noch heute bevölkert von den Nixen der dunklen Schwarzwaldseen und von Waldmännlein, mein Schwarzwald war eine Welt voller schwarzer Tannen, in der ich hinter jedem Baum ein Abenteuer vermutete. Heute weiß ich, dass eine geknickte Tanne eine kranke Tanne ist, und heute weiß ich auch, dass die meisten Tannen keine Tannen sind, sondern Fichten.

Viele Jahre hatte ich den Schwarzwald verloren, inzwischen bin ich dort wieder auf Entdeckungsreise gegangen. Die Welt, die ich vorgefunden habe, ist fern

cz wss059

von der harmoniesüchtigen Possierlichkeit einer Teleschwarzwaldklinik. Sie ist auch keine Welt, der allenfalls biedere Rentner ihren Reiz abgewinnen können – wie einmal einige flotte Werbeleute äußerten. Diejenigen, für die der Reiz eines Urlaubsziels nicht in der Zahl der vom Heimatort zurückgelegten Kilometer liegt, können süchtig werden nach dieser Gegend mit dichten Wäldern, tiefen Bergseen, halbverfallenen Burgen und ihren vielen Sagen und Mythen.

Es ist noch gar nicht so lange her, dass sich die Menschen vor diesem dunklen, dichten Meer von Bäumen fürchteten. Wer darin leben und bestehen wollte, musste mutiger, tüchtiger und einfallsreicher als andere sein.

Heute ist der Schwarzwald mit seiner dunklen Mystik, seinen unzähligen Wallfahrtsorten, Naturdenkmälern, seltsamen geologischen Formationen und dunklen Seen auch das Sehnsuchtsziel vieler Kraftortsucher und Esoteriker. Er ist aber auch das Ziel für diejenigen, die einfach nur Ruhe und Besinnung suchen, kurzum: Entschleunigung.

Mögen Sie den Schwarzwald auch so lieben lernen, wie ich ihn liebe!

Cornelia Ziegler

Auf keiner Postkarte, die aus dem Schwarzwald nach Japan oder Amerika verschickt wird, fehlt er: der knallrote Bollenhut

Inhalt

Vorwort 4
Kartenverzeichnis 7
Exkursverzeichnis 8
Hinweise zur Benutzung 9
Die Touren im Überblick 10

7 Touren mit Abstecher zum Kaiserstuhl

1 Tour 1: Offenburg, unteres Kinzigtal und Rheinebene 12

Offenburg 16
Gengenbach 19
Zell am Harmersbach 25
Haslach 28
Hausach 30
Elzach 34
Lahr 37
Rust 40

2 Tour 2: Vom Wolftal ins Kinzigtal 44

Freudenstadt 47
Bad Rippoldsau-Schapbach 51
Bad Peterstal-Griesbach 55
Wolfach 57
Schiltach 60
Alpirsbach 64

3 Tour 3: Entlang der Deutschen Uhrenstraße 66

Furtwangen 70
Triberg 75
St. Georgen 78
Königsfeld 80
Villingen-Schwenningen 82
Bad Dürrheim 88
Rottweil 90
Schramberg 96
Hornberg 99

4 Tour 4: Von Freiburg übers Höllental ins Glottertal 102

Freiburg 105
Kirchzarten 121
Hinterzarten 123
St. Peter 129
Glottertal 131
Waldkirch 134

5 Tour 5: Vom Titisee über die Wutachschlucht nach Donaueschingen 136

Titisee-Neustadt 139
Feldberg 143
Schluchsee 146
Wutachschlucht 150
Blumberg 155
Donaueschingen 156

6 Tour 6: Markgräfler Land 160

Bad Krozingen 164
Staufen 165
Münstertal 169
Schopfheim 175
Lörrach 178
Kandern 182
Bad Bellingen 184
Badenweiler 185
Sulzburg 189

7 Tour 7: Todtnauer Ferienland und Hotzenwald 194

Todtnau 197
Bernau im Schwarzwald 204

Todtmoos 205
Der Hotzenwald 206
Bad Säckingen 209
St. Blasien 214

8 Abstecher zum Kaiserstuhl 222

Kaiserstuhl 225
Breisach 227
Ihringen 230
Vogtsburg im Kaiserstuhl 232
Achkarren 232
Bickensohl 233
Oberbergen 234
Niederrotweil 234
Burkheim 235
Bischoffingen 236
Endingen 236

9 Allgemeine Reisetipps

Informationen 243
Unterkunft 244
Familienferien 245
Im Schwarzwald unterwegs 247
Feste und Veranstaltungen 252
Der Schwarzwald im Winter 254
Naturraum Schwarzwald 254
Geschichte des Schwarzwaldes 259
Schlemmerparadies Schwarzwald 264

10 Anhang

Glossar 276
Literaturhinweise 277
Film und Musik 280
Quellenhinweis 280
Register 282
Die Autorin 288
Markierungszeichen der Hauptwanderwege 288

Nicht verpassen!

Diese Tipps erkennt man an der **gelben Hinterlegung.**

Karten

Bad Säckingen 211
Donaueschingen 157
Fernwege 248
Freiburg Umschlag hinten
Freudenstadt 50
Offenburg 17
Rottweil 95
Südl. Schwarzwald Umschlag vorn
Villingen-Schwenningen, Ortsteil Schwenningen 87
Villingen-Schwenningen, Ortsteil Villingen 84
Wutachschlucht 150

Übersichtskarten

Tour 1 14
Tour 2 46
Tour 3 68
Tour 4 104
Tour 5 138
Tour 6 162
Tour 7 196
Kaiserstuhl 224

Exkurse

Tour 1
Der Mann mit dem schwarzen Hut – Heinrich Hansjakob 29
Alles unter einem Dach – die Vogtsbauernhöfe 31
Des Schwarzwälders größter Stolz 32
Die Schwarzwälder Seherin 34
Deutsche Gastwirte 36
Vom Stammtisch zur Zeitung 38
Gut vor bösem Saft – Hans Jakob Grimmelshausen im Jahre 1650 über den Tabak 39

Tour 3
Der Kuckuck und sein Bahnhäusle 77
Also schlecht ist das Weib von Natur – Hexenprozesse im Schwarzwald 92
Die Uhr, die geht und steht 98

Tour 4
Arbeiten am Großen und Ganzen 110
„Bin auf Ibiza zur 'ner Pizza" – das Holbeinpferdchen in Freiburg 112
Belle Epoque und Schwarzwaldhaus – Parkhotel Adler in Hinterzarten 125
Alles Planung, nirgends Zufall 134

Tour 5
Die Mystik des Feldsees 142
Am Anfang war die Glashütte 145

Tour 6
Doktor Faustus 168
Johann Peter Hebel: „Das Leben freudig leben!" 173
Die Bad Bellinger Traubenkur 184
Der jüdische Friedhof von Sulzburg 192

Tour 7
Mir saget nix – über Martin Heidegger 200
Der Trompeter von Säckingen 210
Neue Erkenntnisse im Mordfall Kaspar Hauser? 212
Der Sage nach: St. Blasiens Reichtum 217
Franz Xaver Winterhalter – ein Menzenschwander Maler „soweit die Crinoline reicht" 220

Abstecher zum Kaiserstuhl
Familiensause in der „Strauße" 228
Es irrt der Mensch, solange er prophezeit 229
„Horche, was ich Eich will saga" 235

Allgemeine Reisetipps
Schwarzwälder Superlative 242
Wurzeln greifen Männer im Schwarzwald an 256
Der Wald stirbt 257
Ein wundersamer schwarzer Vogel 258
Friedrich Hecker 262
Als der Wurstsalat noch ledig war 265
Von Alla bis Hilwertritsch – Schwarzwaldkurs in zehn Begriffen 268
Der Affe aus dem Schwarzwald 272

Hinweise zur Benutzung

Für einen **ersten Überblick** sind auf den Einführungsseiten der einzelnen Routen die Hauptcharakteristika und Sehenswürdigkeiten der jeweiligen Tour angegeben.

Für Autofahrten sollte man eine **Straßenkarte** im Maßstab 1:200.000 oder größer (z.B. Generalkarte Blatt 21 und 24) mitnehmen. Spezielle Karten für Wander- und Fahrradtouren sind im Anhang aufgeführt.

Preiskategorien Hotels

€	30–50 €
€€	50–70 €
€€€	70–90 €
€€€€	90–130 €
€€€€€	über 130 €

Alle Preise sind pro Zimmer mit Dusche/WC und Frühstück angegeben, bei Kurorten muss pro Tag und Person noch zusätzlich mit einer Kurtaxe von ca. 1–2 € gerechnet werden. Bei Betrieben, die sowohl als Übernachtungsmöglichkeit als auch als gastronomischer Betrieb empfehlenswert sind, ist der Ruhetag angegeben. Er bezieht sich nur auf das Hotelrestaurant.

Ideenreicher Südschwarzwald

Gleich 16 Mal war der Schwarzwald in der Liste der **„365 Orte im Land der Ideen“** vertreten. Bei dieser Initiative werden alljährlich ideenreiche Orte prämiert, für jeden Tag des Jahres ein anderer. Preisträger waren unter anderem Orte mit folgenden „Ideen“:

- **Chrysanthemen-Open-Air-Festival in Lahr,** www.chrysanthema.lahr.de
- **Badischer Winzerkeller eG,** Breisach, www.badischer-winzerkeller.de
- **Deutsches Tagebucharchiv e.V.,** Emmendingen, www.tagebucharchiv.de
- **Deutsches Uhrenmuseum,** Furtwangen, www.deutsches-uhrenmuseum.de
- **Europa-Park,** Rust, www.europapark.de
- **Gengenbacher Adventskalender,** www.gengenbach. info
- **Kulturzentrum Franziskaner Villingen-Schwenningen,** www.villingen-schwenningen.de
- **Museum Narrenschopf Bad Dürrheim,** www.narrenschopf.de
- **Orgelwelt Waldkirch,** www.stadt-waldkirch.de
- **Skiinternat Furtwangen,** Eliteschule des Sports, www. skif.de
- **Staufens Zeitreise,** Staufen, www.stages-staufen.de

Die Touren im Überblick

1 Tour 1 (S. 12)

Am Rande des Schwarzwaldes in der Oberrheinebene liegt das „Tor zum mittleren Schwarzwald“, Offenburg. Von hier aus geht es ins liebliche Kinzigtal und über die badische Weinstraße ins pittoreske Fachwerkstädtchen Gengenbach. In Zell am Harmersbach wird das berühmte „Hahn und Henne-Geschirr“ hergestellt. Zwei gegensätzliche Welten vereint sind in Rust: der Europa-Park, wo die Achterbahn in 2,5 Sekunden auf 100 km beschleunigt und die Welt des Taubergießen, wo man im Boot durch die stille Wasserwelt gleitet.

2 Tour 2 (S. 44)

Das Städtchen Freudenstadt an der badisch-schwäbischen Grenze verspricht Erleichterung und Steigerung sämtlicher Lebenserscheinungen, so gesund ist dort die Luft. Hermann Hesse gefiel es dort im Hotel Palmenwald, ein vor wenigen Jahren neu eröffnetes Nostalgiehotel aus dem 19. Jh. Fachwerk vom Feinsten ist in Schiltach zu entdecken, wo Szenen der „Schwarzwaldklinik“ gedreht wurden. Hopfen und Malz, Gott erhalt’s: In Alpirsbach sind Kloster und sein Bier gleichermaßen berühmt.

3 Tour 3 (S. 66)

Diese Tour führt entlang der Deutschen Uhrenstraße. In Furtwangen ticken sie hoffentlich alle richtig, die Uhren im Museum – immerhin werden im Schwarzwald seit Jahrhunderten Chronometer gefertigt. In Triberg dann rauscht der Wasserfall. Wer ans Meer will, fährt nach Bad Dürrheim, denn dort liegt „das schönste Meer“.

4 Tour 4 (S. 102)

Als der Herrgott einen besonders guten Tag hatte, erschuf er Freiburg – eine der lebens- und liebenswertesten Städte des Landes. Von dort aus führt die Tour in Richtung Osten durch Kirchzarten und das Höllental

weiter nach Hinterzarten, wo im berühmten Hotel und Restaurant Adler auch Gäste gerne gesehen

sind, die auf Kaffee und Kuchen im Caféhaus im Wiener Jugendstil vorbeikommen. Hervorragenden Wein gibt's dann im Glottertal, einst Wirkungsstätte des unvergessenen Professor Klaus Brinkmann aus der TV-Serie „Schwarzwaldklinik".

5 Tour 5 (S. 136)

Ferientrubel herrscht an sonnigen Tagen am Titisee, touristischer Treffpunkt des Südschwarzwaldes. Der höchste Gipfel, der Feldberg, ragt 1493 m hoch. Wandern in der Wutachschlucht bedeutet durch Hundert Millionen Jahre Erdgeschichte zu gehen.

6 Tour 6 (S. 160)

Das Markgräflerland gilt als die Toskana Deutschlands. Im Städtchen Staufen wirkte einst Mephistopheles, der im Hotel Löwen Doktor Faustus das Genick brach. Östlich von Schopfheim wirken die Erdmännchen und -wibli in der Erdmannshöhl und bei Eichen ist ein See mal da und mal nicht. Wohl der schönste jüdische Friedhof des Landes ist der vom altertümlichen Sulzburg.

7 Tour 7 (S. 194)

Hierher kommen die meisten Urlauber: ins bilderbuchschöne Todtnauer Ferienland. Bad Säckingen hat gleich zwei originelle Museen aufzuweisen. Und für den Monumentaldom in St. Blasien war kein geringerer als der Petersdom zu Rom Vorbild. In Menzenschwand erinnert der „Petit Salon" an Franz Xaver Winterhalter, Maler der gekrönten Häupter des 19. Jh.

8 Abstecher zum Kaiserstuhl (S. 222)

Gleich einer Insel ragt der Kaiserstuhl auf. Das vulkanische Rebenminigebirge ist Deutschlands sonnenreichste Region. Im St. Stephansmünster beeindruckt ein monumentales jüngstes Gericht, irdischere Freuden verspricht ein Besuch der Kellereien.

Elzach | 34
Gengenbach | 19
Haslach | 28
Hausach | 30
Lahr | 37
Offenburg | 16
Rust | 40
Zell am Harmersbach | 25

1 Tour 1

OFFENBURG, UNTERES KINZIGTAL UND RHEINEBENE

Diese Tour führt von der Ortenau zum mittleren Schwarzwald und wieder in die oberrheinische Tiefebene hinunter. Hier finden sich ein gut erhaltenes jüdisches Tauchbad in Offenburg, das filmreife Städtchen Gengenbach, die Schwarzwald-Modellbahn Hausach, stolze Vogtsbauernhöfe, der preisgekrönte Europa-Park Rust und die stille Urwaldlandschaft Taubergießen

< Ein Muss für Fotografen: die Engel- und Höllengasse mit der schnuckeligen Front blumengeschmückter Fachwerkhäuser

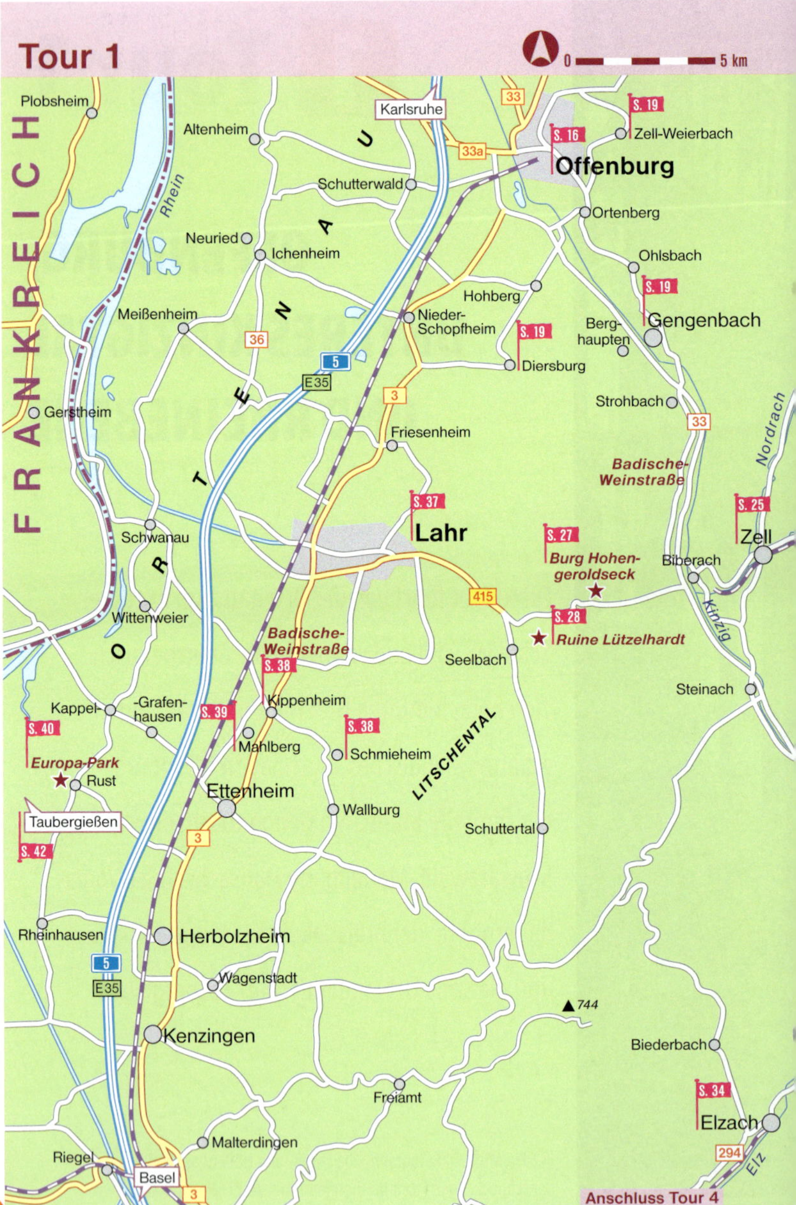
Tour 1
0 5 km
FRANKREICH
ORTENAU
Rhein
Karlsruhe
Basel
Plobsheim
Altenheim
Schutterwald
Neuried
Ichenheim
Meißenheim
Gerstheim
Schwanau
Wittenweier
Kappel-
-Grafen-
hausen
S. 40
Europa-Park
Rust
Taubergießen
S. 42
Rheinhausen
Riegel
S. 16
Offenburg
S. 19
Zell-Weierbach
Ortenberg
Ohlsbach
S. 19
Gengenbach
Berg-
haupten
Hohberg
Nieder-
Schopfheim
S. 19
Diersburg
Strohbach
Nordrach
Friesenheim
Badische-
Weinstraße
S. 37
Lahr
S. 25
Zell
S. 27
Burg Hohen-
geroldseck
Biberach
S. 28
Ruine Lützelhardt
Kinzig
Seelbach
Badische-
Weinstraße
S. 38
Kippenheim
S. 39
Mahlberg
S. 38
Schmieheim
LITSCHENTAL
Steinach
Ettenheim
Wallburg
Schuttertal
Herbolzheim
Wagenstadt
744
Kenzingen
Biederbach
Freiamt
S. 34
Elzach
Malterdingen
Elz
Anschluss Tour 4
5
E35
3
33
33a
36
415
294

OFFENBURG, UNTERES KINZIGTAL UND RHEINEBENE

Tour 1

- Offenburg
- Gengenbach
- Zell am Harmersbach
- Haslach
- Hausach
- Elzach
- Lahr
- Europa-Park Rust
- Taubergießen

NICHT VERPASSEN!

- Wahrlich filmreich: das Fachwerkstädtchen **Gengenbach** | 19
- Reisen in der Vergangenheit in den prachtvollen **Vogtsbauernhöfen** | 31
- Rein ins pralle Vergnügen im **Europa-Park Rust** | 40
- Etwas zum Genießen: eine Bootsfahrt durch den stillen **Taubergießen** | 42

Diese Tipps erkennt man an der gelben Hinterlegung.

Offenburg

- **Vorwahl:** 0781
- **Einw.:** 60.000
- **Höhe:** 142–690 m
- **Ortsteile:** Rammersweier (3 km), Zell-Weierbach (5 km), Fessenbach (3 km)

„Wenn es nach der Legende geht, wurde die Stadt um das Jahr 600 von einem englischen König gegründet, dessen Name sich noch immer im Stadtnamen findet. Wahrscheinlicher jedoch ist eine Gründung an der Wende vom 11. zum 12. Jh., und gesichert ist, dass sie im Jahr 1240 von Friedrich II. zur Freien Reichsstadt erhoben wurde, womit ihre Blütezeit begann. Im Dreißigjährigen Krieg „totaliter ruiniert", erhielt die Stadt beim Wiederaufbau im 17. Jh. ihr städtebauliches Gepräge und wurde Mitte des 19. Jahrhunderts zum Zentrum einer (zunächst erfolglosen) Revolution. Und heute? Verkehrsknotenpunkt, Verwaltungszentrum, Wirtschaftsstandort, Weinfeste, Weinmärkte und die Nähe zu einer ausgesprochen gaumenfreundlichen Gegend jenseits der Grenze. Ein jährlich wiederkehrendes Spektakel ist heidnischen Ursprungs (...). Wie heißt die Stadt, die heute vor allem als Sitz eines großen Unternehmens bekannt ist und zu deren entscheidenden Vorzügen oft auch die Zahl der täglichen Schnellzugabfahrten gerechnet wird?"

So fragte *Rafi Reiser* in seinem Stadträtsel in der Wochenzeitung DIE ZEIT (Ausgabe Nr. 5, 25. Januar 1995). Die Stadt war Offenburg, der englische König war Offo, das jährlich wiederkehrende Spektakel heidnischen Ursprungs ist die Offenburger Fasnet, und große Unternehmen sind die *BURDA*-Verlagsgruppe, *Tesa* und *Vivil* (Zeitschriften, Klebeband und Pfefferminzdrops).

Trotz seiner Bedeutung als Verkehrsknotenpunkt und Wirtschaftsstandort war Offenburg lange ein eher unscheinbares, verschlafenes Städtchen, bis es in den letzten Jahren eine überaus geglückte städtebauliche **Rundumerneuerung** erhalten hat. Mittelpunkt der Stadt ist heute der Marktplatz mit seinen vielen Straßencafés.

Offenburg wurde übrigens wegen seines vorbildlichen Radwegenetzes als fahrradfreundlichste Stadt Deutschlands ausgezeichnet.

Sehenswertes

Deutschland weist trotz der Zerstörung der jüdischen Kultur durch die Nationalsozialisten noch **viele Denkmäler der jüdischen Geschichte** auf. Bis ins 19. Jh. bestand Deutschland aus vielen, oft miteinander konkurrierenden Teilstaaten, die, im Gegensatz zur Situation in Spanien, England oder Frankreich, kaum einer Zentralgewalt unterlagen. Während die starken, zentral regierten Länder irgendwann in ihrer Geschichte die Juden des Landes vertrieben und ihre Denkmäler zerstörten, konnten die Juden in Deutschland bei Schwierigkeiten mit den jeweiligen Herrschern das Gebiet „wechseln". Dem Vernichtungswahn der Nazis fielen nicht alle jüdischen Bauten zum Opfer; die Synagogen waren fast immer in Häuserreihen integriert, ein Brand hätte also auf die benachbarten Wohnhäuser übergegriffen. Die Grabsteine der Friedhöfe waren zu unhandlich zum Entfernen, und die unterirdischen Tauchbäder waren oft verschüttet oder überhaupt nicht bekannt, und so blieben viele der Kulturdenkmäler – wenn auch in zunehmendem Verfall – erhalten.

Offenburgs größte Sehenswürdigkeit ist solch ein Denkmal: Unweit vom Fischmarkt liegt in der Glaserstraße eine **Mikwe,** ein gut erhaltenes rituelles Tauchbad der Juden aus dem frühen 14. Jh. Nachdem die Juden aus Offenburg vertrieben waren, diente es vom 14. bis zum 17. Jh. als Brunnen, wurde dann verschüttet und erst Mitte des 19. Jh. wiederentdeckt. Ein Tauchbad war zur Wiedererlangung der kultischen Reinheit vorgeschrieben, nach der Heilung bestimmter Krankheiten, nach der Berührung von Toten, nach dem Geschlechtsverkehr und nach der Entbindung. Angesichts des 15 m tiefen Offenburger Bades,

das konstante 15 °C Lufttemperatur und 4 °C Wassertemperatur aufwies, war die kneippähnliche, gesundheitsfördernde Wirkung der Mikwe offenkundig.

- Die Mikwe kann nur im Rahmen von Stadtführungen besucht werden.

Ihre Arznei sollten Sie in der Hauptstraße in der **Einhorn-Apotheke** kaufen, einem prächtigen Barockbau aus dem Jahre 1772.

Exponate zu Geologie, Mineralogie, Bergbau, Ökologie, Archäologie von der Steinzeit bis zu den Alemannen, zu Stadtgeschichte und Völkerkunde sowie Jagdtrophäen sind im **Museum im Ritterhaus** ausgestellt.

- Ritterstr. 10, Tel. 824555, geöffnet Di. bis Fr. 10–13 und 15–17 Uhr.

Es empfiehlt sich ein Abstecher ins großzügig gestaltete **Kulturforum,** dort ist unter anderem die eindrucksvolle Skulptur des New Yorker Künstlers *Jonathan Borofsky* „Freiheit – männlich/weiblich" zu bestaunen.

Praktische Tipps

Info

- **Stadtinformation** im Bürgerbüro, Fischmarkt 2, 77652 Offenburg, Tel. 822000, Fax 827251, www.offenburg.de.
- **Stadtführungen:** Von März bis Ende Oktober finden am Samstagmorgen – von Anfang Juni bis Anfang September zusätzlich am Mittwochabend – kostenlose Stadt- und Gewölbekellerführungen statt. Termine unter: www.offenburg.de/html/veranst/termine.

Unterkunft

- **Hotel Sonne**€€, Hauptstr. 94, Tel. 932160, Fax 9321640, www.hotel-sonne-offenburg.de (das erste Haus mitten in der Stadt und eines der ältesten Gasthäuser Deutschlands, 1346 zum ersten Mal urkundlich erwähnt, wird seit 1858 von der Familie Schimpf-Schöppner geführt. So viel Tradition äußert sich auch in der Atmosphäre und Ausstattung des bürgerlichen, stilvollen und gediegenen Hotels. Sehr passend die Hausinschrift: „Flüchtig die Gäste, standhaft das Haus, ich bin das Feste im Zeitengebraus, ich bleibe hier, Ihr wandert weit, nehmt mit von mir: Standhaftigkeit.")
- **Hotel Union**€€€, Hauptstr. 19, Tel. 7409-1, Fax -3, www. hotel-union.de (zentral gelegen)
- **Golden Tulip Hotel Palmengarten**€€€€, Okenstr. 13, Tel. 2080, Fax 208100, www.hotel-palmengarten.com (zentral und doch sehr ruhig gelegen, Restaurant u.a. mit baltischer und karibischer Küche.)
- **Blume**€€€, Weinstr. 160, Rammersweier, Tel. 33666, www.gasthof-blume.de, Sonntagabend und Mo. geschl. (in einem Fachwerkhaus aus dem 18. Jh., sehr gute badische Küche, sechs individuell ausgestattete Zimmer nach Blumenthemen wie Mohn oder Margerite.)
- **Jugendherberge Schloss Ortenberg,** Burgweg 21, Tel. 31749, Fax 9481031, www.jugendherberg-schloss-ortenberg.de (auf einer Anhöhe über dem Ort Ortenberg gelegen; äußerst malerisches, 1167 erstmals erwähntes und 1838–1842 im neugotischem Stil wieder aufgebautes Schloss. Wer eine romantische Kulisse für seine Hochzeit sucht, kann hier im Schlossturm standesamtlich heiraten.)

Gastronomie

- **Bar/Restaurant Bombay,** Lindenplatz 12, Tel. 0781/966 6696, www.bombay-offenburg.de (sehr großer, heller Saal aus der Wende zum 20. Jh.)

Tour 1

■ **Brasserie Engel,** Hauptstr. 58, Tel. 25554 (denkmalgeschützter, 175 Jahre alter Gastraum mit Art-Déco-Lampen und Jugendstilspiegeln, große Auswahl an Salaten.)

■ **Guglhupf,** Metzgerstr. 7, Tel. 78155, So. geschl. (liebevoll eingerichtete Elsässer Weinstube mit vielseitiger Küche; urgemütlicher kleiner Garten.)

Aktivitäten

■ **Fahrrad- und Rikschaverleih:** Kostenloser Verleih von Fahrrädern und Tandems, Elektrorädern und Rikschas (beide gegen Gebühr). Zusätzlich Verleih von Kinderhelmen und Radhelmen. Verleih bei Parkgarage „Sparkasse“, Gustav-Rée-Anlage, Tiefgarage „Marktplatz“, Marktplatz und Minigolfplatz „Stegermatt“, Stegermattstraße.

Im Umland von Offenburg

Zell-Weierbach

Hier gibt's die Lösung zum Pisa-Problem: Im **Badischen Schulmuseum** im Ortsteil Zell-Weierbach wird noch „Mit Rohrstock und Fleißbildchen unterrichtet“, so macht Schule wieder Spass (Großen, Kleinen und den Lehrern sowieso!).

■ Geöffnet jeden 1. Sonntag im Monat 14–17 Uhr, außer Januar und August.

Diersburg

Ab Offenburg lohnt sich ein Abstecher ins **Bienenmuseum** in Diersburg. Die Bienenhaltung ist im Ortenaukreis traditionell Bestandteil vieler landwirtschaftlicher Betriebe.

■ **Hohberger Bienenmuseum,** Diersburg, Tel. (07808) 3999, geöffnet 1. Mai bis Mitte November jeden 1. Sonntag im Monat von 14 bis 17 Uhr, www.bienenmuseum.de.

Gengenbach

■ **Vorwahl:** 07803
■ **PLZ:** 77723
■ **Einw.:** 11.000
■ **Höhe:** 175–875 m

Mittendrin ein kopfsteingepflasterter Platz, außen herum drei altehrwürdige Türme, verbunden durch stattliche Fachwerkhäuser und ehrfurchtgebietende Patrizierhäuser: Den **Ortskern** von Gengenbach könnte man auf der Stelle in ein Freilichtmuseum verwandeln, „eine Stadt, wie Spitzweg sie hätte erfinden können“ schrieb einst *Franz Prinz zu Sayn-Wittgenstein*. Wen wundert es da noch, dass Gengenbachs Gassen und Plätze die Kulisse für manchen Film abgegeben haben. Für den Film die „Powenzbande“ wurden alle Telefon- und Elektrokabel unter die Erde verlegt. Zuletzt drehte Hollywood mit Starregisseur *Tim Burton* Szenen für „Charly und die Schokoladenfabrik“ in der traumhaften Innenstadt.

Noch vor hundert Jahren waren die Gengenbacher gar nicht stolz auf ihre Stadt: Aus der aus einer mittelalterlichen Klostersiedlung entstandenen stolzen Reichsstadt wurde nach der Säkularisation ein uninteressantes Provinzstädtchen. Wie viele andere Städte ringsum hätten die Gengenbacher auch gerne ihre alten Gemäuer abgerissen, leider fehlte ihnen das Geld dafür. Heute sind sie stolz auf ihr schmuckes Städtchen, das wundersamerweise trotz gut florierenden Fremdenverkehrs auch im Sommer nicht überlaufen wirkt.

Sehenswertes

Das **Rathaus** beherrscht die Gengenbacher Marktplatzszene. Erbaut im Jahre 1784 im Übergangsstil vom Rokoko zum beginnenden Klassizismus, wirkt es mit seinen Pfeilern und Rundbögen festlich-vornehm. Der Dreiecksgiebel ist gekrönt von Justitia und Prudentia (Gerechtigkeit und Weisheit), die Konsolen der Balkongeländer sind mit Köpfen gestaltet, die die Erdteile Europa, Asien, Afrika und Amerika darstellen und Weltoffenheit demonstrieren sollen.

Alljährlich zur Adventszeit leuchtet die klassizistische Fassade des Gengenbacher Rathauses mit seinen 24 Fenstern als der weltgrößte Haus-Adventskalender. Jeden Abend um 18 Uhr wird ein neues der von so bekannten Künstlern wie z.B. Tomi Ungerer gestalteten Fenster geöffnet.

Hinter dem Rathaus steht die in der ersten Hälfte des 11. Jh. nach Hirsauer Vorbild erbaute romanische **Stadtpfarrkirche St. Marien.** Leider verschwindet die klare Architektur fast vollkommen hinter der farbenprächtigen Ausmalung im Stil der Nazarener – vielleicht freuen sich ja spätere Generationen mit anderem Kunstverständnis einmal über diese für uns fast kitschig anmutende Ausmalung.

Nur wenige Schritte von der Stadtmitte entfernt steht beim sogenannten „Schwedenturm" das **Färberhaus** aus dem Jahre 1747. Am offenen herausragenden Dachgeschoss kann man noch heute erkennen, dass hier einst die Stoffe getrocknet wurden.

Der trutzige **Kinzigtorturm (heute Wehrgeschichtliches Museum)** hatte die wichtigste Aufgabe bei der Stadtverteidigung. Von der Türmerwohnung wurde die Stadt Tag und Nacht bewacht, der Türmer musste herannahende Flöße auf der Kinzig und die über die Brücke heranreisenden Händler mit einem städtischen Zoll belegen, denn Gengenbach hatte als freie Reichsstadt die Handelshoheit. Eine weitere wichtige Aufgabe war die Feuerwache und das Ausrufen der Stunde.

In der Höllengasse steht das **Scheffelhaus,** wo der Großvater des Dichters *Viktor Scheffel* wohnte, von dem die bekannten Lieder *„O Schwarzwald, o Heimat"* und *„Gaudeamus igitur"* stammen.

823ssw ST

Herbstreben bei Gengenbach

Der **Niggelturm** am westlichen Ende der Stadtmauer stammt aus dem 14. Jh. Er diente zuerst als Wehrturm, dann als Gefängnis und Warenlager. Heute ist darin auf sieben Etagen im **Narrenmuseum** die Gengenbacher „Fasend" dargestellt. Von ganz oben vom Turm hat man einen weiten Rundblick auf das mittelalterliche Gengenbach.

■ Geöffnet April–Okt. Mi. und Sa. 14–17 Uhr, So. 11–17 Uhr. Sonderführungen ganzjährig möglich.

Ornamentale Gewänder und Stoffdekorationen für sakrale Zwecke wie Altardecken oder Messgewänder sind im Mutterhaus der Franziskanerinnen, im Kunst- und Paramentenmuseum, jeden ersten Samstag im Monat von 14 bis 17 Uhr zu sehen. Die kunstvolle Stickerei wird noch heute von den Schwestern ausgeübt.

Bergle

Den besten Ausblick auf Gengenbach genießt man sicherlich vom Bergle, dessen 259 m hohen Gipfel man vom Ortszentrum in ca. 15 Spazierminuten erreicht.

Schon im Jahre 1289 wurde hier eine **Kapelle** erwähnt. Das heutige Kirchlein stammt aus den Jahren 1681/82. Der Legende nach soll einst der Teufel eine riesige Felsplatte herangewälzt haben, um die Berglekapelle zu zerstören. Der Stein war ihm aber zu schwer und er klemmte sich zu allem Überfluss einen Fuß ein. Ihm wurde die Arbeit zu sauer und so heißt der Fels heute „Sauerstein".

Kinzigtäler Jakobsweg

Eine weniger bekannte Nebenstrecke des Jakobswegenetzes nach Santiago de Compostela ist der Kinzigtäler Jakobsweg, der auf **insgesamt 100 Kilometern** vom Luftkurort Loßburg nach Schutterwald führt. Der Weg ist in insgesamt sechs Etappen eingeteilt: Loßburg – Schenkenzell (15 km), Wolfach (21 km), Haslach (18 km), Zell am Harmersbach (19 km), Gengenbach (15 km) und Schutterwald (14 km). Buchtipp: „Der Kinzigtäler Jakobusweg", *Kurt Klein,* Verlag Ernst Kaufmann.

808ssw ST

⌃ Der Jakobusstein in Gengenbach markiert den gleichnamigen Weg

› Das Obertor in Gengenbach

Brauchtum

Die **Gengenbacher Kräuterweihe** – ein Fest für Fotofreaks! Zu Mariä Himmelfahrt, am 15. August, binden die Gengenbacher Frauen kunstvolle Kräuterbüschel in Biedermeierform, manche Büschel haben über einen Meter Durchmesser. In der Stadtkirche St. Marien werden die Büschel gesegnet, anschließend prämiert und ausgestellt, die Siegersträuße müssen die meisten Kräuter enthalten und kunstvoll gebunden sein. Ursprung dieses Brauchs war der Glaube an die Kraft der Segnung – und das Wissen um die Wirkung der einzelnen Käuter. Die geweihten Kräuter wurden und werden teilweise auch heute noch dem Vieh unters Futter gemischt und in der guten Stube hinters Kruzifix gesteckt – um so Unheil und Krankheit abwenden.

Von Mai bis Oktober gibt's jeden zweiten Dienstag im Monat beim Obst- und Winzerhof *Roser* ein **Datschkuchenbacken.** Wie der Name schon sagt, wird dabei ein Teig „flachgedatscht", mit Sauerrahm bestrichen, mit Schwarzwälder Speck und Zwiebelringen belegt und dann im Holzofen gebacken.

Praktische Tipps

Info

- **Gengenbacher Kultur- und Tourismus GmbH,** Im Winzerhof, Tel. (07803) 19433 und 930143, Fax 930142, www.stadt-gengenbach.de.

825ssw rg

Unterkunft mit Gastronomie

■ **Pfeffermühle**€€, Viktor-Kretz-Str. 17, Tel. 93350, Fax 6628 (malerisches Fachwerkhaus im Ortszentrum. Spezialitäten: Grill-, Fisch- und Wildgerichte und auch sehr gute Kuchen.)

■ **Schwarzwaldhotel** mit **Restaurant zur Kirsche**€€€, In der Börsiglache 4, Tel. 93900, Fax 939099, www.schwarzwaldhotel-gengenbach.de (etwas außerhalb des Ortes, modern und komfortabel. Mit Wellness-Bereich und hervorragendem Restaurant! Golfarrangements.)

■ **Gasthof Pension Rössle**€–€€, Reichenbachtal 57, Gengenbach-Reichenbach, Tel. 965910, Fax 965913, www.roessle-gengenbach.de (ruhig am Waldesrand, behaglich, Regionalküche und auch vegetarische Gerichte.)

■ **Steinkellerhaus Frei**€, Hauptstr. 33, Tel. 2471, Fax 2114, Mo. geschlossen (uriger Keller aus dem 14. Jh. mitten in der pittoresken Innenstadt, romantischer, überdachter geraniengeschmückter Innenhof, als „schönes Gasthaus" preisgekrönt, Vermietung von Ferienwohnungen.)

■ **Müllers Mühle**€, Gengenbach-Schwaibach, Di. und Do. geschlossen (ehemalige Getreidemühle, heute eine urige Vesperstube. Auch Übernachtung in Mehrbettzimmern, morgens Bauernfrühstück.)

■ **Hotel Restaurant Reichsstadt**€€€€, Engelgasse 33, Tel. 96630, www.reichsstadt-gengenbach.de, (wunderschöner romantischer Garten, Designzimmer, preisgekrönte gehobene Küche.)

Gastronomie

■ **Zum Turm,** Hauptstr. 39, Tel. 1496, www.zumturm.de (gemütlich eingerichtetes Lokal in mittelalterlichem Gemäuer. Spezialitäten: Steaks, zehn Sorten Flammkuchen.)

Strohhof, Gengenbach-Strohhof, ab der Strohbacher Ortsverwaltung der Beschilderung 2,5 km durch Wald und Wiesen folgen, Tel. 3713, Do. und Fr. geschlossen (idyllisches Tal, uriger Schwarzwaldhof, der Dielenboden knarrt, die Uhr tickt in der „guten Stube", Sprossenfenster ... was macht's da, dass es „nur" kalte Küche gibt; Spezialität: selbstgemachter Bibbeleskäs und Beerenwein.)

Martinsteinhiesli, Mittelbach 7, Gengenbach-Reichenbach. Mittelbach 7, Tel. (07803) 2627, April bis Okt. Mo./ Di., Nov. bis März Mo. bis Do. geschlossen (mit Geranien geschmücktes Schwarzwaldhaus, riesige Schnitzel, der Wirt gilt als Original.)

Aktivitäten

Angeln: Im Ziegelwaldsee, Angelkarten bei der Touristeninformation.

Baden: Spaßbad *„Die Insel"*, Tel. 930254, 15.4.–30.9. (Warm- und Innenbecken 30 °C, Riesenrutsche, Wasserpilz, Luftsprudler, Strömungskanal, Freibecken mit Sprungturm, Hot-Whirl-Pool, Restaurant.)

Markt: jeden Mittwochvormittag traditioneller Wochenmarkt, Sa. 8–12 Uhr Bauernmarkt vor dem historischen Rathaus.

Museen: *Flößerei- und Verkehrsmuseum.* Im denkmalgeschützten ehemaligen Bahnwärterhaus.

063ssw cz

Geöffnet 1. April– 31. Oktober Sa. 14–17 Uhr, So. 10–12 Uhr und 14–17 Uhr. Tel. 3764.

Museum Haus Löwenberg, mit Wechselausstellungen von Original Grafiken von *Picasso* bis Fotos von National Geographic. Info: www.museum-haus-loewenberg.de

Zell am Harmersbach

- **Vorwahl:** 07835
- **PLZ:** 77736
- **Einw.:** 7600
- **Höhe:** 200–900 m

Im Ortskern von Zell reihen sich die Giebel von **Historismus- und Jugendstilfassaden** harmonisch aneinander, vom Fremdenverkehrsamt treffend „ein Scherenschnitt aus längst vergangener Zeit" genannt.

Zell am Harmersbach ist bekannt für seine Firma *Zeller Keramik* und die wiederum für ihr weltbekanntes **Hahn- und-Henne-Geschirr.** Das rustikal anmutende Geschirr ist von extrem hoher Kantenfestigkeit. Hahn und Henne krähen auf Tassen, Tellern, Tischsets und Schürzen, sie sind auch weitgereist bis auf chinesische, koreanische und amerikanische Frühstückstische. Das hauseigene **Keramikmuseum** ist geöffnet tgl. 9–16 Uhr geöffnet. Jan. bis März an Sonn- und Feiertagen 11–16 Uhr, Führungen Mo. und Mi. 14 Uhr.

☐ Heinrich Müller – einer der drei Nachtwächter von Gengenbach. Rundgänge sind im Mai, Juni und Juli jeden Mittwoch und Samstag um 22 Uhr und im August, September, Oktober jeden Mittwoch und Samstag um 21 Uhr

Praktische Tipps

Info

- **Tourist-Information,** Alte Kanzlei, Zell am Harmersbach, Tel. (07835) 636947, Fax 636950, www.zell.de. Hier gibt es auch Infos zum Nordic-Walking-Parcours und zu Wohnmobilstellplätzen. Kostenlose Stadtführungen Mai, Sept., Okt. jeden Di., Treffpunkt 10.30 Uhr am Kanzleiplatz. Juni, Juli, Aug. jeden Di. Treffpunkt 20 Uhr am Kanzleiplatz.

Unterkunft mit Gastronomie

- **Pension Waldhüsli**€, Nordracher Str. 41, Tel. 8436 (rustikal, am Waldrand, umgeben von Wiesen. Auch Vermietung von Ferienwohnungen. Tiergehege und Spielplatz, Biker sind willkommen.)
- **Hotel Zum Schwarzen Bären**€€, im Ortszentrum, Tel. 251, Fax 8450 (rustikaler Bärenkeller.)
- **Hotel Klosterbräustuben**€€€, Blumenstr.19, Tel. 7840, http://klosterbraeustuben.jimdo.com (rustikales Haus, auch Vermietung von Apartments. Wellnessbereich mit Innenpool und Sauna. Im Restaurant wird badische Küche serviert.)

Gastronomie

- **Vesperstube Durben,** Zell-Unterharmersbach, Tel. (07837) 274, Mi. und Do. Ruhetag (ehemals eine Viehhütte; einfache Gerichte, zum großen Teil aus eigener Produktion, z.B. selbstgebackenes Brot und eigener Most.)

070ssw cz

Historismus- und Jugendstilfassaden in Zell am Harmersbach

Aktivitäten

- **Fabrikverkauf:** *Zeller Keramik* Firmengebäude am Ortsende. Mo. bis Sa. 9–17.30 Uhr, So. und Feiertag 9–17.30 Uhr, Jan. bis März an So./Feiertagen: 11–16 Uhr), Keramik-Malen für Besucher tgl. 9–16.30 Uhr.
- **Museen:** Heimatmuseum im Storchenturm, geöffnet April–Okt. tgl. 14–17 Uhr, Mo. geschl., Bildstein- und Steinmetzstuben in der alten Kanzlei, geöffnet Mai bis Okt. Di. und Do. 11–12 Uhr (Uhren- und Münzsammlung, Kuhschwanz-Pendeluhr, Knödelfresser-, Mönchsuhr), Heimatmuseum Fürstenberger-Hof, am Kurgarten, April bis Sept. Do. und So. 15–17 Uhr (alter Hof aus dem 17. Jh., der 1991 nach einem Brand originalgetreu wiederaufgebaut wurde), in der denkmalgeschützten Villa Haiss, dem Museum für Zeitgenössische Kunst, werden weltberühmte Künstler wie Christo, Kaminski, Beuys, *Warhol,* Baselitz präsentiert. Öffnungszeiten: Mi., Fr. und Sa. 12–17 Uhr, Do. 18–21.30 Uhr und So. 13–18 Uhr.

Im Umland von Zell am Harmersbach

Nordracher Puppenmuseum

Im kleinen **Luftkurort Nordrach,** 6 km nördlich von Zell am Harmersbach, begeistert die Puppenwelt von *Gaby Spitzmüller* nicht nur Kinder, sondern auch Erwachsene. Über 3500 Puppen sind in 31 verschiedene Themenbereichen unterteilt. Neben nachgestellten Szenen wie zum Beispiel einer Trachtengruppe beim Hochzeitszug oder einem asiatischen Kindergarten gibt es hier auch die kleinsten Puppen zu sehen: geschnitzte und bemalte Reiskörner aus Japan.

Ruhig und in Wasser- und Zentrumsnähe ist der **Nordracher Wohnmobilstellplatz** ein wunderbarer Ausgangspunkt für Erkundungen der Umgebung. Gebührenfrei ist er auch noch.

■ **Nordracher Puppenmuseum,** Im Dorf 76, Tel. (07838) 1225. Geöffnet 1. Juli–15. Sept. tägl. 14–17 Uhr, Sa., So. und an Feiertagen 14–17 Uhr.

Unterharmersbach

Von Nordrach führt ein ca. 7 km langes, enges, gewundenes Sträßchen nach Unterharmersbach. Badens größte und bedeutendste **Wallfahrtskirche Maria zu den Ketten** steht in Unterharmersbach. Ihre Wallfahrt geht bis in die Zeit der Kreuzzüge zurück. Die hügelige, abgelegene und nur landwirtschaftlich genutzte Gegend ist ein herrliches Wandergebiet, in dem einige außerordentlich **urige und schöne Versperstuben** zur Einkehr laden.

Gastronomie

■ **Zu Flackeneinkehr,** Tel. 1412, Di. geschl., Vogt auf Mühlstein, Tel. 249, tgl. außer Mo. 10–19 Uhr (sagenumwobener Bauernhof aus dem Jahre 1774, Misthaufen vor der Tür, Hofkapellchen, Sprossenfenster, Kachelofen – eine Schwarzwaldeinkehr, wie sie sich des gestressten Städters Herz erträumt!).

■ **Bächlehof,** Tel. 354, Mo. 15–22 Uhr, Di.– Fr. ab 13–22 Uhr, Fr., Sa. und So. 12–22 Uhr geöffnet (stattlicher Hof, traumhafter Ausblick! Außer der üblichen Vesperkarte auch Eiskarte, Obstwein).

Heidenkirche bei Oberharmersbach

Ein Pudel soll die Gold- und Silberschätze bewachen, die in einem Gang unterhalb der „Heidenkirche" liegen sollen. Die Kirche selbst besteht nur aus einer Ansammlung von **Sandsteinblöcken.** Jeder Stein hat einen anderen Namen, der eine heißt Kapelle, der andere Schiff, ein dritter gar Hexentanzplatz. Einst soll hier eine heidnische Opferstätte gewesen sein. Als die Talbewohner bereits zum christlichen Glauben bekehrt waren, sollen hier noch einige Unerschütterliche ihren alten Göttern weitergeopfert haben. Die Kirche ohne Kirchturm liegt außerhalb von Oberharmersbach auf dem **Löcherberg** (dort parken, zu den Steinen sind es ca. 20 Min. zu gehen).

Geroldsecker Waffenschmiede

1280 wurde die Waffenschmiede zum erstenmal erwähnt, die für die **Burg Hohengeroldseck** (westlich von Zell am Harmersbach bei **Biberach**) die Waffen schmiedete. Als 1689 die Franzosen die Burg zerstörten, durfte die Schmiede unter der Bedingung weiterbestehen, künftig nur noch Werkzeug wie Äxte, Schaufeln und anderes herzustellen. Die Familie Fehrenbach, die die Schmiede seit 1596 (!) besitzt, hielt sich auch bis zum Jahr 1970 getreulich daran. Dann aber war die Produktion von Werkzeug nicht mehr rentabel, die Fehrenbachs produzieren heute wieder Waffen, allerdings nur Repliken historischer Waffen für die Wand überm Kamin.

■ **Geroldsecker Waffenschmiede,** Litschental 11a, Seelbach, Öffnungszeiten unter Tel. (07823) 2270.

Gastronomie

■ **Restaurant-Hotel Adler**€€€-€€€€, Reichenbacher Hauptstr. 18, Seelbach, Tel. (07821) 906390, www.adler-lahr.de (u.a. mit einem Michelin-Stern preisgekrönte Küche.)

■ **Höhenrestaurant Sternen,** Hasenberg 1, ab Ortsausgang Seelbach beschildert, ca. 6 km Fahrt durch idyllische Landschaft. Tel. 2305, 11–21 Uhr durchgehend warme Küche, Mo. geschl. (idyllisch gelegen, riesige Portionen, köstliche Brägele.)

Burgruine Lützelhardt

Lange Jahre waren die Ruinen der Burg aus dem frühen 13. Jh. fast zugewachsen, bis sie zu Beginn des 20. Jh. wieder freigelegt wurden. Zu erkennen sind noch die Reste einer dreiteiligen Burg auf drei Felskuppen hintereinander.

- Parkplatz beim Friedhof in **Seelbach,** dann 30 Min. Fußweg bergauf durch Tannen- und Mischwald.

Haslach

- **Vorwahl:** 07832
- **PLZ:** 77716
- **Einw.:** 7000
- **Höhe:** 215–580 m

Wie ein Bild des Friedens liegt das alte Städtchen Haslach im weiten Tal der Kinzig inmitten einer sanft ansteigenden Hügellandschaft. „Mein Paradies" nannte es *Heinrich Hansjakob,* dessen Bewohner schon „zufrieden sind, wenn man sie ruhig räsonieren und ihren Wein trinken lässt und nicht viel Steuern von ihnen verlangt". Das 1240 erstmals urkundlich erwähnte Städtchen war einst der Mittelpunkt eines recht bedeutenden Silberbergbaus. Am 31. August 1704 brannten Truppen des französischen Königs *Ludwig XIV.* die Stadt völlig nieder. Der seit 1978 unter Denkmalschutz stehende sehenswerte Stadtkern stammt noch aus der Zeit kurz danach.

Sehenswertes

Schwarzwälder Trachtenmuseum

Am Rande der Altstadt ist im aus dem 17. Jahrhundert stammenden Kapuzinerkloster das Schwarzwälder Trachtenmuseum untergebracht. In Vitrinen sind Trachten des Schwarzwaldes und des Hoch- und Oberrheingebietes sowie zahlreiche Trachtenteile wie Goller und Schäppel ausgestellt. Wer sich für diese alte bäuerliche Welt interessiert, sollte als Ergänzung unbedingt die Vogtsbauernhöfe im nur 9 km entfernten Gutach besuchen.

- **Schwarzwälder Trachtenmuseum,** Tel. 706-172, April bis 15. Okt. Di.–Sa. 9–17 Uhr, So./Fe. 10–17 Uhr, Mo. geschl. 16. Okt. bis 31. März Di.–Fr. 9–12 und 13–17 Uhr (Fe. geschl.).

Hansjakobmuseum

In der Hansjakobstraße, im **Freihof,** den sich *Heinrich Hansjakob* 1913 als Alterssitz erbauen ließ, ist heute das Hansjakobmuseum untergebracht.

- Tel. 4715, geöffnet 1. April–15. Okt. tägl. außer Mo. 10.–12.30 Uhr und 13.30–17 Uhr. 16. Okt.–31. März Di–Fr 10–12.30 Uhr und 13.30–16 Uhr.

Besucherbergwerk

Vom Silberbergbau kündet noch die Grube „Segen Gottes", heute eines der

Der Mann mit dem schwarzen Hut – Heinrich Hansjakob

In Haslach, wo er auch seine letzten Lebensjahre verbrachte, erblickte der katholische Pfarrer, Schriftsteller und Landtagsabgeordnete *Heinrich Hansjakob* (1837–1916) das Licht der Welt. Er war ein vielseitiger, streitbarer und kritisch eingestellter Erzähler und Volksschriftsteller, der in der Jugend sein Klavier verkaufte, um Geld fürs Biertrinken und Spielen zu haben und der sich zeitlebens gerne mit der Obrigkeit anlegte. In über 70 Büchern und Schriften befasste er sich neben Reisebeschreibungen mit geschichtlichen Themen sowie dem Leben und den Bräuchen der Menschen seiner Heimat. Sein sozialer Sinn und seine Religiosität waren sehr ausgeprägt, seine Abneigung gegen alles Moderne allerdings auch: „Wenn sie aber glauben, sie seien schöner oder stellen mehr vor, wenn sie die alte Bauerntracht ablegen, dann haben sie, wie man sagt, den Finger am letzten Ort verbunden, und diejenigen Mädchen vom Lande, welche das glauben, gehören ohne Zweifel zu den dümmsten. So sollen schmucke Landmädchen ihre Kameradinnen, welche einige Wochen oder Jahre in der Fremde zugebracht haben und mit der Modetracht heimkehren und andere anstecken wollen, meiden, necken und verlachen".

Der Mann mit dem schwarzen, geschwungenen „1848er Hut" war zu seiner Zeit einer der meistgelesenen Schriftsteller, der auch weit über die Grenzen seiner badischen Heimat hinaus bekannt war und der noch heute von seinen Landsleuten hoch geachtet wird.

Eine wunderschöne Möglichkeit, *Hansjakob* nachzuempfinden, sind neben dem **Hansjakobmuseum** die beiden **Hansjakobwege:** der 54 km lange Hansjakob-Weg 1, der von Schapbach über St. Roman nach Schenkenzell führt und der 104 km lange Hansjakob-Weg 2, der von Hausach über Wolfach, Hirzwasen, Brandenkopf, Oberharmersbach, Zell am Harmersbach, Niller Eck, Steinach, Höhenhäuser, Hofstetten und Haslach zurück nach Hausach führt.

bedeutendsten Besucherbergwerke des Schwarzwaldes.

■ Geöffnet 1. April bis Ende Okt. tgl. außer Mo. Führungen um 11, 13.30 und 15.30 Uhr.

Praktische Tipps

Info

■ **Tourist-Information,** Im Alten Kapuzinerkloster, Tel. (07832) 706170 oder -172, Fax 706-179, info@haslach.de, www.haslach.de.

Unterkunft mit Gastronomie

■ **City Hotel**€, Steinacher Str. 3, Tel. 91270, Fax 912626, www.cityhotel-haslach.de (Biker/Radler sind willkommen.)

■ **Gasthaus Storchen**€€€, Hauptstr. 35, Tel. 979797, Fax (07832) 979799, www.hotel-storchen.de (rustikales Fachwerkhaus mit höcht originell eingerichteten Zimmern wie in einer orientalischen Suite mit Himmelbett „Kalif Storch", der „Scheune" mit dem Klostuhl in der Ecke oder dem „Heißluftballon" mit einem ebensolchen über dem Bett. Im ebenfalls äußerst nett gestalteten angegliederten Restaurant werden regionale Spezialitäten wie Flammenkuchen serviert. Biker sind willkommen!)

Der Fluss Kinzig markiert eine Trennlinie: Er scheidet den Nord- vom Südschwarzwald. Der **Norden** ist eher württembergisch und protestantisch geprägt, der **Süden** eher badisch und katholisch. Seit 1952 sind Schwaben und Badener zu einem Bindestrich-Bundesland vereint, aber sie machen immer noch Witze übereinander.

Hausach

■ **Vorwahl:** 07831
■ **PLZ:** 77756
■ **Einw.:** 5700
■ **Höhe:** 240–930 m

Der lang gestreckte Ort mit seinen gut erhaltenen Fachwerkhäusern hat sich in den letzten Jahren gleich zwei neue Sehenswürdigkeiten zugelegt: Zum ersten die 2003 eröffnete Schwarzwald-Modell-Bahn, Europas größte ihrer Art, und schon jetzt ein wahrer Magnet für große und kleine Männer! Zum anderen das Bergbaumuseum Erzpoche, in Eigenarbeit von allesamt ehrenamtlichen „Bergbauverrückten" (wie sie sich nennen) erbaut. In vielen Orten des Schwarzwaldes kann man sehen, wie die Erze gefördert wurden, wie sie dann aber weiterverarbeitet werden, das kann man bislang nur in Hausach bestaunen. Das Museumsgelände ist jederzeit zugänglich, die Gebäude und Einrichtungen sind beschildert. Es gibt auch einen zehn Kilometer langen, ebenfalls beschilderten Bergbaulehrpfad. Er führt vom Rathaus über die Burg Husen, Kreuzberg, Reutegrund und die Talstraße zur Dorfkirche.

Die Hausacher Dorfkirche zählt zu den ältesten Bauwerken des Kinzigtals, ihr Tympanon wird ins Jahr 1100 datiert. Über dem Ort thront die aussichtsreiche Burg Husen (der Burgturm ist jeden 1. So. im Monat 1018 Uhr geöffnet).

Info

■ **Kultur- und Tourismusbüro,** Hauptstr. 34, Tel. (07831) 7975, Fax 7955, www.hausach.de.

Alles unter einem Dach – die Vogtsbauernhöfe

Der Erforscher des Schwarzwaldhauses, Professor *Hermann Schilli,* errichtete hier sein Lebenswerk: die 6 km südlich von Hausach gelegenen, zur Gemeinde Gutach gehörenden Vogtsbauernhöfe. Es begann mit einem abbruchreifen Bauernhof im Jahre 1963, als er sich zur Gründung eines Freilichtmuseums entschloss – heute eine der großen Attraktionen des Schwarzwaldes. Das Gebäude damals war der Vogtsbauernhof, nach und nach sind noch andere Hofkomplexe, allesamt aus dem 16. und 17. Jh., hinzugekommen. Selbstverständlich mitsamt ihren Nebenbauten wie Mühle, Säge, Speicher, Backhäuschen, Hofkapelle und Leibgeding – dem Altensitz der Bauern – und sämtlichem Haus- und Arbeitsgerät. Was diese Gebäude so interessant macht, ist die für uns heute kaum noch nachvollziehbare Einheit von Arbeits, Privat- und Freizeitleben. Der Herr und der Knecht, die Familie und das Vieh, alle Lebens- und Arbeitsbereiche waren unter einem einzigen großen Dach untergebracht.

Von Toleranz zeugt das „Probierstübchen". So nannte man die Kammer für die heiratsfähigen Töchter, die dort mit Erlaubnis der Eltern von jungen Burschen besucht werden durften. Man sagt, die Hochzeit sei häufig erst dann aufgeboten worden, wenn die Nächte in der „Probierkammer" sichtbare Folgen gehabt hatten. Eheliches Glück und gesunde Nachkommen hatten letztendlich einen höheren Stellenwert als die Unberührtheit der Töchter.

So wirklichkeitsgetreu die Vogtsbauernhöfe auch sein mögen, in einem Punkt verfälschen sie die Wirklichkeit: Die Häuser standen ursprünglich nicht beieinander, sondern – wie alle Schwarzwaldhöfe – einsam, im Zentrum ihres Wald-, Feld- und Graslandes. Ihre Bewohner sollen von persönlichem Selbstbewusstsein und großer Unabhängigkeit gewesen sein. Eigensinnig und von alemannischer Dickschädeligkeit, strapazierten sie die Nerven der Förster und Vögte. Das Schwarzwaldhaus wurde immer an der Grenze zwischen den talwärts gelegenen Wiesen und den sich oberhalb erstreckenden Feldern gebaut. Entlang dieser Grenze verliefen auch immer die Wege, die dann später zu Straßen wurden.

■ **Schwarzwälder Freilichtmuseum Vogtsbauernhof,** geöffnet Mitte März bis Anfang November tgl. 9–18 Uhr, im August tgl. 9–19 Uhr, www.vogtsbauernhof.org.

1

Gastronomie

■ **Käppelehof**€, Hausach-Einbach, Tel. 459, Fax 83992, Mo. und Di. geschl. (mächtiger, alter Bauernhof auf 550 m Höhe mit Traumaussicht in herrlicher Wandergegend. Hausmacherspezialitäten aus eigener Schlachtung. Der Hof ist nach dem „Käppele", der Kappelle (Hl. Wendelinus) benannt.)

Im Umland von Hausach

Gutach

Von hier aus hat er seinen werbewirksamen Siegeszug um die Welt angetreten: der **Bollenhut,** das fotogene Wahrzeichen des ganzen Schwarzwaldes. Und doch wird er nur in den drei Gemeinden Gutach (nicht zu verwechseln mit Gutach im Breisgau), Kirnbach und Reichenbach getragen. Im Gegensatz zu den Trachten der umliegenden katholischen Orte ist die zum Hut mit den roten Bollen gehörige Tracht in dunklen Farben gehalten und züchtig hochgeschlossen bis zum Hals, denn die drei Bollenhut-Gemeinden sind eine evangelische Enklave im sonst katholischen mittleren Schwarzwald. Angeblich soll der Bollenhut (den Sie niemals „Bommelhut" nennen sollten, wenn Sie nicht der Zorn der Schwarzwälder auf sich ziehen möchten) auf ein Versprechen aus der Pestzeit zurückgehen, nach dem die Gutacher die Vierzehn Nothelfer angerufen hätten, um nach Befreiung von der Pest fürderhin zu ihren Ehren 14 Wollrosen auf dem Kopf zu tragen. Bilder alter Meister hingegen beweisen, dass der Hut schon im 15. Jahrhundert weit verbreitet war und sogar von Männern getragen wurde.

Des Schwarzwälders größter Stolz

Wir fanden die Bauernhäuser und Dörfer im Schwarzwald genauso, wie die Schwarzwaldgeschichten sie schildern. Das erste echte Exemplar, auf das wir stießen, war der Wohnsitz eines reichen Bauern und Gemeinderatsmitglieds. Er stellte in der Gegend eine wichtige Persönlichkeit dar und seine Frau natürlich auch. Seine Tochter war die „gute Partie" der ganzen Umgebung, und ich könnte mir denken, dass sie inzwischen bereits als Heldin eines der Romane von *Auerbach** der Unsterblichkeit entgegengeht. Wir werden es ja sehen, denn wenn er sie darin aufnimmt, erkenne ich sie an der Schwarzwaldtracht und an ihrer Sonnenbräune, an der rundlichen Gestalt, den fetten Händen, dem stumpfen Gesichtsausdruck, dem freundlichen Wesen, den großen Füßen, dem haubenlosen Kopf und den geflochtenen Zöpfen aus flachsblondem Haar, die ihr den Rücken hinabhängen, wieder.

Das Haus war groß genug für ein Hotel; es war hundert Fuß lang, fünfzig breit und vom Boden bis zur Dachrinne zehn Fuß hoch; von der Dachrinne bis zum First waren es mindestens vierzig Fuß, vielleicht sogar mehr. Dieses Dach bestand aus einer alten, lehmfarbigen, ein Fuß dicken Strohschicht und war, ausgenommen ein paar unbedeutende Stellen, über und über mit üppig wucherndem grünem Pflanzenwuchs, hauptsächlich Moos, bedeckt. Die moosfreien Flecken waren Stellen, wo man durch das Einfügen neuer, heller Lagen von gelbem Stroh das Dach ausgebessert hatte. Die Traufen reichten weit herab wie schutzbietende, einladende Fittiche.

Vor der Tür im Erdgeschoss lag ein gewaltiger Misthaufen. Die Tür eines Zimmers im ersten Stock an der Längsseite des Hauses stand offen und wurde vom Hinterteil einer Kuh eingenommen. War das etwa das Gesellschaftszimmer?

Die ganze vordere Hälfte des Hauses schien von unten bis oben mit Menschen, Kühen und Hühnern angefüllt zu sein, und die ganze hintere Hälfte mit Zugvieh und Heu. Aber das charakteristische Merkmal dieses ganzen Hauses bildeten die großen Misthaufen, die draußen herumlagen.

Im Schwarzwald wurden wir mit diesem Düngemittel sehr vertraut. Unbewusst gewöhnten wir uns an, die gesellschaftliche Stellung eines Mannes nach diesem ins Auge fallenden, aufschlussreichen Kennzeichen zu beurteilen. Manchmal sagten wir: „Das ist offensichtlich ein armer Teufel". Wenn wir eine stattliche Anhäufung sahen, sagten wir: „Das ist ein Bankier". Wenn wir zu einem Landsitz kamen, der von einer alpenähnlichen Dungpracht umgeben war, sagten wir: „Zweifellos wohnt hier ein Herzog".

Die Bedeutung dieses Kennzeichens hat man in den Schwarzwaldgeschichten nicht genügend hervorgehoben. Der Mist ist offensichtlich der größte Reichtum des Schwarzwälders – seine Währung, sein Schatz, sein Stolz, sein „alter Meister", seine Keramiksammlung, sein Nippes, seine Herzenssache, sein Anspruch auf allgemeine Wertschätzung, Neid, Verehrung, und seine erste Sorge, wenn er sich anschickt, sein Testament zu machen.

■ Mark Twain, „Bummel durch Europa", detebe Klassiker

* *Berthold Auerbach:* ein Schriftsteller des 19. Jahrhunderts, der stark idealisierte Erzählungen über das Leben der Schwarzwälder Bauern schrieb. Seine bekanntestes Werk sind die „Schwarzwälder Dorfgeschichten".

707ssw SFV

Aktivitäten

- **Angeln:** Forelle in der Elz, Angelkarten bei der Kurverwaltung in Oberprechtal.
- **Fliegen:** Drachenflug- und Gleitschirmzentrum *Free-Fly,* Hinterzinken 11, Yach, Tel. 7710, www.free-fly.de.
- **Fabrikverkauf:** *Elza-Textilwerk,* Am Risslersberg 4, Tel. 8030, Verkauf Mo. bis Fr. 8.30–12 Uhr und 14–17.30 Uhr, Mo. bis 18.30 Uhr, Sa. 9–12 Uhr (Lattenroste und Matratzen ca. 25 % günstiger.)
- **Museum:** Heimatkundliche Sammlung, Hauptstr. 39, Elzach. Geöffnet jeden Dienstag 14.30–16.30 Uhr.
- **Wanderweg:** Warum der Bauer hinter der Kuh herläuft, erfährt man auf dem insgesamt 19 km langen Hirtenweg in Elzach-Yach. Ausgangspunkt: Parkplatz bei der Schule im Ortskern.

Deutsche Gastwirte

„Wir fanden eins (ein Gasthaus – Anm. des Verf.) nach sechs Kilometern heißer, staubiger Straße, und es sah nicht besonders gut aus. Wie die meisten Gasthäuser im Schwarzwald hieß es ‚Zum Rößle'. Das ‚Rößle' ist das Lieblingssymbol der Schwarzwaldwirte, aber es gibt auch eine Menge ‚Adler' und ‚Sonnen'. Alle diese Gasthäuser sind weiß getüncht und sehen von außen ordentlich und sauber aus, aber innen sind sie schmutzig eins wie das andere. Die Bettlaken sind kurz, die Federbetten klumpig, die Matratzen hellrot, das Bier gut, der Wein schlecht. Beim Mittagessen müssen Sie vorsichtig sein und aufpassen, dass das Stück Brot, das Sie erwischen, nicht sauer ist. Der Wirt versteht nie, was Sie sagen, seine Frau bindet sich die Schürzenbänder, während sie den Kopf schüttelt. Arbeiter in Unterhemd und Hosenträgern schneiden sich mit dem Taschenmesser ganze Kanten von dem Schwarzbrot ab und spülen es mit dem sauren Wein hinunter. Die Deckenbalken sind schwarz vom Rauch. Die Hühner scharren im Vorgarten und der Misthaufen dampft unter den Schlafzimmerfenstern.

Das ‚Rößle', in dem wir einkehrten, verfügte über alle diese Kennzeichen, und über einige mehr; es gab hier eine ordentliche Mahlzeit aus gebratenem Fleisch, Kartoffeln, grünem Salat und Apfelkuchen, vom Wirt selber aufgetragen, der unerschütterlich wie ein Ochse aussah und mitunter mit dem Suppenteller in der Hand stehenblieb und wie abwesend aus dem Fenster starrte. Seine Frau hatte ein Kamelgesicht, genau die unverwechselbare Kopfbewegung und den Ausdruck äußerster Stupidität, die man nur bei Trampeltieren und süddeutschen Bauersfrauen beobachten kann."

Ernest Hemingway (siehe Quellenhinweise im Anhang) im Jahre 1922 über den Gasthof „Rössle" in Elzach-Oberprechtal, dessen heutige Wirtsleute und Küche mit den damaligen jedoch keinerlei Ähnlichkeit mehr aufweisen.

Lahr

- **Vorwahl:** 07821
- **PLZ:** 77933
- **Einw.:** 43.000
- **Höhe:** 172 m
- **Ortsteile:** Sulz (3 km), Reichenbach (5 km)

Lahr ist mit zwei Begriffen eng verbunden: mit den früher dort stationierten kanadischen Streitkräften und mit dem **Lahrer „Hinkenden Boten"**. Erstere sind seit 1994 aus der Stadt abgezogen, der letztere wird noch immer herausgegeben. Der Name der Stadt ist auf „Lare" (Leere, Weideland) zurückzuführen. 1215 erstmals urkundlich erwähnt, erhielt sie schon 1279 Stadtrecht. Ihre Entwicklung zur Industriestadt begann im 19. Jh., heute sind die wichtigsten Industriezweige der Stahl-, Maschinen- und Fahrzeugbau, die Möbelherstellung und die Nahrungs- und Genussmittelindustrie. Ihre mittelalterliche Prägung ist der Stadt in manchen Altstadtwinkeln noch erhalten geblieben.

Am schönsten ist Lahr in der Gegend um den pittoresken **„Storchenturm"**, einem Rest der um 1220 erbauten Lahrer Tiefburg. Der Storchenturm selbst diente bis 1862 als Gefängnis, man erkennt noch den eingeritzten Namenszug eines Aufsehers über dem Eingang zum Turm. Zum Zeitpunkt der Drucklegung war der Storchenturm wegen Rissen im Inneren geschlossen.

Seit dem Abzug der Franzosen aus den **Lahrer Kasernen** sind dort Aussiedler aus Russland, Kasachstan und der Ukraine eingezogen.

Sehenswertes

Einen Hauch Exotik verdankt die Stadt ihrem in Kuba reich gewordenen Sohn Christian Wilhelm Jamm, der in seiner Heimatstadt im Stadtpark einen **tropischen Garten** anlegte. Was da wuchert und gedeiht, sind Tulpen- und Trompetenbäume, Götter-, Katsura- und Blauglockenbäume, Geweih- und Mammutbäume, viele verschiedene Kakteenarten und über 250 Rosenarten. Im Park liegt die Villa des Parkgründers, in der heute das Museum der Stadt mit Sammlungen zu Mineralogie, Archäologie, Volkskunde und Gemälden Lahrer Künstler untergebracht ist. Zu sehen sind auch Erinnerungsstücke an *Christian Wilhelm Jamm.*

- Geöffnet Mi., Sa., Sonn- und feiertags 14–16 Uhr, April bis Okt. zusätzlich Sonn- und feiertags 10–12 Uhr. Jan. geschlossen.

Praktische Tipps

Info

- **KultTour Büro Lahr**, Kaiserstr. 1, 77933 Lahr, Tel. (07821) 950210-11, Fax 950212.

Unterkunft mit Gastronomie

- **Residenz „Zum Löwen"**€€€€, Obertorstr. 3, Tel. 9917233, www.residenz-zum-loewen.de (Fünf exklusive individuelle Zimmer und ein stilvolles Restaurant mit badisch-elsässerischer Küche hinter alten Fachwerkmauern.)
- **Hotel-Restaurant Zum Schwanen**€€€, Gärtnerstr. 1, Tel. 9120, www.schwanen-lahr.de (Stadthotel hinter klassizistischer Fassade, im Sommer Gartenrestaurant.)

■ **Hotel Adler**€€€€, Lahr-Reichenbach, Telefon 906390, Fax 9063973, www.adler-lahr.de, Di. geschlossen (1 Michelin-Stern)

Aktivitäten

■ **Angeln:** Forelle und Döbel in der Schutter im Ortsteil Reichenbach, Angelkarten bei der Ortsverwaltung.

■ Von April bis September kostenlose Stadtführungen durch den mittelalterlichen Stadtkern sowie den geschichtsträchtigen Stadtpark. Treffpunkt ist der Eingang des Bürgerbüros (Rathausplatz 4). Termine unter www.lahr.de.

■ **Rundflüge:** *Fliegergruppe Lahr,* A. Horlacher, Tel. 7121

■ **Fabrikverkauf:** *Bonacelli Herrenbekleidung,* Lotzbeckstr. 47, Tel. 936425, www.bonacelli.de, Verkauf Mo. bis Fr. 10–19 Uhr, Sa. 10–16 Uhr (exklusive Herrenmode)

■ **Golf:** 9-Loch-Anlage im Stadtteil Reichenbach

■ **Chrysanthema:** Deutschlands größte Open-Air Blumenschau findet alljährlich im Oktober/November (www. chrysanthema.lahr.de) statt. Dabei wird die Altstadt mit Kaskadenchrysanthemen geschmückt und es werden Chrysanthemenrezepte präsentiert.

■ **Baden:** *Naturbad Sulz,* im idyllischen Sulzbachtal liegt das 2003 eröffnete Naturbad, gestaltet aus Holz, Kies und Naturstein. Geöffnet Mi.–Sa. 13–19 Uhr und So. 11–18 Uhr. Ebenfalls empfehlenswert ist das Lahrer Terrassenbad, eingebettet in eine terrassenförmig Parkanlage mit Blick auf den Schwarzwald und weiter in die Rheinebene.

Vom Stammtisch zur Zeitung

Im „Löwen" in Lahr, der im Jahre 1608 noch „Zum Goldenen Löwen" hieß, wurden viele stürmische Stammtischstreitereien ausgefochten. Sie wurden zum Vorbild für die alljährliche „Standrede", bei der eine Stammtischrunde in lebhafter Rede und Gegenrede ein bestimmtes Thema behandelt. Diese Standrede wurde im „Lahrer Hinkenden Boten" abgedruckt. Zu einer Zeit, als es noch kaum Zeitungen, kein Radio und kein Fernsehen gab, waren diese Hefte die wichtigsten Informationsträger. Ihren Namen verdanken sie einem Kriegsveteranen aus dem 16. Jh., der sich mit dem Verkauf von Flugblättern, Zeitungen und Kalendern seinen Lebensunterhalt verdiente. Neben allgemeinen Kalenderangaben und einem Trächtigkeits- und Brütekalender liefert der jährlich erscheinende Bote Informationen übers Wetter und die Postgebühren, Berichte über die „Weltgegebenheiten", das Ganze gewürzt mit Witzen und unterhaltsamen Geschichten.

Im Umland von Lahr

Kippenheim

Südlich von Lahr liegen zwei eindrucksvolle Stätten, die an die Geschichte der Juden in Süddeutschland erinnern. In Kippenheim an der Badischen Weinstraße ist es die restaurierte ehemalige **Synagoge,** als „Kulturdenkmal von nationaler Bedeutung" eingestuft.

Schmieheim

Südlich von Kippenheim an der Straße zwischen Schmieheim und Wallburg liegt der große **Jüdische Friedhof,** mit Hunderten von Grabsteinen, von denen einige fast dreihundert Jahre alt sind. Die große Zahl der Gräber ist ein Hinweis darauf, dass die Totenruhe auf einem jüdischen Friedhof niemals durch Neubelegen oder Aufgeben eines Begräbnisplatzes gestört werden darf. Experten haben in den letzten Jahren die zum Teil über 300 Jahre alten Inschriften übersetzt; (Buchtipp s. Literaturhinweise).

■ Den Schlüssel für den Friedhof gibt es in Schmieheim im Rathaus oder bei *Jakob Hartmann,* Pfaffentalstr. 5.

Mahlberg

Als die Elsässer im deutsch-französischen Krieg von 1871 von den Deutschen besetzt wurden, wollten sie auf keinen Fall auf ihren geliebten schwarzen Tabak verzichten. Also wurde in Straßburg eine Tabakfirma gegründet, die 1919 nach Lahr umzog. Die produzierte eine Zigarette in einer roten Verpackung mit einer aufgedruckten Hand als Markenzeichen. „Gib mir emol aus der rote Packung mit dem Händle" bestellten die Kunden und der Markenname „Rot-Händle" war geboren. Einstmals beschäftigte die tabakverarbeitende Industrie in der Umgebung über 20.000 Menschen, heute ist nur noch die *Badische Tabakmanufaktur Roth-Händle* in Lahr übrig geblieben.

Die Geschichte des Niedergangs der Tabakindustrie in der Region und alles Wissenswerte und Kuriose rund um den Tabak können Abhängige und Nichtabhängige im **Tabakmuseum** in Mahlberg, 1 km südlich von Kippenheim, erfahren. Es gehört zu einem der größten seiner Art in Europa.

■ Die über 1500 qm große Ausstellungsfläche in einer alten Zigarrenfabrik ist von 1. Mai bis Ende Sept. sonn- und feiertags 10–17 Uhr geöffnet, Tel. (07825) 843812.

Gut vor bösem Saft – Hans Jakob Grimmelshausen im Jahre 1650 über den Tabak

„Ich habe ihn essen, trinken und schnupfen sehen durch alle Stände, von Fürsten an bis auf die Bettler, vom Bischof bis auf den Bader beides eingeschlossen; und wozu er ihm wohl bekomme: dem einen erläutert es die Augen, dem anderen zeucht er die Fluss aus dem Hirn, dem dritten lindert es das Zahnwehe, dem vierten vertreibt es das Sausen und Brausen in den Ohren, dem fünften bringt es den Schlaf, dem sechsten löscht es den Durst, dem siebten zeucht es die Schädlichkeiten des eingesoffenen Wassers wieder aus dem Leib, dem achten ist es gut vor bösem Saft, dem neunten taugt es die Zeit zu vertreiben und dem zehnten der Gesellschaft halber mit zu machen ..."

Rust

- **Vorwahl:** 07822
- **PLZ:** 77977
- **Einw.:** 3200
- **Höhe:** 164 m

Gegensätzlicher könnten die zwei Attraktionen des kleinen Dörfchens Rust am Rhein kaum sein: Nur wenige hundert Meter voneinander entfernt liegen die lärmende Amüsierwelt des Europaparks Rust und die ursprüngliche, stille Urwaldlandschaft des Taubergießen.

Rust erreicht man auf der A 5, Ausfahrt Herbolzheim oder Ettenheim nördlich von Freiburg, der guten Beschilderung „Europapark Rust" folgen.

Europa-Park Rust

Deutschlands größter Freizeitpark liegt am Fuße des Schwarzwalds und wartet mit 11 Achterbahnen und 14 europäischen Themenbereichen auf. Sensationell: der Megacoaster „blue fire", der die Menschen der vier- oder fünffachen Schwerkraft aussetzt, sie in spektakulärer Weise dreht und sie ohne Gurt, nur mit Bügeln hält. Ein einmaliges Gefühl: rauszufliegen und doch sicher gehalten zu werden.

Halb Europa in einem Tag bereisen: Im Freizeitpark Rust ist es möglich, denn hier liegen Norwegen, Griechenland und weitere 12 europäische Länder nur einen Katzensprung voneinander entfernt. In „Skandinavien" z.B. kann man mit der Riesen-Schaukel in die Luft abheben, um sich anschließend in „Griechenland" bei einer rasanten Fahrt mit

820ssw ST

[>] Europa-Park Rust: das Kolosseum von Rom am Rande des Schwarzwaldes

1

der Wildwasserachterbahn zu erfrischen. 90 Hektar umfasst das badische „Europa“, darin stehen auch eine der höchsten und größten Stahl-Achterbahnen Europas, der Silver Star, sowie die gigantische Holzachterbahn WODAN. Die Wintersaison im Europa-Park bietet ein zusätzliches Highlight mit allein 2,5 Millionen Lichtern und 2500 bunt geschmückten Tannenbäumen.

Die Preise sind moderat, und die kulinarische Auswahl ist groß. Einziger Wermutstropfen: In den Sommerferien ist der Freizeitpark hoffnungslos überfüllt.

■ Europa-Park-Str. 2, Info-Tel. 77270 und 770, Fax 77277, www.europapark.de. Täglich geöffnet von Mitte März bis Okt. 9–18 Uhr (Juli/August längere Öffnungszeiten). Erwachsene 37,50 €, Kinder 4–11 Jahre 33 €.

Taubergießen

Es hat schon einen Hauch von Freiheit und Abenteuer, auf einem Rheinkahn durch die dschungelartige **Flusslandschaft** des Taubergießen zu gleiten. So ungefähr muss die Rheinlandschaft vor der Flussregulierung vor über 150 Jahren ausgesehen haben.

An Schönheit steht der Taubergießen dem Spreewald in nichts nach, sein Bekanntheitsgrad aber ist weitaus geringer. Gut so. Noch heute kann man an manchen Tagen durch das weltabgeschiedene Paradies gleiten, ohne einer Menschenseele zu begegnen. Tierische Begegnungen aller Art kommen hingegen durchaus häufig vor: Wir haben bei unserer Fahrt zwar nicht den äußerst seltenen Eisvogel angetroffen, aber die majestätisch dahingleitenden Schwanenpaare und unsere ständigen Bootsbegleiter, strahlend blaue Libellen, waren uns Idylle genug.

23 bislang nachgewiesene Orchideenarten, viele Fischarten, verschiedenste Frosch-, Molch- oder Krötenarten, Reptilien, 179 Vogelarten, 273 Arten von Nachtschmetterlingen sowie Marder, Siebenschläfer, Wildschweine und Rehe sind hier heimisch. Ein Teil des Gebietes ist Bannwald, 99 Jahre darf hier kein Baum geschlagen und kein umgestürzter Baum beseitigt werden. Bei den **Bootsfahrten** passen jeweils bis zu 10 Leute auf einen Kahn, ein Bootsführer stakt das Boot über eine Strecke von ca. 8 km.

■ Die zweistündigen Bootsfahrten können u.a. gebucht werden bei *Karl Baumann*, Tel. (07822) 867718, www.taubergiessenbootsfahrt.de.

Praktische Tipps

Info

■ **Tourist-Information,** Fischerstraße 51, 77977 Rust, Tel. (07822) 864520, Fax 864531, amt@gemeinderust.de, www.rust.de.

Unterkunft

■ **Hotel-Restaurant Mythos**€€€, Hausenerstr. 1, Tel. 86290, Fax 866888, www.hotel-muellers-muehle.de (sehr geschmackvoll und liebevoll-gemütlich, teilweise mit Korbmöbeln eingerichtetes Hotel. Besonders nett sitzt man in der urigen Stube mit Kachelofen.)

■ **Hotel Ricci**€€€, Karl-Friedrich-Straße 59, Tel. 6488, Fax 7562, www.hotel-ricci-rust.de (freundlich und familiär geführtes Haus, verschiedene Zimmer von rustikal-braun bis hell und modern. Nicht mal zehn Gehminuten vom Europapark entfernt).

■ **Hotel Colosseo**€€€€€, im Europapark, Tel. (01805) 868620 (italienische Piazza mit Cafés und Bars, ein 25 Meter hoher Kolosseumbogen mit Wellnessbereich, diverse historische Stilepochen in Haus und Zimmern: das *Colosseo* ist mit 1450 Betten das größte Einzelhotel im Südwesten Deutschlands.)

■ **Erlebnishotels „El Andaluz"** und **„Castillo Alcazar"**€€€€€ im Europapark, Tel. 868610, Fax 8605545.

[>] Alteingesessene Fischer aus Kappel, Rheinhausen und Rust staken kleinere Gruppen in ihren Flachkähnen durch die wildromantische Urwaldlandschaft des Taubergießen

708ssw ST

Alpirsbach | 64
Bad Peterstal-Griesbach | 55
Bad Rippoldsau-Schapbach | 51
Freudenstadt | 47
Schiltach | 60
Wolfach | 57

2 Tour 2

VOM WOLFTAL INS KINZIGTAL

Eine bequeme Eintagestour durch Schwarzwälder Bilderbuchlandschaft: nach Freudenstadt, der höchstgelegenen Stadt Baden-Württembergs, zu den Kurörtchen Bad Rippoldsau-Schapbach und Bad Peterstal-Griesbach, zur letzten gewerblich arbeitenden Mund-Glasbläserhütte des Schwarzwaldes in Wolfach, ins schwäbisch-badische Grenzstädtchen Schiltach mit seinem Apothekenmuseum und zu Klosterbräu und Klosterkonzerten in Alpirsbach

◁ Wolfach im Kinzigtal war Zentrum der Flößerei

VOM WOLFTAL INS KINZIGTAL

Tour 2
- Freudenstadt
- Bad Rippoldsau-Schapbach
- Bad Peterstal-Griesbach
- Abfahrt ins Wildschapbachtal nach Wolfach
- Schiltach
- Alpirsbach

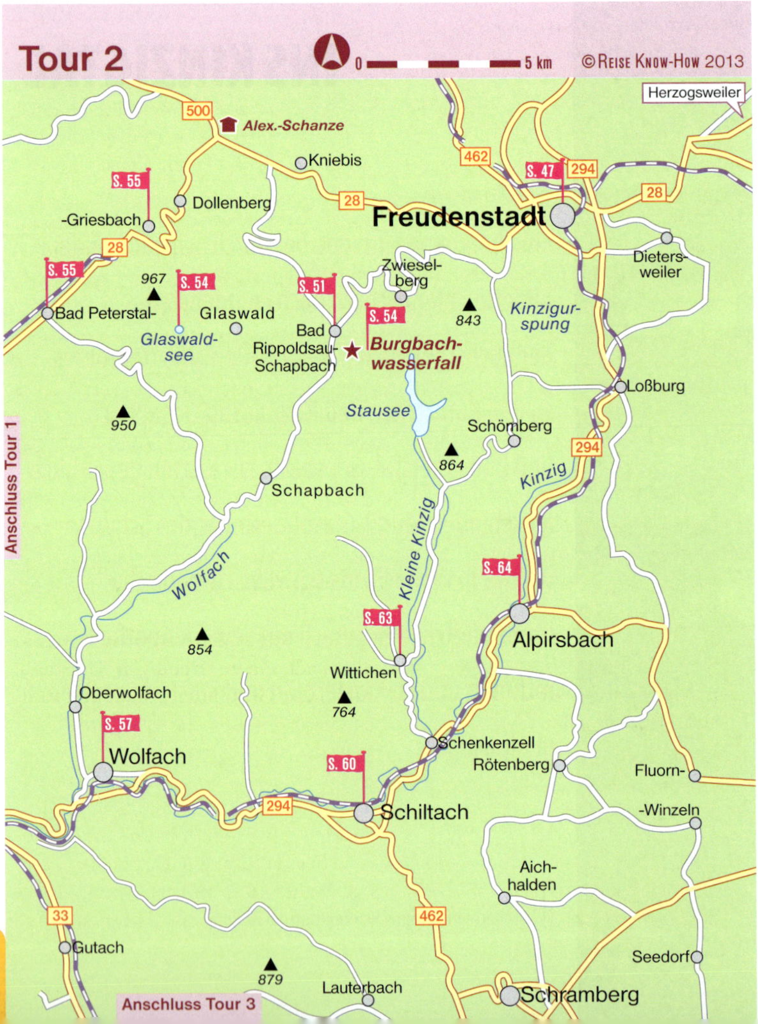

Freudenstadt

- **Vorwahl:** 07441
- **PLZ:** 72250
- **Einw.:** 24.000
- **Höhe:** 746–1100 m
- **Ortsteile:** Kniebis (10 km), Lauterbad (3 km), Zwieselberg (8 km), Musbach (8 km), Grünbach-Frutenhof (5 km), Wittlensweiler (3 km), Dietersweiler (4 km), Igelsberg (10 km)

Im 15. Jahrhundert noch galt die Gegend um Freudenstadt als „förchtig wilder Wald". Heute präsentiert sich Freudenstadt als **Heilklimatischer Kurort** mit jeder Menge guter Luft und einem milden Reizklima – kein Wunder, denn Freudenstadt liegt auf einer Höhe von 700 bis 1000 Metern und kann im Winter eiskalt sein. *„Jeder Gesunde, der von tiefergelegenen Orten hier eintrifft, bemerkt an sich nach kürzester Frist die Verbesserung der Stimmung, des Schlafes, der Leichtigkeit des Atmens, der Zunahme des Appetits, mit einem Wort: Erleichterung und Steigerung sämtlicher Lebenserscheinungen.“*, schrieb um 1900 der Oberamtsarzt *Lieb* über die Freudenstädter Luft.

Ihre Gründung verdankt die Stadt vermutlich einer herzoglichen Laune: Ausgerechnet zu einer Zeit, als alle anderen Fürsten ihre Residenzen von den unwirtlichen Burgbergen in die gemütlicheren Ebenen verlagerten, fiel es Herzog *Friedrich I. von Württemberg* ein, am 2. Mai 1601 eine neue Stadt zu gründen. War es wirklich nur eine Laune oder wollte er eine Festung gegen das ständig von Frankreich bedrohte Oberrheintal errichten? Seine Stadt sollte jedenfalls quadratisch nach dem Muster eines Mühlespielbretts werden – gekrönt von einem riesigen **Residenzschloss** in der Stadtmitte. Der Bauplatz wurde angelegt, das repräsentative Schloss allerdings sollte ein Traum des Herzogs bleiben, denn er erlebte denn er verstarb am 29. Januar 1608 und „seine Stadt" wurde nie fertiggebaut.

Ihren ausgefallenen Namen verdankt die Stadt einem freudigen Umstand: nach ihrer Gründung fanden hier zahlreiche protestantische Glaubensflüchtlinge aus aller Herren Länder ihre Zuflucht. Freudenstadt wurde im Laufe seiner Geschichte schwer mitgenommen: Die Pest, ein Großbrand und die Zerstörung der Hälfte aller Gebäude bei einem Großbrand 1632 und im Zweiten Weltkrieg waren die großen **Katastrophen**

NICHT VERPASSEN!

- Nostalgie pur: Das **Hotel Palmenwald** | 51
- Zur Nixe am **Glaswaldsee** wandern | 54
- Durch Stäpfele in **Schiltach** schlendern | 60
- Löwenkopf und Klosterbräu: **Kloster Alpirsbach** ist ein Kloster für alle Sinne | 64

Diese Tipps erkennt man an der gelben Hinterlegung.

dieser gebeutelten Stadt. Der Aufbau in den Jahren 1949 bis 1954 gilt als vorbildliches Beispiel für einen am historischen Vorbild orientierten und doch modernen Wiederaufbau, der als „Wunder von Freudenstadt“ in die Geschichtsbücher einging.

Die Stadt hat sich durch das **„Freudenstädter Modell“** einen gewissen Namen gemacht: Bürger bringen in ihren spezifischen Bereichen Verbesserung zur Stadtentwicklung ein. Über 100 der von den Bürgern vorgeschlagenen Maßnahmen wurden bisher in die Tat umgesetzt.

Sehenswertes

Sehenswürdigkeit Nr. 1 ist der 219 x 216 m große, arkadengesäumte **Marktplatz,** der die Form eines Mühlebrettspiels hat, von *Matthäus Merian* (1593–1650) folgendermaßen beschrieben: „Der Marckt ist sehr groß und seyn unter den Häusern Schwibbogen, dass man im Truckenen gehen kann“.

Die **Evangelische Stadtpfarrkirche** umrahmt die Südecke des Marktplatzes wie ein Winkelhaken. Sie wurde in den Jahren 1601–1615 nach den Plänen *Schickhards* erbaut, der auch den Marktplatz für den Herzog anlegte. Im „guten“ Südflügel saßen die Männer, im klimatisch schlechteren Nordflügel die Frauen. Ganz züchtig hatten beide keinen Blick aufs andere Geschlecht, sondern nur auf den Altar und den Pfarrer, der seinerseits aber die ganze Kirche überblicken konnte. Von der reichen Ausstattung der Kirche sind drei kostbare Stücke erhalten geblieben: ein geschnitztes

062ssw cz

Kreuz aus der Zeit um 1500, ein Taufbecken aus dem frühen 12. Jh. mit fantasievoll ineinander verschlungenen Tierornamenten und ein ebenfalls aus dem 12. Jh. stammendes geschnitztes Lesepult, dessen Auflage von den vier Evangelisten getragen wird. Das Pult aus trockenem Linden- bzw. Weidenholz überstand wie durch ein Wunder die verheerenden Brände des Zweiten Weltkriegs.

■ Geöffnet Mo.–Fr. 10–17 Uhr. Kostenlose Führungen 14-tägig von Mai bis Okt. In geraden Wochen jeweils freitags 14 Uhr.

Freudenstadt

Praktische Tipps

Info

■ **Freudenstadt Tourismus,** Gäste-Büro, Marktplatz 64, 72250 Freudenstadt, Tel. (07441) 864730, Fax 864777, touristinfo@freudenstadt.de, www.freudenstadttourismus.de.

■ Sehr empfehlenswert: Die **Herzog-Friedrich-Touren,** zu buchen über die Tourist-Info oder www.timewalking.de

Unterkunft

■ **Landhaus Endresenhof**€–€€, Besenfelder Weg 3, Igelsberg, Tel. (07442) 6925/6926 (kleine, familiär geführte Pension mit großem Garten, Sauna, Fitnessraum.)

■ **Gästehaus Schauinsland**€–€€, am Naturparkwald Kienberg, Tel. 2488, Fax 2478 (Mitten im Grünen gelegen, sehr persönlich gestaltete Räumlichkeiten, idyllische Liegewiese.)

Unterkunft mit Gastronomie

■ **Hotel-Restaurant Bären**€€€, Lange Str. 33, Tel. 2729, Fax 2887, Mo. geschlossen (hier wird preisgekrönte Küche serviert; auf Wunsch auch auch Vegetarisches.)

■ **Waldhotel Zollernblick**€€€, Café-Restaurant, Lauterbad, Tel. (2187) 81006, Fax 8268, www.zollernblick-lauterbad.de (altehrwürdiges ehemaliges Grandhotel aus der Wende vom 19. zum 20. Jahrhundert, neu renoviert, rustikal und minimalistisch zugleich. 2 km außerhalb von Freudenstadt idyllisch und abgeschieden gelegen. Kleiner Skilift vor der Haustür. Abendessen nur am Wochenende, ansonsten ca. 5 Minuten Gehweg zum Sporthotel Lauterbad.)

■ **Hotel Palmenwald**€€€€, Lauterbadstraße 56, Tel. 88870, www.palmenwald.de. 2010 neu eröffnetes Nostalgiehaus aus dem Jahr 1895, als man noch zur Sommerfrische ging. Bismarck, der „eiserne" Kanzler, brauchte, um sich Ferien zu genehmigen, den Vorwand der Kur, und die musste natürlich im eigenen Lande verbracht werden, wie hier in Freudenstadt. „Das Palmenwald hat mich so freundlich angemutet" schrieb *Hermann Hesse* über seinen Aufenthalt im Kurhaus Palmenwald. Zimmer und Suiten in glanzvollem Jugendstil. Innen- und Außenpool, Wellness- und Fitnessangebote.

■ **Kur & Sporthotel Lauterbad**€€€–€€€€, Amselweg 5, Freudenstadt-Lauterbad, Tel. 86017-0, Fax 86017-10, www.lauterbad-wellnesshotel.de (unter gleicher Leitung wie das Zollernblick-Hotel. Umfangreiches Wellness-Angebot, so zum Beispiel das Nachtkerzenölbad im Schwebebett „für SIE" und das Biersudbad im Pharaonenbad „für IHN", und für beide die Jägersauna.)

■ **Restaurant-Café Bärenschlößchen,** Freudenstadt-Christophstal, Tel./Fax 780 (idyllisch gelegenes und liebevoll eingerichtetes altes Jagdschlösschen mit Blick auf einen alten Weiher und auf Freudenstadt. Spezialitäten: Schwäbisches wie zum Beispiel Maultaschen oder Saure Kutteln.)

■ **La Dolce Vita,** Reichstraße 38, Tel. 924892, www.la-dolce-vita-freudenstadt.de (Service, Ambiente und Essen sind hier gleichermaßen gut.)

Camping/Jugendherberge

■ **Campingplatz Freudenstadt-Langenwald,** Straßburger Str. 167, Tel. 2862, www.camping-langenwald.de (ebenes bis leicht welliges Gelände im Forbachtal, 3 km vom Ort, Einkaufsmöglichkeit, Restaurant, Fahrradverleih, Angeln, Chemietoilettenentsorgung.)

■ **Jugendherberge,** Eugen-Nägele-Str. 69, Tel. 7720, 85788, www.jugendherbergefreudenstadt.de (am Panorama-Bad)

Aktivitäten

■ **Angeln:** Forelle, Hecht, Rotauge und Karpfen in der Forbach und im Langenwaldsee, Karten beim Campingplatz Langenwald, Tel. 2862.

■ **Baden:** Panorama-Bad (bekannte, besonders bei Familien mit Kindern beliebte Badeattraktion mit Riesenwasserrutsche, Massagepilz, Dampfgrotte, Saunalandschaft, Solarium, Hot-Whirlpool, Restaurant und Bar), Tel. 890620, Mo.–Sa. 9–22 Uhr, So. und Feiertage 9–20 Uhr.

■ **Golf:** Golf-Club-Freudenstadt e.V., Ziegenwäldle 3, über 70 Jahre alter 18-Loch-Platz mit altem Baumbestand, bewirtetes Clubhaus, Pro-shop, Driving-Range, Caddie-Raum; Gesamtlänge 5857 m.

■ **Einkaufstipp:** Räucher-Pfau in Herzogsweiler, 9 km nordöstlich von Freudenstadt, Alte Poststr. 17: Hier gibt's hervorragenden Schwarzwälder Speck und sehr gute Bauernbratwürste.

Bad Rippoldsau-Schapbach

■ **Vorwahl:** 07440
■ **PLZ:** 77776
■ **Einw.:** 2600
■ **Höhe:** 400–900 m

Eigensinn macht eben doch Sinn: so zumindest bei Mönch *Rippold,* der wegen seiner Eigenbrötelei von den Benediktinern vor deren Klosterpforte gesetzt

016ssw cz

wurde. Darob wollte er sich voller Gram sein eigenes Grab schaufeln. Was dann geschah, schilderte *Viktor von Scheffel* ganz eindrucksvoll:

„Ein mächtiger Wasserstrahl mit Gebraus warf jählings Herrn Rippold zum Grab hinaus,
so hoch wie der nächste Tannenbaum flog triefend er in den leeren Raum."

Rippold rappelte sich auf und erprobte die Heilkraft der Quelle an einem kranken Hirtenmädchen. Sie wurde gesund und Herr *Rippold* alsbald Pächter des neuen Bades. So zumindest erzählt die Legende. Heute ist der **Doppelort** Bad Rippoldsau-Schapbach die **Zufluchtsstätte Erholungssuchender,** wo in ausgedehnten Kuranlagen Herz- und Gefäßerkrankungen, Rheuma, Verschleißerscheinungen von Wirbelsäule und Gelenken, Stoffwechselbeschwerden, chronische Nierenvorfälle und Frauenleiden behandelt werden. Also kein Ort für einen Amüsier-Aktiv-Urlaub.

Im **Winter** allerdings kommen Skifahrer hier durchaus auf ihre Kosten: Von Bad Rippoldsau aus sind es nur wenige Kilometer zu den Pisten und Loipen am Kniebis auf der „Skiarena Schwarzwaldhochstraße".

Eine Zeitreise zu den alten Waldberufen im Wolftal ist das **Wald-Kultur-Haus** im Ortsteil Holzwald.

⌃ Hotel-Restaurant „Zum letzten G'stehr" bei Bad Rippoldsau

Praktische Tipps

Info

■ **Tourist-Information,** Kurhausstr. 2, 77776 Bad-Rippoldsau-Schapbach, Tel. 913940, Fax 9139494.

Unterkunft mit Gastronomie

■ **Zum letzten G'stehr**€€, Bad Rippoldsau, Wolftalstr.17, Tel. 714, www.gstehr.de, Di. geschl. (guter Ausgangspunkt für Wanderungen, Pauschalen für Motorradfahrer.)

■ **Klösterlehof**€€, Bad Rippoldsau, Klösterleweg 2, Tel. 215, Fax 623, www.kloesterlehof.de (Teile des Hauses gehen auf ein Benediktinerkloster aus dem 12. Jh. zurück. Moderne Komfortzimmer, Vinothek.)

■ **Gasthaus „Zum Schlüssel"**€€, Bad Rippoldsau, Wolftalstraße 33, Tel. 2127, Fax 576, www.zumschluessel.com, (ehemalige Schmiede, nun ein Familien- und Motorradfahrer freundliches Restaurant mit Zimmervermietung. Wechselnde kulinarische Themen.)

■ **Hotel Restaurant Ochsenwirtshof**€€€, Wolfacher Straße 21, www.ochsenwirtshof.de (nahe Schapbach im idyllischen Wolftal. Stilvoll rustikal, empfehlenswertes Restaurant.)

■ **Törlehütte** (besonders urige Unterkunft im Blockhaus für sechs Personen, buchbar unter Tel. (07441) 9203019.)

Camping

■ **Schwarzwald-Camping Alisehof,** Schapbach, Tel. 203, Fax 1263 (sehr guter Campingplatz, im Schwarzwaldstil gebaut, teils leicht abfallendes Wiesengelände, teils terrassierte Steilhänge, 1 km vom Ort entfernt gelegen, Einkaufsmöglichkeiten sind vorhanden, Restaurant, Fahrradverleih, Chemietoilettenentsorgung; Wintercamping, ganzjährig geöffnet.)

Gastronomie

■ **Alte Tränke,** Fürstenbergstr. 41, Bad Rippoldsau, Tel. 366 oder 1066, (mitten im Grünen mit Biergarten. Spezialität: selbstgebackenes Steinofenbrot, Flammkuchen und Wurstsalat. Grillabend mit zünftiger Musik. Gut geeignet für Familienurlaub.)

Aktivitäten

■ **Angeln:** Forelle in der Wolf (in beiden Ortsteilen), Angelkarten gibt es bei der Kurverwaltung und im Rathaus.

■ **Baden:** Mineral-Bewegungsbad Bad Rippoldsau, Tel. 80230 (32 Grad warmes Mineralwasser, Innen- und Außenbecken.)

■ **Flößerweg:** Bad Rippoldsau-Schapbach – Wolfach, Gesamtstrecke 25 km, auch in Teilstrecken aufteilbar (die Geschichte der Flößerei anhand von Bildtafeln an Originalschauplätzen.)

■ **Mountainbike Fun Trail:** am Waldesrand in der Weihermatte neben dem Schmidbauernhof „Alte Tränke". Sechs Strecken mit verschiedenen Schwierigkeitsgraden. Fahrt über Holzkonstruktionen, Wurzeln und über Schotter.

■ **Nordic-Walking:** Immerhin 90 km lang ist der Nordic-Walking-Parcours ab Bad Rippoldsau-Schapbach. Stöcke zum Ausleihen und Kurse für Einsteiger gibt es bei der Tourist-Info.

Im Umland von Bad Ripoldsau-Schapbach

Burgbachwasserfall/-felsen

Beide sind am besten ab dem Hotel-Restaurant „Zum letzten G'stehr" (siehe Unterkunft) zu erreichen. Ab einem kleinen Parkplatz nahe dem Hotel-Restaurant sind es noch ca. 800 m zum Wasserfall und 1,1 km zum Felsen. Das mächtige Granitmassiv des Burgbachfelsens erinnert durch seine eigenartige Klüftung an eine Burgruine. Und tatsächlich deuten historische Zeugen und Gewann-Namen wie „Burgwald", „Burgwaldhöhe" oder „Burgschlag" auf eine ehemalige Burg hin. Nahe beim Felsen liegt der Burgbachwasserfall, im Frühjahr stürzt er **über 15 m tosend in die Tiefe,** im Sommer trocknet er oft ganz aus, und im Winter glänzt er gelegentlich als bizarres Eiskunstwerk. Der Wasserfall ist als Naturdenkmal geschützt.

Glaswaldsee

Tief eingebettet zwischen Tannen- und Fichtenwäldern liegt bei der Siedlung Glaswald, in der getreu ihrem Namen bis ins 17. Jh. **Glas geblasen** wurde, der Glaswaldsee. Der 14 m tiefe, fast kreisrunde Karsee (siehe Glossar) liegt 839 m hoch und steht unter Naturschutz. Warnung an alle einsamen Wandersmänner: Am Seeufer lustwandelt bisweilen eine Nixe, die mit ihrer Schönheit und ihren bezaubernden Gesängen schon so manchen Knaben betört hat. Ihr Werben bringt Verderben, wer sich von ihr lo-

017ssw cz

cken lässt, verschwindet in den Fluten des Sees. Zur Nixe führen Wanderwege aus allen Richtungen, Gehfaule fahren bis zum Wanderparkplatz im hinteren Glaswald, von dort ist es nur noch ca. 1 km bis zum See.

Kastelstein

Vom nördlichen Ortsausgang von Bad Rippoldsau erreicht man über den Naturlehrpfad in Richtung Kniebis den Kastelstein. Die Menschen gaben ihm seinen Namen, weil sie in dem Felsen die **Reste eines römischen Kastells** sahen. Das pilzförmige, ca. 5 x 10 x 3 m große Felsengebilde erregte schon früh das Interesse der Öffentlichkeit, ein Schild erinnert an den Besuch der Königlichen Hoheiten, Großherzog *Friedrich von Baden* und Großherzogin *Luise*, im Sommer 1858.

[<] Der Glaswaldsee, das „Blaue Auge" des Schwarzwaldes. Er ist einer der ersten Seen der Region, die Mitte des 17. Jahrhunderts mit Hilfe der Trigonometrie vermessen und kartografiert wurden

Bad Peterstal-Griesbach

- **Vorwahl:** 07806
- **PLZ:** 77740
- **Einw.:** 3300
- **Höhe:** 400–1000 m

„Es hat gesund Leut herumb, so sehr alt werden, dass sie 105 und 110 Jahr erreychen, so man dem Wasser, das sie trinken, zuschreibet. Es haben beyde Sawerbrunnen, nämlich der Grießbacher und Petersthaler, ein Krafft und Eygenschaft zu trücknen, zu wärmen, zu treiben, zu eröffnen und zu reinigen. Kommen zu Hülff dem Zipperlein und der Gliedsucht, machen Lust zu Essen, verzehren all Fäulniß und reinigen das Geblüt."

Wie einst *Matthäus Merian* im Jahr 1643, kommen die Leute auch heute weder wegen der Sehenswürdigkeiten des Ortes, die gibt es nämlich nicht, noch wegen der gesunden Luft – beide Ortsteile liegen an der gut befahrenen Bundesstraße 28 Ulm – Straßburg. Sie kommen hierher wegen der **Kohlensäurequellen,** die vor allem bei Herz- und Kreislaufbeschwerden, bei Rheuma, Frauenleiden und auch Erschöpfungszuständen helfen. Die so segensreichen Wässerchen werden von vier einheimischen Betrieben in Flaschen abgefüllt und als Mineralquelle oder Sprudel in alle Welt versandt.

Im **Winter** ist der Ort ein guter Ausgangspunkt zu den Liften und Loipen rundum. Und wer wie weiland Merian „Lust zu Essen" bekommt, der geht ins

schließend mit nach Hause nehmen. In der nächsten Abteilung erhält das edle Bleiglas dann seinen Schliff – spätestens hier wird einem klar, warum Bleiglasarbeiten relativ teuer sind. Im angeschlossenen, ganzjährigen Weihnachtsmarkt kündigt schon der schnarchende Plastikweihnachtsmann am Eingang an, was einen da erwartet: ziemlich bunter, ziemlich konventioneller Weihnachtszierrat.

Brauchtum

Fasnachtsmuffel sollten Wolfach zur Fasnetzeit absolut meiden, denn dort herrscht spektakuläres **Narrentreiben** mit Bräuchen wie Kaffeetantenumzug (Do. und Sa. 14, Di. 13 Uhr), Alterweibermühle (alle fünf Jahre), Wohlauf-Narrenwecken am Rosenmontag morgen um 5.30 Uhr und Nasenzug am Fasnachtsdienstag mittag um 17 Uhr. Beim Wohlauf-Narrenwecken wird der „Wohlaufmann“ in seinem rollenden Bett durchs Städtchen gefahren, begleitet von Hunderten von Narren in weißen Nachtgewändern. Mit ihren Krachinstrumenten machen sie einen solch infernalischen Lärm, dass auch der letzte Schläfer weiß, dass nun Fasnacht ist. Der Nasenzug, den Sie niemals „Nasenumzug“ nennen sollten, hat seinen Namen von dem Brauch, sich Nasen umzubinden – und da sind die tollsten Nasenkreationen zu bewundern!

Zum Abschluss am Aschermittwoch wird um 13 Uhr dann der **Geldbeutel gewaschen:** Zwanzig befrackte Männer marschieren im Gänsemarsch zur Kla-

818sw cz

gemauer am Finanzamt. In der Hand tragen sie eine lange Bohnenstange, an der eine Bürste und ein leerer Geldbeutel befestigt sind. Das ganze Jammern stößt bei den Herren vom Finanzamt auf taube Ohren, die bedauernswerten Stockträger marschieren dann weiter zum Stadtbrunnen, um dort unter viel Geheule und Gejammer ihren Geldbeutel zu waschen. Zum Abschluss gibts dann ein Stockfischessen.

Praktische Tipps

Info

Tourist-Information, 77709 Wolfach, Tel. (07834) 835353, Fax 835359, www.wolfach.de.

Unterkunft mit Gastronomie

Silence Hotel Adler€€€–€€€€, Wolfach-St. Roman, Tel. (07836) 342, Fax 7434 (vornehm wirkendes Inneres, doch sind auch Wandersleut willkommen bei Vespergerichten bis hin zu gehobener Küche. Wellness- und Fitnessbereich, Mountainbike- und E-Bikeverleih, sehr gemütliche Bar.)

Landidyll Hotel Hirschen€€€, Schwarzwaldstr. 2, Oberwolfach, Tel. 8370, Fax 6775, Mo. geschl. (Landhaus-Ambiente mit in verschiedenen Holzarten eingerichteten Zimmern, mit Sport- und Fitnesseinrichtungen.)

Vesperstube Benzenhof, Wolfach-St. Roman, Tel. (07836) 2197, Mo.–Fr. ab 18.30 Uhr, Sa./So. ganztägig (auf 850 m Höhe idyllisch gelegener Schwarzwaldhof. Selbstgemachtes vom Brot, über die Wurst bis hin zum Schnaps. Langlaufloipe und Wandermöglichkeiten, Vermietung von Zimmern und Ferienwohnungen für 2–6 Personen.)

Ferien auf dem Bauernhof Vogtadeshof€, Talstr. 98, Wolfach/Kirnbach, Tel. 6145, www.schwarzwaldferienhof. de (Vermietung von Zimmern Ferienwohnungen.)

Hotel Gasthaus zum Hecht€, Hauptstr. 51, Tel. 83510, www.hecht-wolfach.de (historisches Fachwerkhaus in verkehrsberuhigtem Stadtkern.)

Vesperstube Bartleshof, Ippichen 6, Tel. 869953, www.bartleshof.de (Vermietung von Ferienwohnungen und Zimmern. Hofladen und Vesperstube in einem Speichergebäude aus dem 15. Jahrhundert. Sehr gut: das Holzhauervesper mit echtem Schwarzwälder Speck und Wurst aus eigener Herstellung.)

Aktivitäten

MiMa, Mineralien- und Mathematikmuseum, Oberwolfach, Tel. 9420, www.mineralienmuseum.de. Hier ist die spannende Verbindung von Mathematik und Mineralien zu sehen. 1. Feb. bis 30. April tgl. 11–16 Uhr, 1. Mai bis 31. Okt. tgl. 11–17 Uhr, 1. Nov. bis 15. Dez. tgl. 11–17 Uhr. Mineraliensammeln auf der Mineralienhalde (Ortsausgang Wolfang Richtung Kirnbach) ab 18 Jahren möglich. Auch das **Besucherbergwerk Grube Wenzel** – rund 20 Gehminuten von Oberwolfach entfernt – kann unter fachkundiger Führung befahren werden.

Vogellehrpfad: Zwischen den Ortsteilen Kirche und Walke in Oberwolfach.

◁ Welches ist nun die echte Donauquelle, scheint der „Hansel", eine historische Gestalt der Donaueschinger Fasnacht, zu überlegen ...

Schiltach

- **Vorwahl:** 07836
- **PLZ:** 77761
- **Einw.:** 4100
- **Höhe:** 325–725 m
- **Ortsteile:** Hinterlehengericht (3 km), Vorderlehengericht (3 km)

Ein entzückendes kleines Städtchen, angesiedelt im imaginären Grenzgebiet zwischen schwäbisch-geschäftiger Betriebsamkeit und badisch-gemütlicher Geruhsamkeit. In der Idylle reiht sich ein Fachwerkhaus ans andere, verbunden durch die gepflasterten Treppengässchen, die „Stäpfele"; die ganze **Altstadt** steht unter Denkmalschutz. Klar, ein so fotogenes Städtchen lebt zum großen Teil vom Tourismus, aber nicht nur; in Schiltach werden neben Sanitär-, Mess- und Regeltechnik auch leckere Wurst- und Schinkenspezialitäten produziert.

Ein Blick auf die Landkarte zeigt eine Gemeinsamkeit der größeren Orte im Kinzigtal: Alle enden sie mit der Silbe *„-ach"*. Schiltach, Wolfach, Biberach, Hausach und alle anderen ach-Orte zeigen die Nähe zu einem Gewässer an, denn die aus dem Althochdeutschen stammende Silbe bedeutet soviel wie „fließendes Wasser".

Wie in Wolfach bestimmte auch in Schiltach der Fluss Kinzig das Wirtschaftsleben vom späten Mittelalter bis zum Ende des letzten Jahrhunderts. Es war die **Flößerei,** die so lange Zeit den Menschen ihren Lebensunterhalt sicherte und erst mit Beginn der Industrialisierung, als neue Strassen gebaut wurden und die Eisenbahnstrecke Hausach – Freudenstadt fertiggestellt wurde, zum endgültigen Untergang verdammt war.

Sehenswertes

Von den drei Schiltacher Museen, dem **Schüttesägemuseum** (Flößerei im Kinzigtal, Sägetechnik, Rotgerberei), dem **Museum am Markt** (Stadtgeschichte, Arbeitswelt des 19. Jh., Hörspiel im schwäbischen Dialekt über eine Hexenverbrennung als Folge eines Stadtbrands im 16. Jh.) und dem **Apothekenmuseum,** ist das letzte sicherlich das originellste. Die 1837 gegründete ehemalige Rats-Apotheke am Marktplatz wurde erst 1985 geschlossen und 1989 als Museum mit mittlerweile sieben Räumen wieder eröffnet. Eine wahre Augenweide ist die Offizin in biedermeierlicher Wurzelholzausstattung, lehrreich die diversen Geräte zur Pillen- und Tinkturenherstellung.

Das Apothekenmuseum und – wie der Name schon sagt – das Museum am Markt liegen beiderseits des steil anstei-

> Im Apothekenmuseum: Absolut skurril die Mittelchen wie das Tierheilmedikament „Sauwohl", das Geburts-Oel (für Geburten ohne Geburtshilfe und Nachgeburten), Tabak als Heilmittel (bei Gicht, Verstopfung und Krämpfen), und der Nasenformer (verbessert jede Nasenform, versagt nur bei der Knochenform). Absolut unerlässlich für jede Hausapotheke das Wunderpflaster gegen „Krämpfe, Zahnweh, rheumatische Schmerzen, Beissen an den Füssen, Rugenweh" und dergleichen Beschwerden mehr. Und das ausgestopfte Krokodil an der Wand zeigte gleich jedem an, dass hier wertvolle, fremdländische Heilmittel verkauft wurden

cken lässt, verschwindet in den Fluten des Sees. Zur Nixe führen Wanderwege aus allen Richtungen, Gehfaule fahren bis zum Wanderparkplatz im hinteren Glaswald, von dort ist es nur noch ca. 1 km bis zum See.

Kastelstein

Vom nördlichen Ortsausgang von Bad Rippoldsau erreicht man über den Naturlehrpfad in Richtung Kniebis den Kastelstein. Die Menschen gaben ihm seinen Namen, weil sie in dem Felsen die **Reste eines römischen Kastells** sahen. Das pilzförmige, ca. 5 x 10 x 3 m große Felsengebilde erregte schon früh das Interesse der Öffentlichkeit, ein Schild erinnert an den Besuch der Königlichen Hoheiten, Großherzog *Friedrich von Baden* und Großherzogin *Luise*, im Sommer 1858.

[<] Der Glaswaldsee, das „Blaue Auge" des Schwarzwaldes. Er ist einer der ersten Seen der Region, die Mitte des 17. Jahrhunderts mit Hilfe der Trigonometrie vermessen und kartografiert wurden

Bad Peterstal-Griesbach

- **Vorwahl:** 07806
- **PLZ:** 77740
- **Einw.:** 3300
- **Höhe:** 400–1000 m

„Es hat gesund Leut herumb, so sehr alt werden, dass sie 105 und 110 Jahr erreychen, so man dem Wasser, das sie trinken, zuschreibet. Es haben beyde Sawerbrunnen, nämlich der Grießbacher und Petersthaler, ein Krafft und Eygenschaft zu trücknen, zu wärmen, zu treiben, zu eröffnen und zu reinigen. Kommen zu Hülff dem Zipperlein und der Gliedsucht, machen Lust zu Essen, verzehren all Fäulniß und reinigen das Geblüt."

Wie einst *Matthäus Merian* im Jahr 1643, kommen die Leute auch heute weder wegen der Sehenswürdigkeiten des Ortes, die gibt es nämlich nicht, noch wegen der gesunden Luft – beide Ortsteile liegen an der gut befahrenen Bundesstraße 28 Ulm – Straßburg. Sie kommen hierher wegen der **Kohlensäurequellen,** die vor allem bei Herz- und Kreislaufbeschwerden, bei Rheuma, Frauenleiden und auch Erschöpfungszuständen helfen. Die so segensreichen Wässerchen werden von vier einheimischen Betrieben in Flaschen abgefüllt und als Mineralquelle oder Sprudel in alle Welt versandt.

Im **Winter** ist der Ort ein guter Ausgangspunkt zu den Liften und Loipen rundum. Und wer wie weiland Merian „Lust zu Essen" bekommt, der geht ins

Dollenberg, einer weithin bekannten Renommieradresse badischer Gastlichkeit.

Praktische Tipps

Info

- **Kurverwaltung,** Schwarzwaldstr. 11, im Ortsteil Bad Peterstal, 77740 Bad Peterstal-Griesbach, Tel. (07806) 1000, Fax 7950, www.bad-peterstal-griesbach.de.

Unterkunft mit Gastronomie

- **Pension Drei Tannen**€€, Insel 7, Bad Peterstal, Tel. 466 (zentral und doch ruhig, Liegewiese.)
- **Gasthof Herbstwasen**€€, Wilde Rench 68, ca. 3 km außerhalb von Bad Griesbach, Tel. 627, www.herbstwasen.de, Mi. geschl. (ruhige Einzellage mit Aussicht; große Vesperkarte, im Herbst auch Wildgerichte.)
- **Hotel-Restaurant-Café Döttelbacher Mühle**€€, Kniebisstr. 8, Bad Griesbach, Tel. 1037, Fax 1319 und **Hotel Döttelbacher Mühle** (zentral und doch ruhig gelegen, mit Bauernstube und großer Sonnenterrasse.)
- **Flair-Kurhotel-Adlerbad**€€€, Kniebisstr. 55, Bad Griesbach, Tel. 98930, Fax 8421, www.adlerbad.de (rustikal-elegantes Haus, Wellnessangebote.)
- **Kur- und Sporthotel Dollenberg**€€€€€, Bad Griesbach, Tel. 780, Fax 1272 (Relais & Chateaux in wunderschöner Hang- und Einzellage; das Haus wurde von einem führenden Wirtschaftsmagazin zu einem der 100 besten Hotels Deutschlands gekürt. Toller Wellness- und Fitness-Bereich.)

Camping

- **Kurcamping Traiermühle,** Bad Peterstal, Tel. 8064 (kleiner, familiärer Platz nahe der Bundesstraße, 2 km vom Ort, Restaurant, Chemietoilettenentsorgung.)
- **Wohnmobilstellplatz** am Parkplatz „Zuflucht" an der Schwarzwaldhochstraße.

Aktivitäten

- **Angeln:** Forelle in der Rench, Angelkarten bei: Hubert Treyer KG, Tel. 1065.
- **Brauchtum:** Fronleichnam (farbenfrohe Blumenteppiche und viele Trachten). Patronatsfest St. Peter und Paul Ende Juni/Anfang Juli (Trachten). Großer Zapfenstreich der historischen Feuerwehr im August.
- **Taglöhner- und Brennerei-Museum:** neben dem Bahnhof Bad Griesbach, Tel. 522 oder 8216, Fax 590. Geöffnet: jeden Freitag ab 15.30 Uhr.
- **Schwarzwälder Moped & Roller Museum,** Bad Peterstal, geöffnet Anfang April bis Ende Oktober So. 11–17 Uhr. An anderen Tagen nach telefonischer Vereinbarung mit *Bruno Spinner,* Tel. 1481.

Wintersport

- **Rodelbahnen:** Freiersberg (500 m Länge), Palmsring (350 m Länge), Schanzenplatz (600 m Länge), Dollenberg (1000 m Länge)
- **Lifte:** Lamm (940 m hoch, 400 m lang, 50 m Höhenunterschied), Abendwiese (940 m hoch, 300 m lang, 80 m Höhenunterschied), Waldhorn (940 m hoch, 180 m lang)
- **Loipen:** Freiersberger Loipen/Bad Peterstal: Länge 3–15 km, Höhenunterschied 30 m bis 200 m, Start und Ziel Parkplatz Freiersberger Hütte. Bad Griesbach: 2 Loipen, Länge 6,5 km und 9,5 km, Höhenlage 800–900 m, leicht bis mittelschwer, Start

und Ziel Parkplatz Renchtalblick und Abzweigung Brünneleweg.

- **Schanzen:** Jugendschanze (kritischer Punkt bei 28 m), Seniorenschanze (kritischer Punkt bei 58 m), Bühlhofschanze mit Flutlicht (kritischer Punkt bei 25 m)
- **Ski- und Rodelschlittenverleih:** *Skiwerkstätte Vogt,* Kniebisstr. 17, Bad Griesbach, Tel. 346 und 543

Wolfach

- **Vorwahl:** 07834
- **PLZ:** 77709
- **Einw.:** 5950
- **Höhe:** 250–860 m
- **Ortsteile:** Kinzigtal (5–10 km), Kirnbach (2–8 km)

Ob Fischer, Bergmänner, Stahlarbeiter oder Flößer – oft leiden die, die einem harten Beruf nachgehen, am meisten, wenn sie wegen neuer Technologien ausgemustert werden und zum überflüssigen Modell einer vergangenen Arbeitswelt mutieren.

„Jetzt flößen wir zum letztenmal
Durch dieses schöne Wolfachtal
Was lange unsre Freude war
Ist wohl dahin auf immerdar"

Dies dichtete der Floßmeister *Melchior Vetter* am 26. April 1894 zur letzten Wolftalfahrt. Die **Holzflößerei,** die neben dem Bergbau jahrhundertelang für den beträchtlichen Wohlstand der Wolfacher sorgte, war allerdings nicht immer eine „Freude", im Gegenteil, sie war hart und gefährlich. Moderne Wasserkraftwerke, neu entstandene Industriebetriebe und nicht zuletzt die Konkurrenz der Eisenbahn machten der Flößerei ein Ende. Heute ist Wolfach ein beliebter **Luftkurort,** der sich nicht zuletzt durch die Glasbläserei Dorotheenhütte einen Namen gemacht hat.

Sehenswertes

Das heutige **Fürstenberger Schloss** zu Wolfach, mit seiner 110 m langen Fassade, ist ein Bauwerk des 17. Jh. Die Anfänge des Schlosses gehen auf die Zeit um ca. 1180 zurück. Heute ist, neben diversen Amtsstuben der Kreis- und Landesbehörden, das Wolfacher **Flößer- und Stadtmuseum** darin untergebracht. Schwerpunkte der Ausstellung sind neben der Flößerei der Bergbau, eine große Mineralienabteilung, Brauchtum (Fasnacht) und die Geschichte der Stadt Wolfach.

- Geöffnet Mai bis Okt. Di., Do., Sa. 14–17 Uhr, So 10–12 und 14–17 Uhr. Im Winter Do. 14–17 Uhr, jeden ersten Sonntag im Monat 14–17 Uhr.

In der spätgotischen **Laurentiuskirche** aus dem Jahre 1515 lohnt eine Besichtigung der Fresken im alten Chor.

Die letzte Mund-Glasbläser-Hütte im Schwarzwald, in der tatsächlich noch gewerblich und nicht nur für Touristen gearbeitet wird, ist ein beliebtes Ziel für Busausflüge. Ein Besuch der **Glasbläserei Dorotheenhütte lohnt!** Es ist faszinierend, den fast pantomimisch wirkenden eleganten Bewegungen des Schauglasbläsers zuzuschauen. Wer will, darf sogar sein eigenes Glas blasen und anschließend mit nach Hause nehmen. In der nächsten Abteilung erhält das edle Bleiglas dann seinen Schliff – spätestens hier wird einem klar, warum Bleiglasarbeiten relativ teuer sind. Im angeschlossenen, ganzjährigen Weihnachtsmarkt kündigt schon der schnarchende Plastikweihnachtsmann am Eingang an, was einen da erwartet: ziemlich bunter, ziemlich konventioneller Weihnachtszierrat.

Brauchtum

Fasnachtsmuffel sollten Wolfach zur Fasnetzeit absolut meiden, denn dort herrscht spektakuläres **Narrentreiben** mit Bräuchen wie Kaffeetantenumzug (Do. und Sa. 14, Di. 13 Uhr), Alterweibermühle (alle fünf Jahre), Wohlauf-Narrenwecken am Rosenmontag morgen um 5.30 Uhr und Nasenzug am Fasnachtsdienstag mittag um 17 Uhr. Beim Wohlauf-Narrenwecken wird der „Wohlaufmann" in seinem rollenden Bett durchs Städtchen gefahren, begleitet von Hunderten von Narren in weißen Nachtgewändern. Mit ihren Krachinstrumenten machen sie einen solch infernalischen Lärm, dass auch der letzte Schläfer weiß, dass nun Fasnacht ist. Der Nasenzug, den Sie niemals „Nasenumzug" nennen sollten, hat seinen Namen von dem Brauch, sich Nasen umzubinden – und da sind die tollsten Nasenkreationen zu bewundern!

Zum Abschluss am Aschermittwoch wird um 13 Uhr dann der **Geldbeutel gewaschen:** Zwanzig befrackte Männer marschieren im Gänsemarsch zur Kla-

818ssw cz

genden, dreieckigen Marktplatzes. Das **Rathaus** an der höchsten Stelle des Marktplatzes stammt aus den Jahren 1592–94. Sein Zinnengiebel und seine Fassadenbemalung mögen zwar alt wirken, sind aber in Wirklichkeit neueren Datums. Der Zinnengiebel wurde 1900 eingefügt, die Malereien wurden 1942 angebracht. Entsprechend ist ihr Stil, die Figuren sind Kraftgestalten, und das oberste Motiv zeigt mit flatternder Stadtfahne die beiden „Schaffenden der Stirn und der Faust".

Im **Hans-Grohe-Museum** ist in zahlreichen Inszenierungen die Kulturgeschichte des öffentlichen und privaten Bades der letzten 150 Jahre zu sehen. Selbstverständlich wird man auch über die Produkte der Firma *Hansgrohe* informiert.

■ **Öffnungszeiten der Museen:** Apothekenmuseum: 1. April bis 31. Mai 14.30–16.30 Uhr, 1. Juni bis 31. Okt. 10.30–12 Uhr, nachmittags von 14.30–16.30 Uhr, Mo. geschlossen. Museum am Markt: und Schüttesägemuseum: 1. Aug. bis 1. Nov. tgl. 11–17 Uhr, 3. Nov. bis 23. Dez. nur Sa./So. 11–17 Uhr.

Brauchtum

Am **Silvestertag** eines jeden Jahres treffen sich um 20.30 Uhr am Marktplatz Hunderte von Bürgern, der Bürgermeister und der Pfarrer. Mit Laternen in der Hand geht es singend durch die Stadt zum evangelischen Pfarrhaus, wo der Pfarrer eine Ansprache hält, und wieder zurück zum Marktplatz, wo dann der Bürgermeister über das vergangene Jahr berichtet. Ganz eindrucksvoll ist dabei die Beleuchtung des Viertels, sie besteht nämlich wie früher nur aus Fackeln. Am Neujahrsmorgen dann kündigen zwei Nachtwächter das Neue Jahr an.

Praktische Tipps

Info

■ **Tourist-Information,** Marktplatz 6, 77761 Schiltach, Tel. (07836) 5850, Fax 5859, www.schiltach.de (im Jahre 2007 wurde die Seite als beste Dorf-Internetseite Baden-Württembergs prämiert.)

Unterkunft und Gastronomie

■ **Pension und Vesperstube Schwenkenhof**€€, Tel. 7213 (3 km vom Ortskern gelegener Einzelhof; auch Ferienwohnungen. Spezialität: „Strammer Max".)

■ **Gasthof Zum weyßen Rössle**€€€, Schenkenzeller Str. 42, Tel. 387, Fax 7952 (denkmalgeschütztes, innen und außen sehr pittoreskes Fachwerkhotel, schon in der 19. Generation von der gleichen Familie geführt – die Namen der Wirte lassen sich bis ins Jahr 1590 zurückverfolgen. Dass man sich im „Rössle" wohlfühlt, zeigt der hohe Anteil von teilweise internationalen Stammgästen. Varta-gekrönte Küche.)

■ **Café Bachbeck,** Bachstr. 1, Tel. 1396 (im originell ausgestatteten Café im Ortszentrum gibt's beste Kirschtorte und Kuchen zu günstigen Preisen!)

Camping

■ **Campingplatz Schiltach,** Tel. 7289 (sehr kleiner Platz am Kinzigufer 500 m vom Ort, Restaurant, Einkaufsmöglichkeit, Hundeverbot, Chemietoilettenentsorgung.)

■ Ca. 300 m vom Markplatz befindet sich an der Kinzig ein gebührenfreier **Wohnmobilstellplatz**

Schiltachs Stadtbild mit seinen **über 100 Fachwerkhäusern** zieht Touristen aus aller Welt an. Wer noch mehr Fachwerkhäuser sehen möchte, folge der deutschen Fachwerkstraße: www.deutsche-fachwerkstrasse.de.

mit Frischwasserversorgung. Unbegrenzte Aufenthaltsdauer.

Aktivitäten

- **Angeln:** von April bis Oktober an bestimmten Teilabschnitten der Kinzig und der Reinerzau; Angelkarten bei der Kurverwaltung in Schenkenzell.
- **Ausblick:** am schönsten vom „Häberlesberg"
- **Rad fahren:** entlang der Kinzig (Karte und Radwanderführer beim Verkehrsamt.)

Im Umland von Schiltach

Kloster Wittichen

Luitgard, die Gründerin des Kloster Wittichen nördlich von Schiltach, war schon als Kind recht eigen. Sie schnitt ihr Kleid vorn kurz ab, um hinten eine Schleppe daran setzen zu können, denn so seien auch die Engel ausstaffiert. In späteren Jahren dann ermahnte sie eine Stimme, ein Kloster für 34 Nonnen zu gründen, zur Erinnerung an die 34 Lebensjahre von Jesus. Das für die Klostergründung erforderliche Kapital bettelte *Luitgard* zusammen, nicht ohne unterwegs ein paar Räuber zum Christentum zu bekehren. Sie gründete ihr Kloster, hatte aber eines Tages, als sie gerade bei der Königin von Ungarn zu Tisch saß, die Vision, dass dieses gerade abbrenne. So war es auch, die Königin zeigte sich beeindruckt und stiftete ein neues Kloster. *Luitgard* sorgte auch noch 300 Jahre nach ihrem Ableben für Merkwürdigkeiten: Als 1629 ihre Gruft geöffnet wurde, waren ihre Gebeine zu Staub zerfallen, ihr Gehirn aber vollständig erhalten geblieben – „das größte Wunder", das die Gelehrten der damaligen Zeit gesehen hatten.

In den Jahrhunderten nach *Luitgards* Tod war das Klosterleben alles andere als fromm. Im 16. und 17. Jh. bezichtigte man die Nonnen aller nur denkbaren Ordensübertretungen, ihr Lebensziel war „Unarten über Tisch zu begehen, genug Wein zu trinken, morgens und abends heimliche Konferenzen zu halten". Auch wenn zur Strafe die Äbtissin *Barbara Stelzer* lebendig eingemauert wurde, so ging doch das muntere Treiben über die Jahrhunderte hinweg so weiter, bis das Kloster 1803 endgültig aufgelöst wurde.

Der heutige verträumt-romantische Wallfahrtsflecken Wittichen lässt nichts mehr von der wüsten Vergangenheit erahnen; geblieben ist die Schädeldecke der Äbtissin *Luitgard.* Heute ist das Kloster eine Zufluchtsstätte für Migränekranke, die sich dort Linderung ihres Leidens erhoffen.

Im ehemaligen Pferdestall neben dem Kloster wurde 1993 das **Klostermuseum** eröffnet. Neben Kostbarkeiten und Kuriositäten aus dem Kloster informiert es auch über die Bergbaugeschichte von Wittichen. Geöffnet von Mai–Okt. Sa. 10–12 Uhr.

Nahe beim Kloster beginnt der 10 km lange **geologische Lehrpfad,** der verschiedene Mineralienfundstellen, aufgelassene Schutthalden und Erzgruben erschließt.

Alpirsbach

- **Vorwahl:** 07444
- **PLZ:** 72275
- **Einw.:** 7000
- **Höhe:** 400–800 m
- **Ortsteile:** Ehlenbogen (1–7 km), Peterzell (6 km), Reutin-Aischfeld (3–4 km), Reinerzau (4–6 km), Römlinsdorf (7 km)

Über Geschmack lässt sich nun mal nicht streiten, die einen denken bei Alpirsbach an das **Klosterbräu,** die anderen an die **Klosterkonzerte.** Wie auch immer, ein Genuss ist beides. 1868 hieß es in einer Ortsbeschreibung: „Der schöne städtisch anmutende Ort ist von Gärten und Obstbäumen freundlich umgeben". Damals war Alpirsbach noch ein Dorf, das erst ein Jahr darauf, 1869, die Stadtrechte verliehen bekam. Geblieben ist die in die Landschaft eingebettete Lage des Ortes, der heutzutage zu einem gut Teil vom florierenden Fremdenverkehr lebt.

Sehenswertes

Ego sum ostium dicit Dominus; per me si quis introierit, salvabitur – „Ich bin die Tür, spricht der Herr, wer durch mich eingehet, wird durch mich errettet". Wenn das mal keine herzliche Einladung ist. In diesem Fall gilt sie für die **Alpirsbacher Klosterkirche (Münster)** und steht über dem Westportal geschrieben. Dieses Portal zu passieren kann unter Umständen für manch einen zum Problem werden: Die Türen des Portals sind mit zwei außerordentlich **majestätischen Löwenköpfen** verziert, die bösen Geistern den Zutritt zur Kirche verwehren sollen. Die guten Geister aber, die in die Kirche und in die Klostergebäude gelangen, werden mit reinster romanischer Kunst belohnt. Der Baubeginn der Klosterkirche ist urkundlich nicht belegt, fertiggestellt wurde sie wahrscheinlich im Jahre 1128. Der benediktinische Orden, der dieses Kloster erbaute, gehörte zu den „Reform-Orden", die den weltlichen Verstrickungen und Verflechtungen der damaligen Kirche ein Ende setzen wollten. Entsprechend sind die Formen der Kirche: klar, streng und vollkommen frei von überflüssigem Zierrat. Alles hat seinen Sinn in diesem Gotteshaus: Die gezackte Mäanderlinie zu beiden Seiten des Langhauses etwa soll es optisch höher erscheinen lassen.

- Das Klostergebäude und der Kreuzgang können nur im Rahmen einer Führung besichtigt werden, die Klosterkirche allein kann jedoch auch ohne eine Führung besichtigt werden.

Der spätgotische Kreuzgang ist im Sommer stimmungsvoller Rahmen für die weithin bekannten **Kreuzgangkonzerte.** Infos unter Tel. 9516281, www.kreuzgangkonzerte.de.

Sehr sehenswert ist auch die **Dauerausstellung „Mönche und Scholaren",** mit sensationellen Funden, die man 1958 im Kreuzgangflügel gemacht hatte. Ausgestellt ist unter anderem eine seltene spätmittelalterliche Hose.

- **Öffnungszeiten Kirche und Museum:** 15. März bis 1. Nov. werktags 10–17.30 Uhr, Führungen 11, 12, 13.30, 14.30 und 15.30 Uhr. So- und Feiertags 11–17.30 Uhr, Führungen 12.30, 13.30, 14.30 und 15.30 Uhr. 2. Nov. bis 14. März Do, Sa und So 13–15 Uhr, Führung 13.30 Uhr.

Praktische Tipps

Info

Tourist-Information, Krähenbadstraße 2, 72275 Alpirsbach, Tel. (07444) 9516281, Fax 9516283, www.alpirsbach.de.

Unterkunft mit Gastronomie

Hotel Löwen-Post€€, neben der Klosterbrauerei, Tel. 95595, Di. geschl. (rustikale Fachwerkhausgemütlichkeit, Spezialität sind „Maultaschen".)

Hotel Rössle€€€, Aischbachstr. 5, Tel. 956040, Fax 9560440, www.roessle-alpirsbach.de (markantes Fachwerkhaus, die Küche des Hotels wurde vom Guide Michelin mit dem BIB-Gourmand prämiert. Diese Auszeichnung verleiht der Gastro-Führer an Restaurants, die sich durch handwerklich gute Küche zu moderaten Preisen mit meist regionaler Prägung auszeichnen. Übernachtungsempfehlung: das neue Kaminzimmer.)

Gasthof Schwanen-Post€€€, gegenüber dem Kloster, Tel. 2205, Fax 6003 (ehemalige, 200 Jahre alte Brauereigaststätte und Postkutschenstation, innen Wohnstubengemütlichkeit. Regionale saisonale Frischküche.)

Camping/Jugendherberge

Campingplatz Alpirsbach, Alpirsbach-Ehlenbogen, Tel. 6313 (Wiesengelände in Tallage, 1,5 km vom Ort, Laden, Restaurant, Toilettenentsorgung. Ganzjährig geöffnet.)

Übrigens: Falls Sie ein besonders originelles **Mitbringsel** suchen, dann schauen Sie doch mal in der *Confiserie Max Heinzelmann* in Alpirsbach-Ehlenbogen vorbei. Dort gibt es Bierpralinen, die wie edle Champagnertrüffel verpackt sind – einer der Renner unter den 42 Pralinensorten, die *Max Heinzelmann* herstellt.

Aktivitäten

Angeln: Forellen und Karpfen am Birkenweiher der Fischergemeinschaft Alpirsbach in Reinzerau, Tel. 2673.

Flößerpfad: 12 km langer Lehrpfad zwischen Kurgarten Alpirsbach und Lossburg. www.floesserpfad.de.

Glasbläserei: Alpirsbacher Glasbläserei, Krähenbadstr. 3, Tel. 6009, geöffnet Mo.–Fr. 9–18 Uhr, Sa. 10–16 Uhr, Ostern bis Allerheiligen So. 14–17 Uhr.

Alpirsbacher Wasserpfad: Der Wasserpfad mit Infotafeln befindet sich im landschaftlich sehr idyllischen, ruhigen Tal der Kleinen Kinzig in Reinerzau.

Das Logo des **Alpirsbacher Klosterbräu** zeigt einen äußerst beleibten Mönch. Das ist historisch korrekt, nahmen doch die Mönche des Mittelalters täglich zwischen 5000 und 8000 Kalorien zu sich.

Wintersport

Langlauf: Skilanglaufloipen mit Anschluss an den Skifernwanderweg „Nördl. Schwarzwald".

Lifte: drei Schlepplifte (zwei mit Flutlicht) in den Ortsteilen Ehlenbogen und Reinerzau, Schneetel. 9516281.

Bad Dürrheim | 88
Furtwangen | 70
Hornberg | 99
Königsfeld | 80
Rottweil | 90
Schramberg | 96
St. Georgen | 78
Triberg | 75
Villingen-Schwenningen | 82

3 Tour 3

ENTLANG DER DEUTSCHEN UHRENSTRASSE

Eine Tour, die vom (badischen) Herzen des Schwarzwaldes in seine östlichen, schon württembergisch-schwäbischen Ausläufer führt. Die Attraktionen dieser Strecke sind das Uhrenmuseum in Furtwangen, eine Donauquelle im Keller, ein altertümliches Kirchlein in Buchenberg, die Triberger Wasserfälle, eine Fahrt mit der Schwarzwaldbahn von Hornberg nach St. Georgen sowie in der Fasnachtszeit der Rottweiler Narrensprung

< Der Magadalenenberg, ein Fürstengrab bei Villingen

ENTLANG DER DEUTSCHEN UHRENSTRASSE

Tour 3

- Furtwangen
- Triberg
- St. Georgen
- Königsfeld
- Villingen-Schwenningen
- Bad Dürrheim
- Rottweil
- Schramberg
- Hornberg

NICHT VERPASSEN!

- Um Sonnenuhren und Dracheschalen geht es im **Deutschen Uhrenmuseum in Furtwangen** | 70
- Und ewig rauschen die **Triberger Wasserfälle** | 75
- Ein Meer von Maskenträgern beim **Rottweiler Narrensprung** | 91
- Fahrn fahrn fahrn mit der **Schwarzwaldeisenbahn** | 99

Diese Tipps erkennt man an der gelben Hinterlegung.

0 5 km
©Reise Know-How 2013
Anschluss Tour 2
462
S. 96
879
Schramberg
Lauterbach
Sulgen
462
Epfendorf
Stuttgart
Irslingen
14
81
E41
Dunningen
Villingen-
dorf
Reichenbach
Ruine
Falkenstein
Tennen-
bronn
Esch-
bronn
Neukirch
S. 90
Rottweil
Hardt
S. 82
Buchenberg
Ruine
Waldau
Weiler
Zimmern
Rottweil-
Altstadt
Fischbach
Burgberg
S. 78
S. 80
Königsfeld
St. Georgen
Niedereschach
27
14
Lauffen
33
Deißlingen
Primtal
33
Mönch-
weiler
Dauchingen
Unterkirnach
Haslach
523
Trossingen
Neckar
S. 83
S. 85
Villingen-
Schwenningen
Vöhrenbach
Neckar-Quelle
81
E41
Pfaffen-
weiler
S. 88
Rietheim
Marbach
Tuningen
33
27
Bad
Dürrheim
Linach-
Stausee
Überauchen
Klengen
Tannheim
864
Bregenbach
Brüningen
Heidenhofen
Unter-
baldingen
Wolterdingen
Huberts-
Hofen
Donaueschingen
Oberbrand
Pfohren
Singen
Kirnberg-
see
31
33
Bräunlingen
Hüfingen
Geisingen
31
31
27
Dittishausen
Döggingen
Anschluss Tour 5

Furtwangen

- **Vorwahl:** 07723
- **PLZ:** 78120
- **Einw.:** 10.000
- **Höhe:** 850–1150 m
- **Ortsteile:** Neukirch (2 km)

Man kann es nicht beweisen, aber auch nicht widerlegen: Im Jahre 1640 soll hier die erste Schwarzwalduhr die Stunde geschlagen haben. Lange Zeit waren in der höchstgelegenen Stadt Baden-Württembergs das **Uhrmachergewerbe** und die Feinmechanik der wichtigste Erwerbszweig. Das klimatisch eher ungünstig in einer weiten Talmulde des Hochschwarzwaldes gelegene Furtwangen ist heute wegen seines Uhrenmuseums ein beliebtes Ausflugsziel.

Übrigens: Das so ruhig-langweilige Furtwangen weist eine der geringsten Arbeitslosenquoten Deutschlands auf. In der *Süddeutschen Zeitung* vom 6./7. November 2004 wurde der indische Gaststudent *Sampath Satishkumar* folgendermaßen zitiert: „Euch in Deutschland würde es besser gehen, wenn überall ein bisschen Furtwangen wäre."

Sehenswertes

So ziemlich alles, was sich der Mensch hat einfallen lassen, um die verrinnende Zeit in den Griff zu bekommen, ist im **Deutschen Uhrenmuseum** ausgestellt: von einem Modell von Stonehenge über Sonnenuhren und einem Astrolabium bis hin zu einer chinesischen Feueruhr. Letztere besteht aus einem Drachenkörper, auf dem ein Räucherstäbchen liegt. Quer über das Räucherstäbchen sind in regelmäßigen Abständen Fäden mit Kugeln an den Enden gehängt. Wenn nun das Räucherstäbchen herunterbrennt, fallen die Kugeln scheppernd nach und nach in die Drachenschale. Man muss sich eben zu helfen wissen. Zu denken gibt die Tatsache, dass die Uhren vor wenigen Jahrhunderten nur einen Stundenzeiger besaßen und dass der Wecker erst im 19. Jh. erfunden wurde. Im Museum gibt es übrigens ein nettes Mitbringsel zu kaufen: die „echte Schwarzwälder Kuckucksuhr zum Selberbasteln"!

- Gerwigstr. 11, Tel. 9202800, www.deutsches-uhrenmuseum.de. Öffnungszeiten: 1. April–31. Okt. tgl. 9–18 Uhr, 1. Nov.–31. März tgl. 10–17 Uhr.

Praktische Tipps

Info

- **Tourist-Info Furtwangen,** Lindenstr. 1, 78120 Furtwangen, Tel. (07723) 92950, Fax 929520, www.furtwangen.de.

Unterkunft mit Gastronomie

- **Hotel Goldener Rabe**€€, Rabenstr. 7, Tel. 7397, Fax 5695, Fr. geschl. („Silencehotel", abgeschieden auf 1083 m Höhe am Weg zum Brend gelegen, ideal für Wanderer und Skifahrer, persönliche Atmosphäre.)
- **Michelhof**€€, Linach 9, Ortsteil Linach, Tel./Fax 7420, www.michelhof-schwarzwald.de, Di. geschl. (Schwarzwaldhaus in Postkartenidylle, interessant ausgemalte Gaststube, auch Ferienwohnungen, Campingplatz.)

■ **Hotel Gasthof zum Ochsen**€€–€€€, Marktplatz 9, Tel. 93116, Fax 931155 (familiär, zentral gelegen, Zimmer im Nostalgie- oder Landhausstil, Sauna, rustikales Restaurant mit regionalem Speisen-Angebot. Sehr empfehlenswert.)

■ **Höhengasthaus Kolmenhof**€€, Neuweg, Tel. 93100, Fax 931025, www.kolmenhof.de, donnerstags ab 14 Uhr und freitags geschl. (kinderfreundliches Haus auf 1100 m Höhe.)

■ **Brasserie Roessle,** Roessleplatz 3, Tel. 929080 (sehr gutes Preis-Leistungsverhältnis.)

Wintersport

■ **Lifte:** Am Stollenwald (mit Flutlicht), Tel. 1833. Am Staatsberg (mit Flutlicht), Tel. 7301.

■ **Langlauf:** Loipenzentrum Martinskapelle (5, 10, 15 km, zwei mit Flutlicht), Anschluss an den Fernskiwanderweg Schonach – Belchen. Langlaufspur Neukirch (5, 10, 15 km)

■ **Skispringen:** Kohlhepp-Sprungschanze, Mattensprungschanze

Im Umland von Furtwangen

Westlich von Furtwangen erstreckt sich entlang der Wilden Gutach das enge, weltabgeschiedene **Wildgutachtal** und dann das weite und liebliche **Simonswäldertal.**

Hexenlochmühle

„Es steht eine Mühle im Schwarzwälder Tal" – gemeint ist mit diesem Lied die **Hexenlochmühle im Wildgutachtal** südwestlich von Furtwangen. Dieses Urbild aller Schwarzwaldmühlen klappert tief unten im Tal vor sich hin. Als *Julius Cäsar* seinerzeit nach Germanien kam, nannte er den Schwarzwald *finis terrae* – Ende der Welt. Warum, versteht man hier: In das Wildgutachtal dringt von Ende Oktober bis Ende Februar kein Sonnenstrahl auf den Grund des Tals. Heute führt durch das Tal eine beliebte Strecke für Motorradfahrer.

Die Mühle aus dem Jahre 1825 ist nun schon seit 1839 in der vierten Generation in Familienbesitz der *Trenkles.* In der Mühle werden alle nur erdenklichen Schwarzwaldsouvenirs von der Kuckucksuhr bis zum Beerenwein verkauft.

■ www.hexenlochmuehle.de, geöffnet täglich 9.30–18 Uhr.

Balzer Herrgott

Um das leidende, aus einer beeindruckenden Buche herausragende **Christushaupt, den „Balzer Herrgott",** ranken sich viele Sagen und Geschichten. Die einen sagen, Hugenotten hätten ihn auf der Flucht aus Frankreich am steilen Hang liegengelassen. Andere sagen, es seien Royalisten gewesen, die während der französischen Revolution aus Frankreich geflohen seien. Und irgendwo ist zu lesen, dass er um 1800 herum aufgrund eines Gelübdes von einem Bauern namens *Balzer* aus der Glashütte abgestellt worden sei. Dieser Bauer sei dann ausgewandert. Dass aber der an der Buche abgestellte Herrgott zusammen mit dem Stamm in die Höhe gewachsen sein soll, ist unwahrscheinlich, denn ein Baum wächst am unteren Stamm in die Breite, am oberen Stamm in die Höhe.

Von der Schwarzwaldhochstraße B 500 kommend, kurz vor Neukirch in Richtung Hexenloch/Neukirch abbiegen. Durch Neukirch hindurch immer talabwärts in Richtung Hexenloch fahren. Ca. 500 m nach dem Hexenloch auf der linken Seite beim Behahof parken und dort ca. 300 Höhenmeter am Hof vorbei bergauf gehen.

Fallerhof

Der „Untere Fallerhof" zwischen Gütenbach und Neueck machte als „Fallerhof" in der gleichnamigen **Fernsehserie** von sich reden.

Brend/Donauquelle

Ca. 6 km nordwestlich von Furtwangen bietet der Aussichtsturm des 1149 m hohen Brend bei gutem Wetter Ausblicke bis hin zu den Vogesen und den Schweizer Alpen. Ca. 2 km nördlich davon erreicht man die **Quelle der Breg;** nach jahrhundertelangem Streit zwischen Furtwangen und Donaueschingen wurde 1971 endgültig bestätigt, dass sie die „richtige" Donauquelle ist. Von hier bis zur Mündung der Donau ins Schwarze Meer sind es 2888 km. Nahe der Quelle steht die romanische **St. Martinskapelle** mit einer sehenswerten Madonna und einer geschnitzten Figur des St. Martin.

☒ Die Hexenlochmühle

Unterkunft mit Gastronomie

■ **Berggasthof Zum Brendturm**€, Tel. 912220, Fax 912222, www.berggasthofbrend.de (direkt beim Turm, neben gutbürgerlicher Küche auch Vollwertgerichte, köstlicher Salat, Vermietung von preisgünstigen Zimmern.)

■ **Gasthaus Martinskapelle**€, Tel. 7887, www.martinskapelle.de, Montagnachmittag und Di. geschl. (stattlicher ehem. Hof aus dem 15. Jh., 100 m von der Donauquelle entfernt, Selbstbedienung. Zimmer im Schwarzwaldstil und Matratzenlager.)

Der Galgen

Es mag ja sein, dass es dort oben einfach kälter ist, weil der Galgen auf einer Anhöhe in einer Waldlichtung steht (nordöstlich von Furtwangen nahe beim Stöcklewaldturm). Aber es fröstelt einen doch ganz merkwürdig, wenn man die wenigen Meter von der Straße hinaufgestiegen und bei den beiden einzeln stehenden Pfosten der einstigen Triberger Richtstätte angelangt ist. Der letzte Sünder wurde hier am 23. November 1779 aufgehängt, in Anwesenheit des Volkes, denn das sollte vor ähnlichen Untaten abgeschreckt werden. Oft waren es aber keine schweren Vergehen, sondern geringfügige Delikte, die heute mal eben ein Urteil auf Bewährung einbringen würden. Um den Galgen ranken sich allerlei **Sagen.** So die vom Fallengrundbauern, der vor seiner Hinrichtung gesagt haben soll: *„Wenn ich nach meinem Tode hinkomme, wo Gott ist, so will ich ihn bitten, auch mein Kind zu sich zu nehmen"*. Fünf Wochen nach der Hinrichtung starb das Kind.

020ssw cz

Wer sich heute in der einsamen Hochebene bei den Bauern der Umgebung nach dem Weg zum Galgen durchfragt, bekommt meist eine kundige Antwort. Ob aber die Wanderer und Mountainbiker, die gerade auf dem Westweg unterwegs sind, wissen, dass selbiger genau zwischen den beiden Galgenpfosten hindurchführt, bleibt zweifelhaft ...

Brigach/Donauquelle

Ebenfalls nordöstlich von Furtwangen nahe dem Stöcklewaldturm entspringt beim idyllischen **Hirzbauernhof** (Möglichkeit für Ferien auf dem Bauernhof) die Brigach, die zweite der beiden Quellflüsse der Donau. 1889/90 entdeckte man bei Reparaturarbeiten im Rauchkammergewölbe des Hirzbauernhofes einen eingemauerten Reliefstein, der drei menschliche Köpfe auf Podesten sowie einen Hasen und einen Vogel zeigt. Mittlerweile weiß man, dass dieser Keltenstein aus römisch-keltischer Zeit stammt und vielleicht der Rest eines Quellheiligtums der keltischen Göttin Brigia ist. Was aber kaum jemand weiß: Die mit Steinblöcken gerahmte und mit einem Stein säuberlich beschriftete Quelle ist gar nicht die eigentliche Quelle. Die nämlich liegt im Keller des Hirzbauernhofes.

021ssw cz

Triberg

- **Vorwahl:** 07722
- **PLZ:** 78098
- **Einw.:** 5000
- **Höhe:** 600–1000 m
- **Ortsteile:** Gremmelsbach (7 km), Nussbach (3 km)

Wer einen ruhigen Urlaubstag verbringen möchte, sollte einen großen Bogen um Triberg machen. Denn dort ist im Sommer der Bär los. Amerikaner, Japaner und andere **Touristen aus aller Welt** finden hier einen Ferienort wie aus dem Bilderbuch, und Souvenirjäger machen reiche Beute in den mit allen möglichen Bollenhüten und Kuckucksuhren gut bestückten Andenkenläden. Seinen Ruf verdankt der Ort dem Edel-Gourmet-und-Nächtigungstempel Parkhotel *Wehrle* und den Triberger Wasserfällen.

Sehenswertes

Triberger Wasserfälle

1988 wurden die Triberger Wasserfälle mit dem Titel „Schönstes Naturwunder Deutschlands" gekrönt. Zu Recht, schon 1901 schwärmte der Autor *Wilhelm Jensen: „Die Waldszenerie umher ist außerordentlich schön. Unter hohen luftigen Baumkronen führt der vortreffliche, dicht beschattete, mit zahlreichen Ruhebänken versehene Weg die aufsteigende Wasserfallschlucht aufwärts. Überall quillt und rieselt es hervor, zerteilt und vereinigt sich wieder mit dem in der Mitte weißschäumenden Hauptstrom."*

Die Wasserfälle sind aber nicht nur malerisch, sondern auch ausgesprochen gesund: Sie sollen eine wohltuende Wirkung auf alle haben, die an vegetativen Störungen des Nerven- und Herzkreislaufsystems, an Erkrankungen der Atemwege und an Bluthochdruck leiden. Grund dafür ist die gesunde Waldluft in Verbindung mit einer Ionisierung der Luft durch die Wasserturbulenzen. Das Wasser liefert die Gutach, die in einer Höhe von 1050 m aus dem Weißenbach und Schwarzenbach entsteht. Die Wassermassen stürzen 163 m tief zu Tale, dabei überwinden sie sieben Fallstufen aus Granitgestein.

Seit 2004 hat sich der **Triberger Weihnachtszauber** zwischen Weihnachten und Neujahr als überregional bedeutendes Weihnachtsereignis fest etabliert. Dann fügen sich über 750.000 Lichter zu einem gigantischen Lichtermeer zusammen. Die Triberger Wasserfälle stellen in dieser Jahreszeit mit Schnee und Eis ein großartiges Naturschauspiel dar. Zusätzlich gibt es ein Programm mit ständig wechselnden Show- und Musikdarbietungen und eine einmalige Feuershow, die direkt am Hauptfall des Wasserfalls vorgeführt wird, eine Lichterallee, sowie ein 26 m langer Lichtertunnel mit 50.000 Lichtern und viele weitere Elemente zum Thema Licht.

[<] Der Balzer Herrgott bei Furtwangen – seit 1986 bleibt das Herrgottshaupt so, wie es heute ist: Die Rinde um sein Antlitz wurde freigelegt und versiegelt

Wallfahrtskirche Maria in der Tanne

Wer keine Linderung seiner Leiden bei den Wasserfällen gefunden hat, sollte es mal in der Wallfahrtskirche Maria in der Tanne versuchen. 1645 wusch sich hier der Triberger Schneider *Friedrich Schwab* in der Marienquelle und wurde vom Aussatz geheilt. Zum Dank stiftete er eine geschnitzte Marienstatue, die er in eine ausgehöhlte Tanne stellte. Der Soldat *Gabriel Maurer* gar versprach, in den Kapuzinerorden einzutreten, wenn er von seinen schon 22 Monate währenden Gliederschmerzen geheilt würde. Er wurde – und ging wie versprochen im Jahre 1696 ins Kloster.

Im August 1922 hielt sich der spätere Nobelpreisträger *Ernest Hemingway* (1899–1961) in Triberg auf, wo er vermutlich im Parkhotel *Wehrle* wohnte, um dem Forellen-Angeln nachzugehen. In der Kurzgeschichte „Schnee auf dem Kilimandscharo“ erinnerte er sich in zwei kurzen Abschnitten an diese Zeit.

Das heutige barocke Gotteshaus wurde zu Beginn des 18. Jahrhunderts anstelle einer hölzernen Wallfahrtskapelle aus dem 17. Jh. erbaut. Wundersamerweise überstand die Madonna des *Friedrich Schwab* das lodernde Flammenmeer, das im Jahre 1694 ganz Triberg zerstörte, und so kann sie heute noch in der Kirche bewundert und verehrt werden.

Schwarzwaldmuseum

Das gut besuchte Triberger Heimatmuseum, das Schwarzwaldmuseum, wurde bereits in den 1930er Jahren gegründet. Auf über 1600 Quadratmetern werden Ausstellungsstücke zu Themen wie Geologie, ortsansässige Feinmechanik, Malerei, Brauchtum oder Wintersport gezeigt. Besonders eindrucksvoll ist die Dokumentation des Baus der Schwarzwaldbahn – eine grandiose Ingenieurleistung – mit einem Modell der berühmten Doppelschleife der Tunnelstrecke sowie originalen Stellwerken und Signalen. Eine Einrichtung der letzten Jahre ist der „Saba-Raum“, der die Entwicklung der Rundfunkgeräte aufzeigt. Neu ist auch die einmalige Sammlung von ca. 100 Drehorgeln und mechanischen Musikinstrumenten.

- Geöffnet täglich 10–17 Uhr.

Praktische Tipps

Info

- **Tourist-Information Triberg,** Wallfahrt-Str. 4, 78098 Triberg, Tel. (07722) 866490, Fax 866499, tourist-info@triberg.net, www.triberg.de.

Unterkunft

- **Jugendherberge**€, Rohrbacherstr. 35, Telefon 4110, Fax 6662, www.jugendherberge-triberg.de (auf einem Bergrücken in 840 m Höhe am Stadtrand gelegen, 45 Gehminuten vom Bahnhof entfernt.)
- **Berghotel Tannenhof**€€€€€, Im Hoflehen 65, Tel. 969 600, Fax 969666 (ruhig gelegene Hotelappartements, auch Einzel- und Doppelzimmer, Sauna, Solarium.)

Unterkunft mit Gastronomie

■ **Landgasthof Berghof**€, Leutschenbach 2, Gremmelsbach, Tel. 6873, Fax 7498 (auf 850 m Höhe am Waldesrand gelegen; rustikales Restaurant im ehemaligen Heustock, Spezialität: „Pfännlepolder".)

■ **Parkhotel Wehrle**€€€€€, Gartenstr. 24, Tel. 86020, Fax 860290 (sehr renommiert, *Ernest Hemmingway* hat hier schon logiert, Forellenspezialitäten.)

Aktivitäten

■ **Angeln:** Forelle und Karpfen im Prisenbach, Nussbach und in der Gutach, Angelscheine bei der Tourist-Information.

■ **Einkaufen:** *Hubert Herr,* Hauptstr. 8, Tel. 4268, Verkauf Mo. bis Fr. 8–12 und 13.30–16 Uhr (hier kann man günstige handgeschnitzte Uhren erwerben, so kann man z.B. zwischen Kuckucks- und Musikuhren wählen.)

Der Kuckuck und sein Bahnhäusle

Ein Schwarzwälder Uhrmacher fand im Wald einen jungen Kuckuck, der aus dem Nest gefallen war. Er nahm ihn mit nach Hause und pflegte ihn in seiner Werkstatt gesund. Der Kuckuck hatte sich so an das Schlagen der Uhren gewöhnt, dass er sich auf eine Uhr setzte und jedes Mal genauso oft Kuckuck machte, wie die Uhr die Stunde schlug. Der Uhrmacher war angetan – und schnitzte die erste Kuckucksuhr. Soweit die Version für Romantiker, die Version für Techniker sagt ganz profan, dass es kaum einen Vogel gibt, dessen Ruf nur aus zwei Tönen besteht und darüber hinaus noch harmonisch klingt. Meist wohnt der Kuckuck in einer Uhr, die aussieht wie ein Bahnhäusle. Der Erbauer der Schwarzwaldbahn, Ingenieur *Robert Gerwig,* veranstaltete 1850 einen Wettbewerb für das schönste Kuckucksuhrengehäuse. Ein Karlsruher Architekturprofessor gewann den Wettbewerb, er hatte sich ganz einfach an die Form der Bahnwärterhäuschen der badischen Staatsbahnen gehalten.

Im Zuge der deutschen Auswanderung nach Amerika überquerte die Kuckucksuhr dann auch ab Mitte des 19. Jahrhunderts den Atlantik, doch auch bis Russland und China wurde sie exportiert.

Hierzu schrieb die *Süddeutsche Zeitung* im Januar 2003: *„Wie kulturelle Identität durch Austausch hergestellt wird, demonstriert die Lackschildzier älterer Kuckucksuhren: So war das Giraffenmotiv, in Anspielung an eine Vorliebe des Dritten Napoleon, für den französischen Markt bestimmt, die Stierkampfszene aber ging an die Spanier. Die Zifferblätter der Kuckucksuhren für das Osmanische Reich trugen arabische Ziffern. Es gibt aber Spieluhren, die statt des Kuckucks einen augenrollenden Türken auftreten lassen: Er bemisst die Zahl der Stunden in Knödeln, die seinem aufgesperrten Maul zugelöffelt werden".*

■ **Klettern:** am Kletterfelsen im Landschaftsschutzgebiet Heidenstein-Lägerfelsen, Ortsteil Nussbach. Hochseilgarten in Triberg, Tel. 8665741, www.forestfund.de.

Wintersport

■ **Rodeln:** Hochwaldrodelbahn (1200 m), abends beleuchtet.
■ **Rodel- und Skiverleih:** *Schuh- und Sporthaus Rapp,* Schulstr. 2, Tel. 4214 (im Winter auch am Sonntag von 10–12 Uhr.)
■ **Schneetelefon:** Ferienland: 964810
■ **Skisprungschanze:** in Schonach

Im Umland von Triberg

Schonach

Nordwestlich von Triberg stehen in Schonach die weltweit größten Kuckucksuhren, die sogar im Guinnessbuch der Rekorde verzeichnet sind. Die **„Erste Größte Kuckucksuhr der Welt"** in der Untertalstraße 28, Tel. (07722) 4689, geöffnet tgl. 9–12 und 13–18 Uhr. Das Uhrwerk ist 3,60 m lang, 3,10 m hoch und 1 m tief, das Häuschen drumherum ist 7 m breit, 7 m lang und 6,50 m hoch. Täglich 9–10 und 13–18 Uhr kann man zuschauen, wie der Kuckuck in der Kuckucksuhr Kuckuck macht (besonders schaurig schön um 12 Uhr) ...

Die **„Größte Kuckucksuhr der Welt"** steht dann im Eble-Uhrenpark an der B33, Tel. (07722) 4804, geöffnet täglich 9–18 Uhr.

Gastronomie

■ **Gasthaus zum Karlstein,** Rensberg 9, Tel. 916646 Mo. und Di. geschlossen (das Bauernhaus erreicht man ab der Straße von Schonach nach Rohrhardsberg, wenige hundert Meter hinter dem Ortsende nach rechts abbiegen und der Beschilderung auf 5 km folgen.)

St. Georgen

■ **Vorwahl:** 07724
■ **PLZ:** 78112
■ **Einw.:** 13.970
■ **Höhe:** 800–1000 m
■ **Ortsteile:** Brigach (2 km), Langenschiltach (3 km), Oberkirnach (6 km)

In unmittelbarer Nähe der Wasserscheide zwischen Rhein und Donau, im Niemandsland zwischen Schwarzwald und Baar liegt das überschaubare Kleinstädtchen St. Georgen. Das Schicksal hatte es nicht immer gut mit der Stadt gemeint: 1084 aus einer dörflichen Ansiedlung um das einstmals sehr bedeutende **Benediktinerkloster St. Georgen** gegründet, wurde das Kloster im Dreißigjährigen Krieg zerstört. Von den Ruinen ist heute nichts mehr zu sehen. Zahlreiche große Brände haben ihr übriges getan – nostalgisches Flair sucht man heute im funktional-strengen Stadtbild doch vergebens.

St. Georgen entwickelte sich seit dem 18. Jahrhundert zu einem Zentrum der Uhrenindustrie, als Folge davon blühten auch die feinmechanische sowie die Phono- und Maschinenbauindustrie auf. Durch seine Lage im sanft gewellten Hügelland empfiehlt sich St. Georgen als Ausgangspunkt sowohl für bequeme

Wanderungen als auch für Mountainbike- und Langlauftouren rund um den Ort.

Sehenswertes

Im **Phono-Museum** ist die an Kuriositäten reiche Entwicklungsgeschichte der Phono-Technik (z.B. ein aufklappbarer Plattenspieler in Form eines Schwarzwaldhauses) beheimatet. Vom 1877 erfundenen „Edison Phonographen", der Erfindung des Grammophons über den Plattenwechsler gelangt man in die heuitige HiFi-Welt.

■ Geöffnet Di.–Fr. 10–17 Uhr, Sa., So. und an Feiertagen 11–17 Uhr.

Praktische Tipps

Info

■ **Tourist Information,** im Rathaus, Tel. (07724) 87194, Fax 87120, www.st-georgen.de.

Unterkunft mit Gastronomie

■ **Hotel Berggasthof**€, Mozartstr. 18, Tel. 6211, www.berggasthof.biz (Fitnessraum, Sauna, Entschlackungskur nach Johann Schroth; kleine Abendkarte.)

■ **Hotel-Café Kammerer**€€€, Hauptstr. 23, Tel. 93920, Fax 3180, Mo. geschl. (zentral über dem Stadtgarten gelegen; weiter Ausblick über das Brigachtal; Frühstücksbuffet, im Café witzige Mitbringsel wie Tannenzapfen oder Kuckucksuhren aus Schokolade.)

■ **Dreihäusle 3,** Allmendbühl, Ortsteil Stockwald, Tel. 5314, www.ferien-im-baudenkmal.de. Rauchküche, Kachelofen, prasselnde Tannenzweige im Herd – der Aufenthalt in diesem restaurierten, 250 Jahre alten Bauernhof gleicht einer Zeitreise. Da in diesem Haus neben einer kleinen Landwirtschaft auch noch lange die Fertigung von Uhren und Uhrenteilen betrieben wurde und somit der Raum sehr hell sein musste, gibt es hier, anders als in anderen Bauernhäusern, in der heutigen Stube viele Fenster. Die Wohnung bietet vier Schlafzimmer mit zwei Doppelbetten und zwei Einzelbetten, eines davon ist ein originales Schwarzwälder Bauernbett aus dem 18. Jahrhundert. Mindestmietzeit: eine Woche.

Gastronomie

■ **Restaurant Kippys,** Sammlung Grässlin, Museumstr. 2, Tel. 9161805, www.sammlung-graesslin.de. Das Kippys – mit täglich wechselnder Karte und Gastrothemen wie Burger oder Pizza – ist das erweiterte Wohnzimmer der Kunstsammlung der Familie *Grässlin* und so schweift der Blick während des Essens über die jährlich wechselnde Ausstellung von Werken aus der Kunstsammlung, die sie in den 1970er Jahren zusammengetragen hat.

Aktivitäten

■ **Loipen:** Brigachloipe (14 km), Hochwaldloipe (5/10/15 km), Peterzeller Loipe (4 km)

■ **Reiten:** *Islandpferdehof Oberkirnach,* beim Gasthof „Waldeck", Tel. 7413, *Reitclub St. Georg,* Oberkirnacher Str. 6, beim Landgasthof „Mösle-Schmiede", Tel. 2505, *Reiterhof Schwanen,* Stockwald, Tel. 91218 (mentales Pferdetraining und therapeutisches Reiten.)

Königsfeld

- **Vorwahl:** 07725
- **PLZ:** 78126
- **Einw.:** 6000
- **Höhe:** 800 m
- **Ortsteile:** Buchenberg (4 km), Burgberg (2 km)

Anders als die meisten anderen Schwarzwaldgemeinden wurde Königsfeld nicht als Rodungs-, Bergbau- oder Waldgewerbesiedlung des Hochmittelalters oder frühen Neuzeit gegründet; Königsfeld entstand allein aus religiös-weltanschaulichen Gründen. Im Jahre 1804 erwarben zwei Angehörige der **Herrnhuter Brüdergemeine** dort ein Anwesen. 1809 bekam die Gemeine den Namen „Königsfeld" zugewiesen, zum Gedenken an die Erhebung Herzog *Friedrichs* zum König. Die Brüdergemeine erfuhr von ihrem neuen Namen erst durch die Zeitung, ein autoritäres Vorgehen, was ihr so gar nicht gefallen wollte. Aber da fanden sie im Losungbüchlein jener Tage die Prophezeiung des Jesaja, Kap. 62,2, die da lautet: „Du sollst mit einem neuen Namen genannt werden". Sie lasen es, waren zufrieden und gelobten einander: „Dann soll diese Stätte unseres Königs Feld sein und bleiben!".

Heute ist Königsfeld ein überschaubares kleines Städtchen mit einem denkmalgeschützten spätbarocken Siedlungskern und respektablen Villen aus der Gründerzeit. Durch die günstigen klimatischen Verhältnisse (Nebelarmut, geringere Temperaturschwankungen und mehr Sonnenstunden im Winter) ist der Ort seit 1949 heilklimatischer **Kurort.** Herz-, Kreislauf- und Atemwegs- sowie psychosomatische Erkrankungen werden hier behandelt.

Sehenswertes

Albert-Schweitzer-Haus

Albert Schweitzer, der „Urwalddoktor", der hier seiner Frau ein Haus gebaut hatte und selbst monatelang hier wohnte, pflegte weiland gerne auf der heute noch zu besichtigenden **Orgel** der Brüdergemeine zu spielen und die Zeit in Königsfeld als die schönste seines Lebens zu bezeichnen. Heute birgt das ehemalige Wohnhaus von *Albert Schweitzer* eine Ausstellung zum Denken und Wirken von *Schweitzer* UND seiner Frau (!).

„Die Zeit in Königsfeld war die schönste meines Lebens. Hier konnte ich ruhig arbeiten, hatte eine Orgel, konnte im Wald gehen, hatte viele Freunde. Tief bewegt mich, dass meine Weltanschauung der Ehrfurcht vor allem Leben ihren Weg in der Welt macht. Mit dieser Philosophie habe ich mich schon in Königsfeld beschäftigt ..."
(Albert Schweitzer).

- Geöffnet Fr. und Sa. 14–17 Uhr, Sonn- und Feiertag 11–17 Uhr.

Gottesacker

Ein einzigartiger **Friedhof** ist der Gottesacker der Brüdergemeine, der 1958 unter Denkmalschutz gestellt wurde. Zu Beginn des 19. Jahrhunderts wurde er im Zusammenhang mit der Herrnhuter Kolonie nach dem einheitlichen und strengen Schema der Herrnhuter Friedhöfe angelegt. Alle Gräber sind gleich gestaltet mit liegenden Grabplatten, auf denen Name, Geburts- und Sterbedatum, Geburtsort, aber weder Titel noch ein Nachruf der verstorbenen Person geschrieben stehen. Sie dürfen hier nur mit Efeu, Immergrün und niederem Buschwerk umpflanzt werden.

Der Eingang liegt, zu jederzeit zugänglich, an der Ecke Schramberger Straße/Luisenstraße.

084ssw cz

Praktische Tipps

Info

Tourist-Information Königsfeld, Friedrichstr. 5, Tel. (07725) 800945, Fax 800944, www.koenigsfeld.de. Weltweit einzigartig ist das „Eigenzeit-Angebot". Mehr unter www.eigenzeit.de.

Unterkunft mit Gastronomie

Pension-Café-Restaurant Tannenstüble€€, Mozartweg 6, Tel. 7967, Fax 1473 (ruhige Lage am Wald, unweit vom Zentrum.)

Schwarzwald Park Hotel Königsfeld€€€€, Klimschpark, Tel. 8080, Fax 808808 (Traditionshotel mit romantischem Charakter; Fitnesseinrichtungen, Wellnessangebote, Kinderbetreuung im „Club der Knirpse".)

Aktivitäten

Baden: Solarbeheiztes Freibad, geöffnet Mitte Mai bis Ende August.

Fahrradverleih: April bis Oktober im Haus des Gastes.

Golf: *Golf & Country Club Königsfeld e.V.,* Angelmoos 20, Tel. 93960, Fax 939612, Herren: 5804 m/6184 m, Damen: 5102 m/5449 m, Par: 70, SSS: 72.

Planetenweg: Ein ca. 4,3 km langer, bequemer „Planetenlehrweg" ab Königsfeld zum Ortsteil Obereschach.

Höfe- und Mühlen-Wanderweg Königsfeld: 12 km langer Wanderweg vorbei an 10 historischen Schwarzwaldhöfen und einer alten Mühle (noch in Betrieb), mit Besichtigungen und Einkehrmöglichkeiten.

Sonnen-Erlebnis-Pfad: ca. 3,6 km ebene Wanderwege mit 12 Stationen zum Thema Sonne und Sonnenenergie.

Uhrenfabrik Auber, Friedrichstr. 21a, Tel. 3105, www.auber-uhren.de. Das Ehepaar *Auber* stellt nicht nur Schwarzwälder Lackschilduhren her, sondern stellt sie auch aus und erläutert detailliert und liebevoll deren Form und Funktion. Führungen Mi. 10–12 Uhr oder nach Vereinbarung.

Peter Auber bei der Vorführung seiner Uhren

Im Umland von Königsfeld

Burgruinen

Rund um Königsfeld ragen zwei Burgruinen auf: Die erste steht im Ortsteil **Burgberg,** sie ist die Ruine einer ehemaligen Wasserburg aus dem 11./ 12. Jh. – im Volksmund „Weiberzahn" genannt. Vermutlich wurde sie 1519 im Krieg des Schwäbischen Bundes zerstört. Die zweite Burgruine liegt malerisch auf einem Hügel an der Landstraße Königsfeld – Schramberg. Sie zählt zu den besterhaltenen Ruinen des mittleren Schwarzwaldes, ihr Turm ist begehbar.

Buchenberg

Es gibt sie noch im Schwarzwald – die weitgehend unbekannten Kleinode! Die **Nikolauskirche** im Ortsteil Buchenberg ist eines davon. Nur hier in der Abgeschiedenheit konnte sich dieser Bau aus dem 12. Jh. in seiner ganzen bezaubernden Altertümlichkeit erhalten; die Kirche könnte auf der Stelle Drehort für einen historischen Film sein. Erleuchtet wird sie durch Kerzen, das urige Kirchengestühl scheint noch aus der Entstehungszeit zu stammen. Kunsthistorisch bedeutend an dieser ehemaligen Wehrkirche ist der massive Türsturz über dem heute zugemauerten Westeingang mit zwei Krukenkreuzen, die Kopie eines romanischen Kruzifix („Buchenberger Herrgöttle") und die Reste von Wandmalereien aus dem 15. Jh., die Szenen aus dem Leben Jesu und das jüngste Gericht darstellen. Romantisch, wie das Kirchlein nun mal ist, ist es in den letzten Jahren zu einer weithin sehr beliebten Hochzeits- und Taufkirche geworden. Den Schlüssel gibt es im Pfarrhaus.

Unterkunft mit Gastronomie

■ **Café Rapp**[€€], direkt neben der Nikolauskirche, Tel. 7621, Fax 1674 (wunderbar gelegen. Die Zimmer sind mit unbehandeltem Lärchenholz ausgestattet, eigene Bäckerei.)

Villingen-Schwenningen

Die einen sind katholisch, die anderen evangelisch; die einen sind Badener, die anderen Württemberger; die einen haben eine reiche kulturelle Vergangenheit, die anderen erlebten erst mit der Industrialisierung einen Aufschwung. Und doch wurde, was so ungleich ist, zusammengefügt. Bei der baden-württembergischen Gemeindereform wurde 1972 aus dem badischen Villingen und dem württembergischen Schwenningen die Doppelstadt. Unter 105 Städten mit über 80.000 Einwohnern ging Villingen-Schwenningen als Sieger in den Disziplinen saubere Luft, klares Wasser und Natur hervor. Noch heute sind Villingen und Schwenningen allerdings **zwei geografisch und kulturell klar getrennte Orte.**

Aus dem ehemals protestantischen Bauerndorf **Schwenningen** wurde durch die Uhrenfabrikation ab 1765 eine lebhafte Industriestadt, die Anfang des 20. Jahrhunderts als „größte Uhrenstadt der Welt" galt.

Ganz anders **Villingen:** Im bereits im Jahre 817 als „ad Filingas“ erwähnten und 1218 vorübergehend zur Reichsstadt erklärten Villingen sind bis heute zahlreiche denkmalgeschützte historische Gebäude erhalten geblieben; in der ausgedehnten Fußgängerzone lässt es sich herrlich flanieren oder in einem der vielen Straßencafés sitzen. Villingen ist erbaut nach dem Zähringer Muster, einer Gliederung der Stadt durch das Straßenkreuz in vier Teile.

Villingen

- **Vorwahl:** 07721
- **Höhe:** 695–973 m

Begonnen wurde mit dem Bau des **Münsters Unserer Lieben Frau** im 12. Jh. im romanischen Stil; Der Legende nach wurde nach dem Stadtbrand von 1271 der Chor im gotischen Stil wiederaufgebaut. Blickfang des Münsters sind die beiden verschiedenartigen Türme aus dem 15. und 16. Jh. Im 17. Jh. wurde die Kirche barockisiert. Sehenswert im Inneren ist die kunstvolle spätgotische Kanzel, gestützt von den Konsolfiguren Ecce Homo, Dolorosa und Johannes.

Das Nägelinskreuz in der rechten Turmkapelle stammt aus dem 14. Jh. und soll sich seit jeher als wundertätig erwiesen haben. Besonders im Dreißigjährigen Krieg während der Belagerung: Als der Ansturm der Feinde immer schlimmer wurde, steckte ein Franziskaner das Kreuz in einen Korb auf dem Rissturm. Eine glühende Kugel traf es, prallte ab und flog ins feindliche Lager zurück. Dort fiel sie geradewegs ins Pulvermagazin, löste eine Explosion und somit großen Schaden unter dem Feind aus.

Das **Alte Rathaus** am Münsterplatz zeigt einen markanten spätgotischen Staffelgiebel. Das 1306 erstmals urkundlich erwähnte und 1534 im Stil der Renaissance umgestaltete Gebäude beherbergt heute die **Villinger Altertümersammlung.**

Der **Radmacherbrunnen** in der Rietstraße erinnert an die gewonnene Wette eines Wagners: Er hatte 1562 an einem Tag ein Rad angefertigt und dieses bis nach Rottweil (ca. 20 km) und zurück getrieben. Diese Wette scheint damals modern gewesen zu sein, denn in Brünn in der Tchechischen Republik erinnert ein Wagenrad an eine ähnliche Wette.

Franziskanermuseum

In der Rietgasse, die von der Rietstraße abzweigt, liegt das ehemalige Franziskanerkloster mit Klostergebäuden und Kirche. Heute ist darin das Franziskanermuseum mit verschiedenen Sammlungskomplexen untergebracht. Gezeigt werden Stücke aus dem Münsterschatz. Schwerpunkt der Sammlung sind kunsthandwerkliche Gegenstände der Zünfte, wie etwa der Schreinerei, der Zinngießerei und der Schlosserei. Die **Schwarzwaldsammlung** geht auf eine Privatsammlung zurück und ist hochinteressant. 10.000 Objekte sind im Inventarverzeichnis ausgewiesen,ausgestellt ist alles, was irgendwie mit dem Schwarzwald zu tun hat. Besonders sehenswert sind auch die historischen Originalräume aus dem Schwarzwald, z.B. eine Wirtsstube aus dem Jahre 1799 und eine

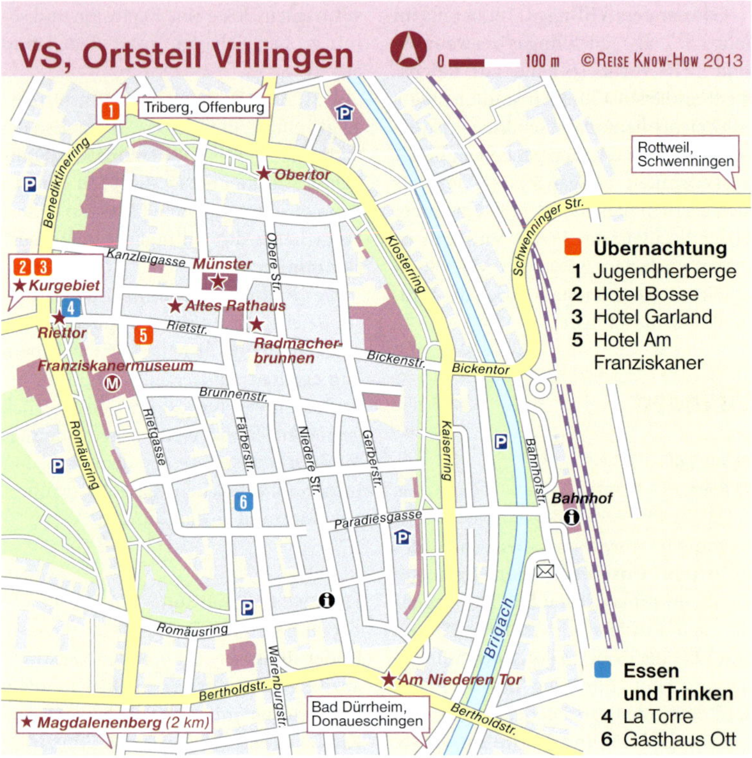

Jägerstube. Die Abteilung „Stadtgeschichte“ zeigt Exponate vom Mittelalter bis zur Neuzeit. Die Abteilung „Keltisches Fürstengrab“ ist Fundstücken des hallstattzeitlichen Grabhügels Magdalenenberg gewidmet. Prunkstück des Franziskanermuseums ist die teilweise rekonstruierte **Grabkammer** aus dem Magdalenenberg, dem größtem hallstattzeitlichen Grabhügel Mitteleuropas.

■ Geöffnet Di.–Sa. 13–17 Uhr, So. und feiertags 11–17 Uhr.

Magdalenenberg

Aus dem 769 m über dem Meeresspiegel gelegenen Magdalenenberg am südlichen Stadtrand wurde der größte **hallstattzeitliche Grabhügel** Mitteleuropas ausgegraben. Neben dem 1890 ausgeraubt aufgefundenen Hauptgrab wurden hier in den Jahren 1970–73 126 Nachbestattungen mit über 2000 Beigaben entdeckt.

Ein **frühkeltisches Kalenderwerk** soll die Anordnung der Gräber um den

Grabhügel darstellen, so schrieb der Wissenschaftler *Allard Mees* im Jahr 2007. Es war ihm gelungen, mit einer speziellen Software der US-Raumfahrtbehörde NASA den damaligen Stand der Sternenbilder von der Winter- bis zur Sommersonnenwende nachzuzeichnen und dadurch die Anlage auf das Jahr 618 v. Chr. zu datieren. Ein Datum, das bis auf zwei Jahre dem der dendrochronologischen Datierung der Hölzer der Grabkammer entspricht. Anders als Stonehenge ist der Magdalenenberg nicht nach dem Sonnenzyklus, sondern nach dem Mondzyklus ausgerichtet. Ein **Modell** des Magdalenenbergs mit Grabstellen befindet sich im Franziskanermuseum in Villingen.

Info

- **MTVS Tourist-Info & Ticket-Service,** Rietgasse 2, 78050 Villingen-Schwenningen, Tel. (07721) 82 2340, Fax 822347, www.tourismus-vs.de.

Unterkunft mit Gastronomie

- **Hotel Garland**€€€, Villinger Kurgebiet, Farnweg 10, Tel. 94840, Fax 94841086, www.hotel-garland.de (sonniges, helles Haus mit Wellnessbereich.)
- **Hotel Bosse**€€€–€€€€, Oberförster-Ganter-Str. 9–11, Tel. 58011, Fax 58013, www.hotel-bosse.de (familiär; ruhig am Waldesrand gelegen, Spezialitäten-Restaurant.)
- **Mercure Hotel Am Franziskaner**€€€€€, Rietstr. 27, Tel. 2970, Fax 297520 (in der Altstadt, Zimmer für Allergiker, So. Live-Jazz-Brunch.)
- **Jugendherberge,** St.-Georgener-Str. 36, Tel. 54149, Fax 52616, info@jugendherberge-villingen.de (am nordwestlichen Stadtrand nahe am Wald.)

Gastronomie

- **La Torre Restaurant im Torstüble,** im Riettor (gutbürgerliche Küche in mittelalterlichem Ambiente, Erlebnisgastronomie.)
- **Gasthaus Ott,** Färberstr. 36, Tel. 28844, www.gasthaus-ott.de (verwinkelt-verschachtelte, sehr originelle Mischung zwischen Kneipe und Wirtschaft; recht preiswertes Frühstücksbuffet, Spezialität des Hauses: Rösti.)

Schwenningen

- **Vorwahl:** 07720
- **Höhe:** 660–770 m

Heimat- und Uhrenmuseum

Das Heimat- und Uhrenmuseum, ein ehemaliges Lehrerhaus aus dem frühen 18. Jahrhundert, beherbergt folgende Sammlungen: „Die Alamannen an der Neckarquelle" mit Funden aus einem etwa 1300 Jahre alten Grüberfeld, Inszenierungen historischer Bauernstuben, eine Uhrenabteilung mit handwerklichen Uhren aus Schwenningen und dem Schwarzwald, die Hellmut-Kienzle-Uhrensammlung sowie hochwertige Uhren des 16. bis 19. Jahrhunderts aus allen europäischen Uhrmacherzentren.

- Kronenstr. 16, Tel. 822371. Geöffnet Di.–Sa. 13–17 Uhr, So und feiertags 11–17 Uhr, Mo. geschl.

Uhrenindustriemusem

Die Stempeluhr am Eingang, in die Besucher beim Betreten des Uhrenindustriemusems ihres Eintrittskarte stecken können, zeigt gleich an, wo es thematisch hingeht: in die maschinelle Welt der Uhrenproduktion. In der ehemaligen Württembergischen Uhrenfabrik sind viele historische Fabrikationsmaschinen ausgestellt, auf denen noch heute Teile des Museumsweckers gefertigt werden. In dem Besucherlaboratorium kann man die in einer Uhr wirkenden Kräfte erfahren. Auf Texttafeln wird über Lohn, Streik, Arbeitsschutz, Aussperrung sowie über die Entwicklung der Uhrenindustrie im Schwarzwald informiert. Ein Museum für Technik-Nostalgiker.

■ Bürkstr. 39, Tel. 38044, www.uhrenindustriemuseum.de, Di.–So. 10–12 und 14–18 Uhr.

071ssw ST

Internationales Luftfahrtmuseum

Am Schwenninger Flugplatz sind im Internationalen Luftfahrtmuseum auf einem 11.000 m² großen Areal über 40 Oldtimer und moderne Flugzeuge ausgestellt, unter anderem eine „MiG 15", eine „Canberra" und ein „Starfighter". Star der Ausstellung ist aber sicherlich die „Antonow 2", die mit 18 m Spannweite und 5 m Höhe als der größte Doppeldecker der Welt gilt.

■ Schwenningen-Ost, Flugplatz, Tel. 66302, 1. März bis 31. Okt. tgl. 9–19 Uhr; 1. Nov. bis 28. Feb. 9–17 Uhr.

Naturschutzgebiet Schwenninger Moos

Wo heute der südliche Stadtrand von Schwenningen ist, verblieben nach dem Ende der letzten Eiszeit mehrere kleine Seen. Im Laufe der folgenden Jahrtausende erwärmte sich das Klima langsam, die sich stets ausdehnende Ufervegetation führte zur Verlandung der Seen. Vor etwa 7000 Jahren waren die offenen Wasserflächen verschwunden, an ihrer Stelle begann sich ein Hochmoor zu bilden. Als in den Jahren 1748 bis 1948 in diesem Hochmoorgebiet Torf gestochen wurde, entstand eine Wasserfläche, die heute mit ihren Birken-, Erlen- und Kiefernbeständen den Reiz des Naturschutzgebietes Schwenninger Moos ausmacht. Hier entspringt der **Neckar.** Günstigster Ausgangspunkt für den ca. 3,5 km langen **Rundweg** durch das Moor ist der Parkplatz des Sportgeländes nördlich des Moors.

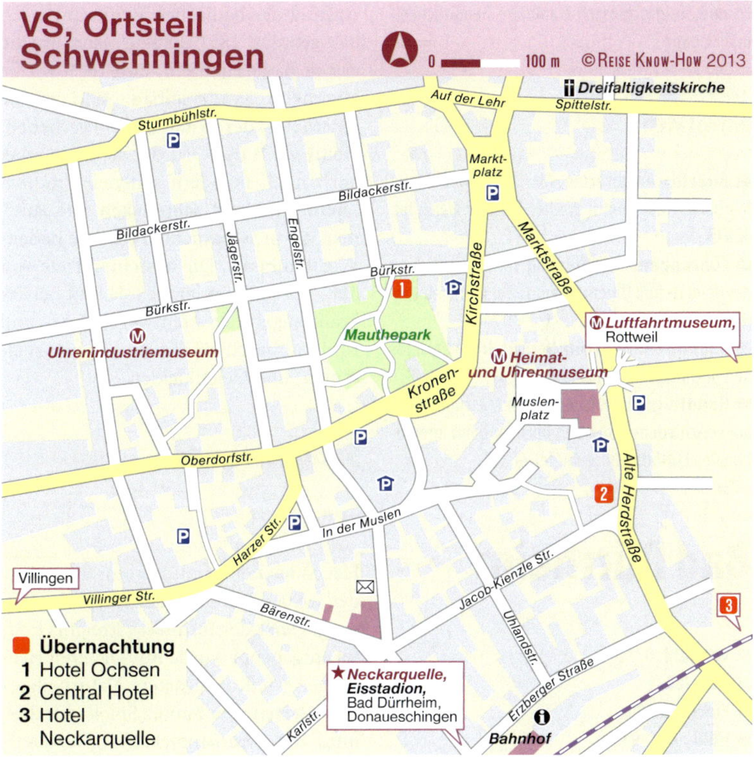

■ Führungen durch das Gebiet ab Tourist-Information Schwenningen auf Anfrage.

Info

■ **MTVS, Tourist-Info & Ticket-Service,** Erzbergerstr. 20 (Im Bahnhof), 78054 Schwenningen, Tel. (07720) 821208, Fax 821207, www.villingen-schwenningen.de.

◁ Im Internationalen Luftfahrtmuseum

Unterkunft mit Gastronomie

■ **Hotel Neckarquelle**€€€, Wannenstr. 5, Tel. 97829, Fax 978230, So. geschlossen, www.hotel-neckarquelle.de, Restaurant Mo. geschl. (familiär geführtes Haus, modern ausgestattete Zimmer. Ausgangspunkt des Neckartalradweges.)

■ **Central Hotel**€€€, Alte Herdstr. 12–14, Tel. 3030, Fax 303 100, www.centralhotel-vs.de (modern und elegant)

■ **Schlenker's Akzent-Hotel Ochsen**€€€€, Bürkstr. 59, Tel. 8390, Fax 839639, www.hotelochsen.com,

Fr. und So. geschlossen (familiäre Gemütlichkeit und Eleganz.)

Aktivitäten

- **Angeln:** Angelkarten für Donau-Neudingen Marbach, Andelshofer Weiher bei *Zoo-Flohr,* Tel. 33528.
- **Führungen:** Stadtführung mit Besichtigung des Heimat- und Uhrenmuseums Do. 15 Uhr ab Tourist-Service.
- **Radfahren:** Pauschale Neckartalradweg, Infos und Buchung Tel. (07720) 821209.
- **Rundflüge:** In verschiedenen Maschinen und auf verschiedenen Strecken buchbar beim Internationalen Luftfahrtmuseum, Tel. 66302.

Bad Dürrheim

- **Vorwahl:** 07726
- **PLZ:** 78073
- **Einw.:** 13.200
- **Höhe:** 700–940 m
- **Ortsteile:** Biesingen (5 km), Hochemmingen (3 km), Unter- u. Oberbaldingen (9 km), Öfingen (8 km), Sunthausen (6 km)

Wo die bewaldeten Hänge des Schwarzwaldes langsam in die sonnige Hügellandschaft der Baar-Hochebene übergehen, dort liegt das einzige **Sole-Heilbad** des Schwarzwaldes. Bad Dürrheim wurde 889 erstmals als „Durroheim" erwähnt und 1974, nach der Eingemeindung umliegender Dörfer, zur Stadt erhoben.

Seine Entwicklung verdankt es im Wesentlichen dem **Salz.** 1821 wurde im Auftrag der badischen Regierung nach Salz gebohrt, 1851 richtete man dann die ersten Badezellen ein, und 1879 wurde Dürrheim Kindersolbad. 1921 wurde Dürrheim der Titel „Bad" verliehen. Heute zählt der Ort, der sich nebenbei auch noch mit dem seltenen Prädikat **„heilklimatisch"** schmücken darf, zu einem der meistbesuchten Kurorte Baden-Württembergs. Die aus einer Tiefe von 300–150 m kommende Sole hilft bei Erkrankungen der Atemwege, Herz- und Kreislaufbeschwerden und bei Wirbelsäulen- und Gelenkleiden.

Sehenswertes

Kurpark

Herzstück der Landesgartenschau Mitte der 1990er Jahre war der Kurpark **„Luisengarten",** der für dieses Ereignis kräftig aufgepeppt wurde mit Dauereinrichtungen wie Rosengarten, Naturheilgarten, Garten der Sinne, Spiellandschaft und den Kunstobjekten „Salzquell", „Salztor" und „Salzpfeiler". Ein Spaziergang durch den Kurpark führt zu den Bad Dürrheimer Hauptattraktionen, dem Solemar und dem Narrenschopf.

„Das schönste Meer hat alles unter einem Dach", werben die Bad Dürrheimer für ihr 1987 eröffnetes **Solebad Solemar.** An sonnigen Tagen lässt die glitzernde Wasseroberfläche unter der kühn geschwungenen Holzdecke wirklich karibische Gefühle aufkommen, die Einrichtungen sind vielfältig: 13 Becken, Quellsprudler, Wasserfall, Sprudelbänke, Massagedüsen, Kreisströmung, Solegrotte und ein Sonnenstudio. Aktivitäten im Solemar sind z.B. Aqua Deep: Wassertreten mit Schwimmweste, Aqua Nordic Walking: Gehen und Springen mit zwei Stöcken im Schwimmbecken, Aqua Spinning: Unterwasser-Fahrradfahren auf dem Hometrainer.

■ Geöffnet: Badebereich tägl. 9–22 Uhr, Fr. bis 23 Uhr, Sauna Mo.–Do. 10–22 Uhr (Di. nur Frauen), Sa., So. u. an Feiertagen 9–22 Uhr.

Narrenmuseum

Nomen est Omen: Im Schopf ist bei den Alemannen all das untergebracht, was man irgendwann einmal im Jahr braucht. Im Bad Dürrheimer **Narrenschopf** sind das über 400 Häser (Kostüme) aus 71 Narrenorten im südlichen Baden-Württemberg und in der alemannischen Schweiz. Hansele, Pflumeschlucker, Pestmännle, Narros und Hexen geben sich im größten Narrenmuseum Deutschlands ein Stelldichein.

■ Geöffnet: Di–Sa 14–17.30 Uhr, sonn- und feiertags 10–17.30 Uhr.

Praktische Tipps

Info

■ **Kur- und Bäder GmbH,** Luisenstraße 4, 78073 Bad Dürrheim, Tel. (07726) 666266, Fax 666301, www.badduerrheim.de.

Unterkunft

■ **Hotel Pension Jägerstuben**€, Bahnhofstr. 5, Tel. 248 (familiär, gerne auch Kurzurlauber.)

■ **Hotel-Restaurant Alemannenstuben**€€, Blitzstr. 3/1, Tel. 92220, Fax 922240, Di. geschl. (gehobene Küche, zum Haus gehören eine Wein- und Vesperstube.)

■ **Schwarzwälder Hof**€€, Friedensstr. 2, Tel. 255 (Frühstücksbuffet und Fischspezialitäten.)

■ **Villa Sarah**€€€€, Ludwigstr. 8 und 10, Tel./Fax 977202, www.villa-sarah.de (Jugendstilvilla mitten im Grünen, mit Frühstück.)

Camping

■ **Naturcamping Sunthauser-See,** Tel. (07706) 712, www.naturcamping-badduerrheim.de (terrassiertes Wiesengelände.)

Aktivitäten

■ **Ballooning:** Rundfahrten über Schwarzwald – Bodensee – Alpenbereich. Startplatz beim Narrenschopfgelände. Informationen bei der Tourist-Info. Auch bei *Ballon Sport Bölling,* Tel. 22266, www.ballone.com.

■ **SPORTpark:** Aktivprogramm mit Golfübungsanlage, Bogenschießplatz, Tennis, Nordic Walking und vielem mehr.

■ **Langlauf:** Übungsloipe (5 km) Wittmanstal-Loipe (7 und 12 km) bei der Realschule am Salinensee, Waldcafé-Loipe am Waldcafé (5 km), Osterberg-Loipe beim Sportplatz in Öfingen (5 und 10 km).

Rottweil

- **Vorwahl:** 0741
- **PLZ:** 78628
- **Einw.:** 25.000
- **Höhe:** 507–745 m

Der **Rottweiler Hund** ist von muskulösem und kräftigem Äußeren und von kluger, ausdauernder und behäbiger Gemütsart. Er stammt aus dem Mittelalter, als man Hunde mit solchen Eigenschaften zum Schutz der großen Schaf- und Rinderherden zwischen Elsass und Neckarland brauchte. Weil aber keiner von den vierbeinigen Bewerbern so recht geeignet für diese Aufgabe war, züchteten sich die Rottweiler Metzger – die oft zugleich auch Viehhändler waren – ihren eigenen Hund und kreuzten einen Bullenbeißer mit einem Bauernhund.

Rottweil war jahrhundertelang nicht nur Zentrum des Viehhandels, wichtige Wirtschaftszweige waren auch das Schmiedehandwerk, die Tuchmacherei, die Pulverproduktion und die Buchdruckerei. In der „ältesten Stadt Baden-Würtembergs" sind Siedlungsspuren schon aus der Jungsteinzeit um 2000 v. Chr. nachweisbar. Im Jahre 73 n. Chr. errichteten die Römer einen Militärstützpunkt im heutigen Stadtteil „Rottweil-Altstadt", der sich im Laufe der Zeit zu einer Siedlung mit dem Namen *Arae Flaviae* entwickelte. Die Staufer verlegten noch vor 1200 n. Chr. die Stadt wei-

www.fotolia.com © cliffhanger105

ter nach Norden, die sie dann nach dem „Zähringer Muster“ errichteten. Kennzeichen für das „Zähringer Muster“ ist ein Straßenkreuz aus zwei Hauptstraßen, das vier Quadranten bildet. Die Gassen in den Quadranten verlaufen parallel zu den Hauptstraßen. Im Jahre 1463 trat Rottweil der Schweizer Eidgenossenschaft bei. Diese Zugehörigkeit wurde formal nie aufgelöst.

Brauchtum

Man muss es erlebt haben, wenn der schier unendliche Strom von fast 4000 **Rottweiler Narren** am Fasnachtsmontag Punkt acht Uhr durch das Schwarze Tor der Rottweiler Innenstadt quillt (weitere Termine: Fasnachtsdienstag 8 u. 14 Uhr) und die ganze Innenstadt in ein wogendes schellenklingendes Meer von Maskenträgern verwandelt. Komplette Rottweiler Narrenfamilien machen mit, vom Kleinkind bis hin zum kaum noch gehfähigen Senioren, alle Altersklassen sind dabei – selbstverständlich ausgestattet mit der Narren-TÜV-Plakette, denn die Rottweiler gehören zu Schwaben, und dort herrscht Ordnung. Ausgangs- und Endpunkt des Narrensprungs bilden die „Bennerrössle“, die sich mit Peitschenhieben durch das Schwarze Tor, quer durch die Innenstadt und zurück treiben lassen. Die Treiber möchten ihm die Gänsefedern vom Kopf schlagen, das Rössle versucht dies durch wilde Bocksprünge zu verhindern. Denn wenn es alle Federn verliert, muss der Mann im Gaulskostüm hinterher im Wirtshaus die Zeche bezahlen. Insgesamt nehmen neun „Rössle“ mit je zwei Treibern am Narrensprung teil.

Andere Rottweiler Narren sind: Der Federahannes, mit Sprungstange, gebleckten Zähnen und weitem Federmantel; das Gschell (mit freundlicher Larve, bunt bemaltem Narrenkleid und schweren Schellenriemen die wichtigste Figur der Rottweiler Fasnet), das Biss (ähnlich wie das Gschell, aber etwas jünger und nur mit einem Fuchsschwanz auf der Haube und mit gebleckten Zähnen), der Schantle (aus den einst „obszönen Vermummern“ wurden vornehm zurückhaltende, freundliche Herren mit Biedermeierschirmchen), das farbenfrohe „Fransenkleidle“ und der Guller (mit Hahnenleib, steht in Zusammenhang mit Fruchtbarkeitsbrauchtum).

◁ Beim Rottweiler Narrensprung

Sehenswertes

Die größte Sehenswürdigkeit ist zweifellos die **historische Innenstadt** an sich. Entlang des Straßenkreuzes Hauptstraße/Hochbrücktorstraße/Friedrichsplatz verlaufen malerische Häuserfronten, die durch ihre Farben und verzierten Erker beliebte Fotomotive sind. Die Erker sind unterschiedlich verziert, mit Ornamenten, Zunftzeichen, Tieren und Wappen. Ein weiteres Rottweiler Fotomotiv sind die „Stechschilder“, kunstvoll geschmiedete Wirtshausschilder, die seit 1560 für Gasthäuser vorgeschrieben waren. Heute schmücken sie nicht nur Gasthäuser, sondern auch Gewerbebetriebe.

Damit es den Römern im kalten, harten Schwarzwald nicht allzu schlecht erging, richteten sie ihren Soldaten in Baden-Baden, Badenweiler und in Rottweil

Also schlecht ist das Weib von Natur – Hexenprozesse im Schwarzwald

Ein dunkles Kapitel Rottweiler Geschichte: der Hexenwahn in Rottweil, das neben Eger, Passau und Wasserburg zu den frühen Zentren der deutschen Hexenverfolgung gehörte. Der Nährboden war günstig: Im Ort war ein Kloster des Dominikanerordens, aus dem der berüchtigte „Hexenhammer" hervorgegangen war, und es gab in Rottweil, Sitz des Hofgerichts, sehr viele Juristen. Hier wurden mehr als 150 Menschen, meist Frauen, nach Hexenprozessen hingerichtet. Vom Ende des 15. Jahrhunderts bis ins 18. Jh. schufen *Leonardo da Vinci, Michelangelo, Riemenschneider, Dürer* und *Hans Baldung Grien* ihre unsterblichen Meisterwerke, forschten *Kopernikus*, und *Kepler*, brach *Kolumbus* nach Amerika auf – und starben zwischen drei und neun Millionen Frauen nach Hexenprozessen.

Den Glauben an Zauberer, Dämonen und weibliche Wesen, die fliegen konnten, gab es schon in mythischer Vorzeit. Die christliche Botschaft verkündete zwar den Sieg über die Macht des Teufels, die Angst vor ihm konnte sie aber nicht bannen. Als man begann, statt von vielen Teufeln nur von einem zu reden, als man immer mehr an Gottes Macht über die Erde glaubte – da wuchs auch der Glaube an die Macht des Teufels. Nicht zuletzt waren es die großen Pestepidemien, die diese Vorstellung nährten. Vorläufer der Hexenprozesse waren die Prozesse gegen Ketzer, also Personen oder Sekten, die sich in irgendeiner Form gegen die herrschende Meinung der Kirche stellten. Die großangelegte und systematisch betriebene Hexenverfolgung begann mit den deutschen Dominikanern *Heinrich Krämer* und *Jakob Sprenger* und deren heftigem Bedürfnis, „den Satan zu bekämpfen". Sie fanden auch beim Papst Gehör. 1487 erschien der dreibändige "Hexenhammer", ein abstruses Werk über Hexentaten und ihre Wirkungen und „über die Arten der Ausrottung oder wenigstens Bestrafung durch die gebührende Gerechtigkeit vor dem geistlichen oder weltlichen Gericht". Von nun an genügte die Denunziation anstelle der Anklage, im Beweisverfahren wurde die Folter angewendet. Es waren überwiegend Frauen, die angeklagt wurden, denn der Hexenhammer erklärte: „Das Wort femina nämlich kommt von fe – und minus; fe fides = Glauben, minus = weniger" weil sie immer geringeren Glauben hat ... also schlecht ist das Weib von Natur, da es schneller am Glauben zweifelt, auch schneller dem Glauben ableugnet, was die Grundlage für die Hexerei ist".

In Rottweil standen u.a. Männer der Kirche hinter dem Hexenwahn – Männer der Kirche beendeten ihn auch. Der Jesuit *Friedrich von Spee* schrieb 1631 den „Cautio Criminalis", eine wirksame Schrift gegen den Hexenaberglauben.

Bäder ein. Das 45 x 42 m große **Römerbad** beim heutigen Stadtfriedhof (Ecke Hölderstraße/Königstraße) wurde vermutlich schon vor Kaiser *Trajan* um 110 n. Chr. errichtet (Freilichtmuseum frei zugänglich).

Das aus 570.000 Steinchen und Glasstückchen bestehende Orpheus-Mosaik sowie Gegenstände aus allen Lebensbereichen einer römischen Kleinstadt sind im **Dominikanermuseum** ausgestellt. Neben den Überresten eines römischen Sattels ist hier ein Schreibtäfelchen zu sehen, das Rottweil als älteste Stadt Baden-Württembergs ausweist. Die wunderschöne barocke **Dominikanerkirche** neben dem Museum weist als einst katholische und seit mehr als 200 Jahren evangelische Kirche eine beeindruckende Innenarchitektur auf.

Seit 2009 werden im **„Kunst Raum Rottweil-Museum der Gegenwart“** im Dominikanermuseum wechselnde Ausstellungen der Gegenwartskunst gezeigt.

■ Am Kriegsdamm, Tel. 7662, Di.–So. 10–17 Uhr.

Das Rottweiler **Stadtmuseum** befindet sich im Herderschen Haus (*Bartholomäus Herder*, 1774–1839, war der Gründer des katholischen Herder-Verlages). Das Museum stellt u.a. Arbeit, Freizeit und Frömmigkeit im Rottweil des 18. und 19. Jh. aus. Wichtigstes Ausstellungsstück ist die **Pürschgerichtskarte** des *David Rötlin* von 1564. Der junge Maler zeichnete für Verwaltungszwecke liebevoll seine Heimatstadt Rottweil mitsamt einiger Einwohner. Interessant die „zentralistische“ Perspektive des Bildes: Um das Bild perspektivisch richtig zu sehen, müsste der Betrachter nicht vor dem Bild, sondern mitten im Bild stehen. Sehenswert sind auch der Bundesbrief der Schweizerischen Eidgenossenschaft von 1519 und das Fasnachtszimmer. Zur Weihnachtszeit ist die „Herrenkramersche Krippe“ aus dem 19. Jh. ausgestellt.

■ Hauptstr. 20, geöffnet Di.–So 14–16 Uhr.

In der spätgotischen ehemaligen Friedhofskirche **Lorenzkapelle** sind einige Steinfiguren aus dem 14. Jahrhundert und ein Museum der Rottweiler Steinmetzkunst zu sehen.

Das wichtigste Gotteshaus Rottweils, das **Heilig-Kreuz-Münster,** stammt aus dem 13. Jh. Im 15. Jh. wurde die Kirche im gotischen Stil umgebaut und im 17. Jh. barockisiert, um im 19. Jh. regotisiert zu werden. Wer aufmerksam hinsieht, wird bemerken, dass sich das Münster dem natürlichen Gefälle der Stadt angleicht, es sind genau 1,40 m Höhendifferenz. Die immer kleiner werdenden Chorbögen erzeugen einen Eindruck von Perspektivität. Sehenswert sind das überlebensgroße Kruzifix, das *Veit Stoß* zugeschrieben wird, der Apostelaltar von *Cord Bogentrik* und die originellen Zunftlaternen im hinteren Seitenschiff. Man achte auch auf die Stuhlwangen der Bänke, jede unterscheidet sich von der anderen, u.a. gibt es die Narrenmutter zu sehen, die dem Wickelkind die Narretei einflößt (linke Seite des zweiten Blocks von vorne, rechte Reihe – gesehen vom Altar aus). Die „Rottweiler Madonna“ auf dem Seitenaltar soll laut eidlichen Aussagen von immerhin 42 Zeugen im Jahre 1643 anlässlich der französischen Belagerung den Blick zweimal gewendet haben, die Belagerungssituation hat sich damals für die

Rottweiler verbessert, und die Madonna heißt seither „Muttergottes von der Augenweide".

Sehenswert ist auch das private **Puppen- und Spielzeugmuseum** mitten in der Stadt mit Ausstellungstücken aus zwei Jahrhunderten (www.puppenmuseum.de).

Praktische Tipps

Info

- **Tourist-Information,** (Altes Rathaus) Hauptstr. 21, 78628 Rottweil, Tel. (0741) 494280/81, Fax 494373, www.rottweil.de.

Unterkunft

- **Goldenes Rad**€, Hauptstr. 38, Tel. 7412 (gute preisgünstige schwäbische Küche in einem urigem Lokal.)
- **Landgasthaus Pension Sonthof**€-€€, Rottweil-Zepfenhahn, Sonthofer Straße, Tel. (07427) 2442, www.landgasthaus-sonthof.de (idyllisch gelegener Landgasthof mit Gartenwirtschaft, dessen Geschichte bis ins Jahr 1281 zurückreicht.)
- **Garni-Hotel Sailer**€€€, Karlstr. 3, Tel. 9423366, www.hotel-sailer.de (modernes Haus mit einer Villa aus der Zeit des 19./20. Jh. Auch Vermietung von Apartments.)
- **Hotel Bären**€€-€€€, Hochmaurenstr. 1, Tel. 174600, Fax 1746000, www.baeren-rottweil.de.
- **Park-Hotel**€€€-€€€€, Königstr. 21, Tel. 53430, Fax 534330.
- **Hotel Haus zum Sternen**€€€€, Hauptstr. 60, Tel. 53300, Fax 533030, www.hotel-haus-zum-sternen.de (das Gebäude aus dem 15. Jh. ist in die historische Stadtmauer integriert, jedes Zimmer ist mit Antiquitäten eingerichtet. Gehobene international-deutsche Küche.)
- **Ringhotel Johanniterbad**€€€€, Johannsergasse 12, Tel. 530700, www.johanniterbad.de (im Mittelalter Badestube der Herren von „St. Johann", seit 1929 Hotel, gelegen hoch über dem Festungsgraben von Rottweil.)
- **Naturfreundehaus Jungbrunnen,** Rottweil-Feckenhausen, Tel. (0741) 21938 (61 Pers., 2- bis 6-Bettzimmer und 2 Schlafsäle.)

Gastronomie

Dass es in Rottweil heute eine schwäbische und eine badische Küche gibt, verdanken wir der Gebietsreform von 1972. Bis dahin war Rottweil württembergisch. Die Schweizer „Rösti" auf den Speisekarten hingegen sind eine Hinterlassenschaft der Eidgenossen.

- **Weinstube Grimm,** Oberamteigasse 5, Tel. 6830, Fax 6454, sonn- und feiertags geschlossen (schwäbische Küche, großes Angebot an Weinen.)

Aktivitäten

- **Aussichtstürme:** Hochturm (54 m, Schlüssel wochentags in der Tourist-Information, am Wochenende im Dominikanermuseum.)
- **Baden:** Sole-Erlebnisbad „Aquasol", Brugger Str. 11, Tel. 27070, tgl. 10–22 Uhr geöffnet (Sole-Innen- und Außenbecken, Sole-Außeninhalatorium, Spaßbecken mit Großrutsche, römisch-irisches Dampfbad, Saunalandschaft. Das beheizte Terrassen-Freibad, Stadionstr., Tel. 270732, ist April/Mai/Juni/Sept. 9–20 Uhr, Juli/Aug. 9–20.30 Uhr geöffnet.)
- **Stadtführungen:** jeden Samstag von April bis Oktober um 14.30 Uhr ab der Tourist-Information, Anmeldung nicht erforderlich.
- **Sportfliegen:** Motorflug- und Ultraleichtflugbetrieb, flugtechnische Ausbildung und Rundflüge; Flugplatz Rottweil-Zepfenhan, Tel. (07427) 2350.

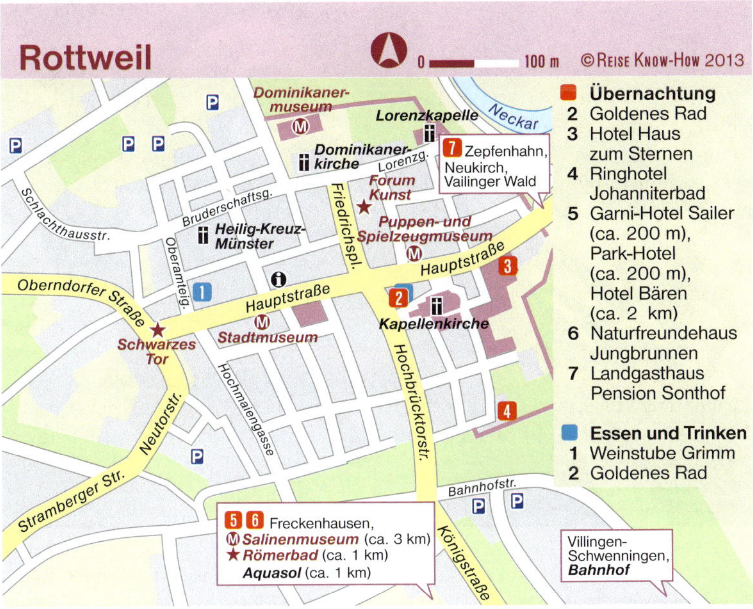

■ **Gokart:** Hallen-Kartbahn *Indy Kart,* Neckartal 202, Tel. 7002, www.indykart.de.

Im Umland von Rottweil

Saline

Im **Primtal,** südöstlich vom Stadtzentrum, hat sich von der 1824 errichteten, 1969 geschlossenen Saline (Anlage zur Gewinnung von Kochsalz) ein Bohrhaus erhalten. Vom Bohrhaus wurde Wasser in die Salzlagerstätten geleitet und das zu Sole gelöste Salz herausgepumpt. Im **Museum** sind Arbeitsgeräte und Dokumente zur Geschichte und zu den Produkten der Rottweiler Saline ausgestellt.

■ Geöffnet Mai bis Sept. So. 14.30–17 Uhr.

Viereckschanzen

Bei Neukirch, ca. 1 km westlich des Vaihinger Hofes im Vaihinger Wald, liegen zwei Viereckschanzen (siehe Glossar): das **Heidenstädtle** und die **Schanze.** Das „Heidenstädtle“ (Waldabteilung 1 – Erlengraben) ist gut erhalten, aber im Unterholz verborgen, die „Schanze“ (Waldabteilung Städtle) wird von einem Waldweg durchschnitten.

022ssw cz

Schramberg

- **Vorwahl:** 07422
- **PLZ:** 78713
- **Einw.:** 22.200
- **Höhe:** 400–940 m
- **Ortsteile:** Schramberg-Tal, Heiligenbronn (9 km), Sulgen (5 km), Waldmössingen (13 km)

Inmitten einer Talspinne, in der fünf Täler zusammentreffen, drängt sich unterhalb von steilen, bewaldeten Talseiten Schramberg, noch eine wichtige Stätte der **Schwarzwälder Uhrenindustrie.**

⌃ Rottweiler Narr

Das hübsche, im Zentrum den Fußgängern reservierte, kleine Städtchen schmückt sich offiziell mit dem Titel „Fünftälerstadt" und inoffiziell mit dem Titel „Dreiburgenstadt"; für die Erhaltung und Instandsetzung ihrer drei Burgen haben viele Schramberger Bürger in der Vergangenheit unzählige Stunden ihrer Freizeit geopfert.

Sehenswertes

Auch wenn die an den Wänden des **Schramberger Stadtmuseums** tickenden Uhren – deren Prachtstück die über vier Meter hohe Junghanssche Kunstuhr aus dem Jahre 1990 ist – durchaus sehenswert sind, so ist doch die Geschichte hinter der Uhrenherstellung das eigentlich Interessante dieser Ausstellung. Da erfährt man viel über die Armut im

Schramberg des 18. Jahrhunderts, als zu deren Eindämmung die Strohflechterei eingeführt wurde; da ist zu lesen über die aufkommende Industrialisierung in der Uhrenfabrikation, und da steht geschrieben von Absatzkrisen und Überproduktion. Dass die Lebensbedingungen vieler Schramberger nicht einfach waren, zeigt anschaulich die Einführung von betriebseigenen Schwimmbädern in einer Uhrenfirma: Die Arbeiter, zu Hause ohne sanitäre Anlagen, mussten für ihre diffizile Arbeit erstmal ein Bad nehmen.

■ **Stadtmuseum im Schloss,** Bahnhofstr. 1. Geöffnet Di.–Sa. 11–17 Uhr, So. und an Feiertagen 11–17 Uhr.

Das **Auto- und Uhrenmuseum „ErfinderZeiten"** zeigt Raritäten und kuriose Vehikel aus Nachkriegs-, Aufbau- und Wirtschaftswunderjahren und eine Zeitreise durch die Geschichte der Uhr im Schwarzwald.

Vor gar nicht allzu langer Zeit war selbst den Schrambergern nicht bewusst, welch wertvolles Kleinod an **Orgel** sie in ihrer St. Maria Kirche bargen. Nur das Schild „Walcker 1900" gab einen Hinweis auf das Alter des besonderen Instruments. Nach eingehender Grundlagenforschung Schramberger Bürger und einer dreijährigen Restaurierung ist das Instrument wieder in seinen Originalzustand versetzt. Kenner schätzen diese Orgel aus dem Jahre 1844 als ein Instrument des historischen Übergangs im Stile des Barock zur Romantik und in der Technik von der Schleiflade zur Kegellade.

Der halbstündige, steile Fußmarsch auf den 18 m hohen Bergfried der **Burgruine Schilteck** gewährt einen herrlichen Ausblick.

Die südlich von Schramberg liegende **Burgruine Falkenstein** ist Schauplatz von *Ludwig Uhlands* Drama *„Ernst Herzog von Schwaben"*. Die auf historischen Begebenheiten basierende Geschichte handelt vom Idealbild eines Freundes, der aus Freundestreue Gut und Leben opfert (ca. 45 Gehminuten Aufstieg ab der Straße).

Die nordwestlich der Stadt auf dem 635 m hohen Schlossberg liegende **Burgruine Hohenschramberg** gehörte einst zu den größten Wehranlagen des Schwarzwaldes. Von der Burg, auch Nippenburg genannt, bietet sich ein herrlicher Ausblick auf Schramberg, wie es sich spinnennetzartig in seine Seitentäler zieht.

Brauchtum

Am Rosenmontag, ab 13 Uhr, geht's hoch her, besonders bei der berühmten **Da-Bach-Na-Fahrt.** 40 mit Narren bemannte Waschzuber treiben auf der Schiltach einen halben Kilometer den Bach hinunter. Die Waschzuberkapitäne überstehen die zuweilen eiskalte Fahrt nur deshalb, weil sie vor der Fahrt zwei Schnäpse trinken. Geboren wurde diese „Schnapsidee" im Jahre 1936 während einer Stammtischrunde, die Belegschaft der Firma *Junghans* wollte dadurch mal für einen Tag von ihrem Alltagstrott befreit werden.

Die Uhr, die geht und steht

Der Schwarzwälder Philosoph *Martin Heidegger* hat über die Uhr nachgedacht, die „geht und steht", und herausgefunden, dass ein entscheidendes Charakteristikum des Daseins die „Zeitlichkeit als Einheit von Zukunft, Vergangenheit und Gegenwart" ist. Die Schramberger Firma Junghans hat ebenfalls nachgedacht, und herausgekommen ist eine Uhr, die „immer läuft und niemals falsch geht." Dieses Wunderwerk der Technik bezieht seine Energie ausschließlich aus dem Licht und steht in ständiger Funkverbindung mit der genauesten Uhr der Welt, der Cäsium-Zeitbasis in Braunschweig. Die garantiert die totale Präzision (Gangabweichung 1 Sekunde in 1 Million Jahren) und die automatische Zeitein- und umstellung auf Sommer- und Winterzeit sowie das ewige Datum. Fortschrittlich war die Firma Junghans schon seit ihrer Gründung: Als Mitte des 19. Jahrhunderts viele Schwarzwälder Uhrmacher im Zuge der Auswanderung ihr Wissen mit nach Amerika nahmen und die Amerikaner dann in Massenproduktion hergestellte Uhren nach Deutschland exportierten, schickte Junghans seinerseits seinen Sohn nach Amerika, damit er amerikanisches Massenproduktions-Know-how lerne. Zurückgekehrt führte der Sohn, *Arthur Junghans,* amerikanische Produktionsmethoden ein und produzierte eine für damalige Verhältnisse sehr preisgünstige und präzise Uhr. Leicht war die Umstellung nicht: „Mir lief das Gerücht voraus, ich wollte alles ummodeln, Maschinen einführen und Arbeitshände entbehrlich machen", sollte *Arthur Junghans* später schreiben.

Praktische Tipps

Info

■ **Stadt- und Bürgerinformation,** 78713 Schramberg, Tel. (07422) 29215, Fax 29209, info@schramberg.de.

Unterkunft mit Gastronomie

■ **Burgstüble**€€, Hohenschramberg Nr. 1, Tel. 95950, Fax 959530, Mi. abends und Do. geschlossen (regionale Küche, ruhige Zimmer mit tollem Ausblick.)

■ **Hotel Bären**€€€, Marktstr. 7, Tel. 94060, Fax 9406100 (in der Fußgängerzone; Straßenrestaurant, auch mit vegetarischer Küche.)

■ **Parkhotel**€€€€, in der klassizistischen Junghans-Villa im „Park der Zeiten", Tel. 20818, Fax 21191, www.villa-junghans.de, Mo. geschl. (ehemalige Villa des Kommerzienrates Erhard Junghans, ruhig im Park gelegen; im Restaurant auch vegetarische Gerichte.)

Aktivitäten

■ **Angeln:** im Lauterbach, in der Schiltach oder im Dorfweiher Schramberg-Tennenbronn. Angelkarte mit gültiger Gästekarte beim Bürgerservice und Tourist-Information.

Hornberg

- **Vorwahl:** 07833
- **PLZ:** 78132
- **Einw.:** 4300
- **Höhe:** 360–1000 m
- **Ortsteile:** Reichenbach (3 km), Niederwasser (2 km)

„Es geht aus wie das **Hornberger Schießen**" – für diejenigen, die die Story dazu noch nicht kennen, hier die Kurzform: Im 16. Jh. hatte sich hoher Besuch in Hornberg angesagt – der Herzog von Württemberg höchstpersönlich – und der sollte natürlich gebührend empfangen werden. Also wurden die Kanonen geputzt, um, wie seinerzeit üblich, den hohen Würdenträger mit einem kräftigen Salut zu begrüßen. Eine Staubwolke näherte sich, die Hornberger jubelten, die Kanonen donnerten. Was kam, war eine Viehherde. Wieder kam eine Staubwolke, wieder jubelten die Hornberger, und wieder krachten die Kanonen. Was kam, war ein Krämer mit seinem Karren. Und dann kam nochmals eine Staubwolke und inmitten dieser endlich der Herzog. Aber da hatten die Hornberger schon längst ihr Pulver verschossen. Aus diesem skurrilen „Viel-Lärm-um-nichts"-Stück haben sie das Beste gemacht; sie führen es alljährlich aufs neue in den Sommermonaten auf ihrer Freilichtbühne auf (Termine bei der Tourist-Information).

Hornberg zählt mit seinem Ortsteil Reichenbach neben Gutach und Kirnbach zu den drei Schwarzwaldgemeinden, die sich mit dem Titel **„Heimatorte des Bollenhutes"** schmücken dürfen.

Der Aufschwung zum vielbesuchten Fremdenverkehrsort begann schon in den Jahren 1869–73 mit dem Bau der grandiosen **Schwarzwaldbahn.** Damit war der Anschluss an das weltweite Eisenbahnnetz erreicht, und Hornberg war zur Schnellzugstation geworden.

Sehenswertes

Das gewaltige **Viadukt,** über das die Schwarzwaldbahn von der einen Seite des engen Reichenbachtals auf die andere Seite fährt, prägt das Ortsbild. Das 150 m lange, aus sieben Bögen (von jeweils 14,50 Meter lichter Weite) bestehende Bauwerk ist so stabil, dass seine Granitquader sogar die Bombardements der Jagdbomber im Zweiten Weltkrieg überstanden.

Von dem ehemaligen Kirchlein ist heute nur noch der hochgotische Chor erhalten. Das Kirchenschiff der **Evangelischen Stadtkirche** in seiner jetzigen Form stammt aus dem Jahre 1600. Aus dieser Zeit sind auch die Fresken, die man nach Zweiten Weltkrieg unter dem Verputz wiederentdeckte. Sie zeigen Szenen aus dem Alten Testament: die Himmelsleiter in Jakobs Traum, Josef wird von seinen Brüdern aus dem Brunnen gezogen und verkauft, des Herrn Besuch bei Abraham (1. Mos. 18), die Opferung Isaaks und die Heimkehr des verlorenen Sohns.

Damit auch alle, die in den pilzreichen Wäldern um Hornberg ihrem Sammlertrieb frönen, den anschließenden Festschmaus heil überstehen, haben die Hornberger Deutschlands einzige Schule für Pilzkunde eingerichtet, die **Schwarzwälder Pilzlehrschau** (s. Aktivitäten).

Eine weitere Sehenswürdigkeit in Hornberg ist das neue **Duravit Design Center.** Der trapezförmige Neubau mit dem unübersehbaren Riesen-WC als Aussichtsplattform wurde vom Stardesigner *Philippe Starck* entworfen. Ausstellungsräume geöffnet Mo.–Fr. 8–18, Sa. 12–16 Uhr. Im Wellnessbereich gibt es die Möglichkeit zur Probe zu baden und auch zu saunieren, um alles „hautnah" zu testen. Anmeldung unter Tel. 70114.

Praktische Tipps

Info

■ **Tourist-Information,** Bahnhofstr. 1–3, 78132 Hornberg, Tel. (07833) 79344, www.hornberg.de.

Unterkunft mit Gastronomie

■ **Gasthaus zum Deutschen Jäger**€, Hornberg-Reichenbach, Windkapf 155, Tel. 6144, Fax 8416, www.deutscher-jaeger.de (abgeschieden auf dem Windkapf gelegen, urig-verwinkelt, fünf verschiedene Sorten Wurstsalat, Zimmer mit Herz für Verliebte.)

■ **Obergießhof**€, Hornberg-Niederwasser, Telefon 6978, Fax 960866, www.kaltenbach-schwarzwald.de (im Hofgebäude selbst werden drei Zimmer mit Aussicht vermietet, die Topempfehlung aber ist das urige Waldhaus, ca. 700 m vom Haupthaus entfernt absolut ruhig und idyllisch gelegen und für bis zu fünf Personen geeignet. Die Besitzer des Hofes leben von Schafzucht und Schnapsbrand, von Wald, Weiderind und Weihnachtsbaum.)

■ **Hotel Adler**€€, Tel. 935990, Fax 93599506, Fr. geschl. (Preisträger im Wettbewerb „Schönes Gasthaus", Spezialität: Schwarzwaldforellen aus der Gutach.)

■ **Hotel Landgasthof zum Schwanen**€€, auf dem Fohrenbühl 66, Tel. 935790 Fax 9357918, www.blackforestheart.de (das Hotel zeichnet sich durch seine Lage auf dem fast 1000 m hohen Fohrenbühlpass mit Panoramablick aus.)

■ **Hotel Schöne Aussicht**€€€–€€€€, Schöne Aussicht 1, Hornberg-Niederwasser, Tel. 93690, Fax 9369130 (inmitten von Wiesen und Wäldern auf 971 m Höhe gelegen.)

■ **Hotel Schloss Hornberg**€€€€, Auf dem Schlossberg 1, Tel. 96550, Fax 9655605 (wahrhaft in königlicher Lage mit Blick auf das Gutachtal. Man könnte noch etwas mehr aus diesem Gebäude in Top-Lage machen. Tipp: Zimmer 217 mit Aussicht auf ganz Hornberg und die Schwarzwaldbahn. Ebenfalls sehr aussichtsreich und mit guter Küche ist das Schlossrestaurant. Für Gruppen einmalig: ein Rittermahl in der dunklen Felsengrotte, die unterhalb des Schlosses liegt. Eine Burgruine ist in der Nähe, mit Kinderspielplatz.)

Aktivitäten

■ **Angeln:** Forelle in der Gutach, Karten (allerdings nur für Übernachtungsgäste in Hornbach) bei der Tourist-Information.

■ **Fabrikverkauf:** *Kris Reutter,* an der B 33, hier gibt es Damenhosen zu Fabrik-Preisen. Mo.–Fr. 9–17 Uhr.

■ **Naturlehrpfad:** ab Wanderparkplatz „Gesundbrunnen" über die Immelsbacher Höhe zum Gasthaus „Lamm" im stillen, kleinen Schwanenbachtal, 4 km Länge, über 30 Lehrtafeln zur einheimischen Flora.

■ **Hornberger Mühlenwanderweg,** im Reichenbach- und Schwanenbachtal östlich von Horn-

[>] Das Viadukt in Hornberg

berg: Acht Mühlen auf einem ca. 12 km langen Weg, auf der 8 km langen Route sind vier Mühlen zu sehen.

■ **Pilzberatung und Pilzlehrschau:** Werderstr. 17, Tel. 6300, Fax 8370, www.pilzzentrum.de, geöffnet vom 2. Juli bis 15. Oktober Sa. 16–18 Uhr (kostenlose Pilzberatung). Von März bis Okt. Kurse für pilzkundliche Einsteiger und Experten, auch Kräuterseminare.

■ **Nordic Walking** ist zwischen Baden und Württemberg ist im Schwarzwald nur in Hornberg und Lauterbach möglich. An vier Standorten, die mit dem eigenen PKW oder mit den Öffentlichen Verkehrsmitteln erreichbar sind, geben Infotafeln Auskunft über 12 Rundstrecken mit insgesamt 76 km Länge.

Wintersport

■ **Loipen:** 3 Rundloipen von 3, 5 und 7 km Länge in Hornberg-Niederwasser beim Hotel „Schöne Aussicht", mit Anschluss an das Loipennetz von Schonach. Loipen I/II von 7,5/8 km Länge auf dem Fohrenbühl. Auf der Benzebene beim Windkapf: Loipe von 19 km nach Tennenbronn.

710ssw SH

Freiburg | 105
Glottertal | 131
Hinterzarten | 123
Kirchzarten | 121
St. Peter | 129
Waldkirch | 134

4 Tour 4

VON FREIBURG ÜBERS HÖLLENTAL INS GLOTTERTAL

Die wunderschöne Stadt Freiburg, ein weiter Blick vom Schauinsland, vom lieblichen Himmelreich durchs wilde Höllental bei Hinterzarten, entlang der Schwarzwaldpanoramastraße über St. Peter ins Glottertal und die telegene Schwarzwaldklinik im Glottertal – nirgendwo ist der Schwarzwald schöner als auf dieser Tour

[<] Freiburg – Blick auf das Münster

VON FREIBURG ÜBERS HÖLLENTAL INS GLOTTERTAL

Tour 4

- Freiburg
- Über den Schauinsland nach Kirchzarten
- Durchs Höllental nach Hinterzarten
- St. Peter
- Glottertal
- Waldkirch

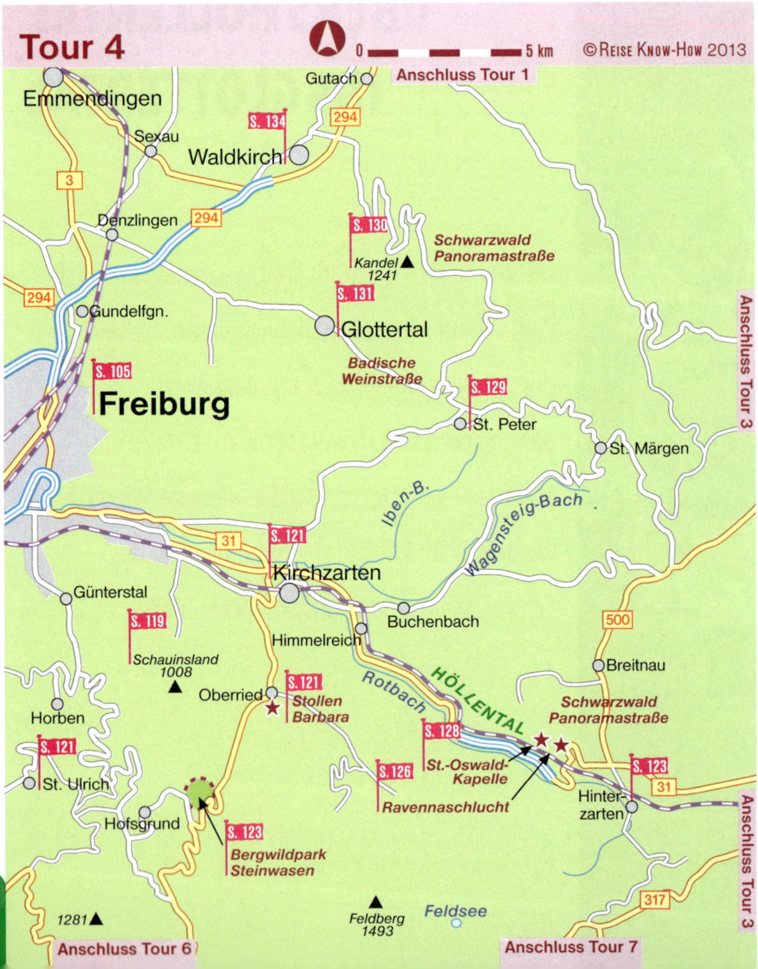

Freiburg

- **Vorwahl:** 0761
- **PLZ:** 79111
- **Einw.:** ca. 200.000
- **Höhe:** 196–1284 m

In Freiburg könne man nicht erwachsen werden, ließ *Peter Schneider* seine Romanfigur Lenz vor 20 Jahren stöhnen, und ein ansonsten recht nüchterner Freund aus Kiel meinte verzückt, hier läge „Parfüm in der Luft". Ein japanischer Fernsehsender widmete der Stadt gar eine ganze Filmserie, weil die Menschen hier „eine besonders positive" Lebenseinstellung zeigen. Und als die Zeitschrift ELTERN vor einigen Jahren die familienfreundlichste Großstadt des Landes suchte, wurde Freiburg zum Sieger erkoren, denn die Stadt erfüllte alle Voraussetzungen: Sie hat viel städtisches Grün, eine verhältnismäßig intakte Umwelt, ausreichend Kindergartenplätze, ein gutes Angebot an Schulen, eine hohe Dichte an Kinder- und Frauenärzten und eine gesunde Bevölkerungsstruktur. Darüber hinaus ist sie geprägt vom studentischen Leben einer Universitäts- und Bischofsstadt. Mit 200.000 Einwohnern ist sie nicht zu groß und nicht zu klein, ihr Klima ist eines der besten in ganz Deutschland, und sie ist von einer herrlichen Landschaft umgeben. *„In Berlin brauche ich einen Mittagsschlaf. In Freiburg nicht. Dieser Ort hier, das ist Provinz im allerbesten Sinne des Wortes"* – der Kabarettist *Deutschmann* über Freiburg.

Inmitten all dieser Idylle haben die Freiburger ein ganz eigenes Gefühl für ihre Umwelt entwickelt. Nirgendwo in der Republik gibt es so viele Müsli- und Naturkostläden, Salatlädle, Ökobauern und Naturwinzer. Wohl nirgendwo debattieren Beamte und Stadträte Hunderte von Stunden und wurden seinerzeit 44.000 DM für die Frage ausgegeben, ob eine Heuschreckenart namens „braunfleckige Beißschrecke" die Einrichtung eines Flohmarktes überstehen würde. Freiburg als heimliche **Ökohauptstadt** bleibt sich auch im städtischen Verkehr treu: die Stadt richtete Deutschlands erstes innerstädtisches Wegenetz für Mountainbiker ein, das öffentliche Nahverkehrsnetz ist sehr gut und sehr preisgünstig.

Bei aller Schönheit und Idylle: Die Freiburger – mit Unterstützung aufmüpfigen Studententums – sind mit einer gehörigen Portion **alemannischer Dickschädeligkeit** gesegnet. Schon 1368 kauften sie sich von den durch Fehden

NICHT VERPASSEN!

- **Freiburg:** Münster, Markt, Museen | 105
- Nomen est Omen: der **Schauinsland** | 119
- Große Welt auch für kleine Börsen: Einkehren im **Parkhotel Adler** | 125
- Genießen im **Glottertal,** Heimat der „Schwarzwaldklinik" | 131

Diese Tipps erkennt man an der gelben Hinterlegung.

verarmten Grafen *von Urach* frei, um sich freiwillig dem Hause Habsburg zu unterstellen; in den 1970er Jahren beteiligten sie sich erfolgreich am Widerstand gegen das Atomkraftwerk Wyhl, in den 1980er Jahren war die Hausbesetzerszene außerordentlich aktiv, und in den letzten Jahren widersetzten sich manche Freiburger erfolglos dem Bau einer anfangs als pompös verschrienen Kultur- und Tagungsstätte am Bahnhof.

Konzerthaus und Kongresszentrum, gegenüber dem Hauptbahnhof, sind mittlerweile bekannt, weit über die Grenzen der Region hinaus. Wer Freiburg schon lange kennt und heute die Stadt besucht, spürt eine sich anbahnende **Veränderung.** Im gemütlich-lässigen „Ökopolis“ in paradiesischer Landschaft kommt so etwas wie ein Hauch von Metropole auf, zumindest gemessen an südbadischen Verhältnissen. Allerdings: Die Gassen der Stadt wirken noch heute an manchen Tagen spätabends ziemlich ausgestorben ...

Sehenswertes

Markanter Blickpunkt am Münsterplatz ist das rotleuchtende **historische Kaufhaus,** in den Jahren 1522 bis 1532 für die städtische Zoll- und Finanzverwaltung und als Handelsplatz erbaut. Besonders sehenswert ist der alte Festsaal im Obergeschoss, der auch heute noch zu festlichen Anlässen und Konzerten genutzt wird. An die Habsburgerzeit erinnern die bunten Wappen am Erker, sie stammen aus der Zeit, als Freiburg noch zu Österreich gehörte. Sie stehen für die habsburgischen Wahlreiche und Erblande.

Die **Alte Wache** im Südosten des Münsters, 1733 erbaut, war Stadt- oder Hauptwache der vorderösterreichischen Garnison, dann lange öffentliche Bedürfnisanstalt. Heute lädt hier das das *Haus der badischen Weine* zu Degustationen ein.

Das **Freiburger Münster** ist ein Meisterwerk deutscher Gotik, sein Turm galt dem Schweizer Kunsthistoriker *Jacob Burckhardt* als „schönster Turm der Christenheit“. In der Bombennacht des 27. November 1944 überstand dieses filigrane Kunstwerk unbeschadet die ge-

www.fotolia.com © Kara

waltigen Explosionsdruckwellen. Um 1200 im romanischen Stil begonnen, wurde die damalige Stadtpfarrkirche, heute zugleich auch Münster, schon nach 30 Jahren im dann „hochmodernen“ gotischen Stil weitergebaut. Der Bau war Gemeinschaftsarbeit aller Freiburger, manch einer verpfändete sogar sein Haus dafür. Für die Innenausstattung wurde ein erstklassiger Künstler engagiert: *Hans Baldung Grien*, der das Hochaltarbild malte. Der geöffnete Altar zeigt auf der Mitteltafel die Krönung Mariens, auf den beiden Seitentafeln die zwölf Apostel, die wahrscheinlich Freiburger Bürger darstellen. In der Vorhalle ist das ganze Weltbild des Christentums dargestellt.

Das Münster detailliert zu beschreiben würde ein eigenes Buch füllen. Im Folgenden sollen nur einige besonders menschliche und skurrile Darstellungen

Wasserspeier am Freiburger Münster

023ssw cz

des Münsters genannt werden (hier lohnt sich ein Fernglas!):

- Wasserspeier in Form von bizarren Bestien und schaurigen Phantasiewesen finden sich auf zahlreichen Kathedralen der Gotik, keine aber weist ein solches vielfältiges Gruselkabinett an Wasserspeiern auf wie das Freiburger Münster. Einer der am meisten fotografierten ist der doppelköpfige **Blecker** oberhalb des südlichen Nebenportals, des **Lammportals.** Er speit das Wasser aus seinem weit herausgestreckten Hinterteil auf den Münsterplatz hinaus. Lästermäuler stellten ihn später in einem Zusammenhang mit dem gegenüberliegenden erzbischöflichen Palais. Eine andere Theorie besagt, dass die am Münster arbeitenden Steinmetze diesen Wasserspeier geschaffen hatten, nachdem sie wochenlang keinen Lohn bekommen hatten.
- In der Vorhalle auf der linken Seite schneuzt der **Nasentrompeter** seine Nase. Eine Mahnung an die Freiburger, ihr lautstarkes Nasenschneuzen gefälligst *vor* der Kirche zu verrichten.
- In der Vorhalle, gleich links neben dem Eingang, steht der **Fürst der Welt,** eine von vorne scheinheilige Jünglingsgestalt, dessen verwesender Rücken von Kröten, Schlangen und Molchen durchfressen ist. Und gleich neben ihm lächelt betörend die **Frau Welt,** die die Wollust darstellt.
- Die Damen auf der rechten Seite der Vorhalle sind die **Klugen Jungfrauen;** sie sollen die freien Künste des Mittelalters darstellen: die Rhetorik, die Dialektik, die Geometrie, die Musik, die Arithmetik, die Astronomie und die Grammatik.
- Im Bogen über dem inneren Portal, im unteren Feld, findet man ein Wahrzeichen Freiburgs, den **Betenden Teufel.** Er schlägt aber in Wirklichkeit die Hände über dem Kopf zusammen, weil auf der Waagschale des Erzengels Michael das Gute schwerer wiegt als das Böse. Als Beweis, in Freiburg gewesen zu sein, musste im Mittelalter ein Handwerksgeselle sagen können, wo im Freiburger Münster der Nasentrompeter und der betende Teufel zu finden sind.
- Der schreiende Mönch, der sich ebenfalls auf der Südseite des Münsters in die Haare eines anderen verkrallt, soll den **Zorn** verkörpern. Eine Stadtführerin allerdings gab mit ernster Miene eine ganz andere, sehr frivole Erklärung, die hier anstandshalber nicht wiederholt werden soll.
- Bei den sieben höchsten, von unten kaum sichtbaren Wasserspeiern wurde 1921 eine fehlende Figur durch eine Abbildung des Münsterbaumeisters *Friedrich Kempf* zu dessen ehrenvollem Gedenken angebracht. In späteren Jahren allerdings sollte sich herausstellen, dass diese Wasserspeier die **sieben Todsünden** verkörpern ...
- Die beiden **Fenster** links neben der südlichen Vorhalle des Langhauses zeigen die ersten stümperhaften Versuche mit der neuen gotischen Kunst. Ab dem dritten Fenster wurde dann ein Könner beauftragt – wie man sieht.
- Die hauptsächlich von den **Zünften** gestifteten Fenster sind leicht an ihren Symbolen zu erkennen: das Fenster der Bäcker an der Brezel, das Fenster der Schuhmacher am Stiefel, das Küferfenster am Fass und das Fenster der Schneider an der Schere. Letztere nutzten ihr Münsterfenster als Werbefläche, auf der sie anhand kunstvoll gekleideter Damen ihr ganzes Können verkaufsfördernd darstellen konnten. Von Humor zeugt das Schmiedefenster (Symbol Hammer und Zange), wo der Ochse beinahe das Jesuskind gefressen hätte, wenn ihm nicht Josef mit dem Stock eins über den Schädel gegeben hätte.

⊲ Das (im Sommer mit Geranien geschmückte!) Freiburger Münster galt als „Bollwerk gegen die Haltlosigkeit der Zeit". Einst, in den 1980er Jahren, baumelte im Westturm in der Kreuzblume ein Gipfelbuch, in dem sich nächtliche Freeclimber verewigen konnten ... Das Gipfelbuch ist weg, geblieben ist die Hosanna-Glocke, auch „Knöpfle-Glocke" genannt. Sie schlägt freitags um 11 Uhr, dann wissen die Köche und Köchinnen im Umkreis, dass sie jetzt das Wasser für ihre „Knöpfle" (= Spätzle) aufsetzen müssen ...

Absolut großartig ist ein Blick vom **Münsterturm** in sein eigenes filigranes Innere und auf die malerische Altstadt. Dem heutigen Münsterwärter allerdings ist sein Turm nicht schön genug: Er schmückt ihn alljährlich mit leuchtend roten Geranien! Der Turmwächter früherer Zeiten war gleichzeitig auch der Freiburger Feuermelder, weil er die ganze Stadt überblicken konnte. Der Münsterturm ist genauso hoch wie das Münster lang ist. Auf den 116 m hohen Turm führen 328 Stufen, die für manch einen zu Schwindeltreppen werden.

Arbeiten am Großen und Ganzen

Als man seinerzeit das Freiburger Münster erbaute, fragte ein interessierter Zuschauer drei Steinmetze nach ihrer Arbeit. Der erste Steinmetz saß da und haute Quader für die Wandmauern zurecht.

„Was machst du da?" – „Ich haue Steine".

Der zweite Steinmetz arbeitete das Rund einer kleinen Säule für das Blendwerk an der Tür aus.

„Was machst du da?" – „Ich verdiene Geld für meine Familie".

Der dritte Steinmetz arbeitete mit dem Meißel vorsichtig das Ornament einer Kreuzblume für den Fensterbogen aus.

„Was machst du da?" – „Ich baue am Münster".

Von Höhenangst Geplagte müssen dennoch nicht auf einen Rundumblick verzichten, denn die gehen zu Fuß oder fahren seit 2008 mit dem **Schrägaufzug** der Seilbahn auf die Spitze des **Schlossbergs** (sehr empfehlenswerte Einkehr: das *Greiffenegg Schlössle*, siehe Gastronomie). Die Talstation liegt im Stadtgarten unweit vom Münsterplatz. Der französische Dichter *Victor Hugo* soll im Jahre 1839 fluchend zu Fuß auf den Schlossberg hochgekeucht sein, später allerdings hat er dann geschrieben: „*Ich bin übrigens durch den Blick auf eine entzückende Landschaft belohnt worden. In der Mitte, zu meinen Füßen, sah ich die dunkle Kirche mit ihrem 250 Fuß hohen Turm, ringsherum die zackigen Häusergiebel mit Wetterfahnen auf den Häuserdächern, deren farbige Ziegel Arabesken bilden. Jenseits der Stadt erstreckt sich eine unendlich weite Ebene aus grünem Samt, welche mit lebenden Hecken wie mit Fransen besetzt ist. Wie Goldstücke glänzen die Fensterscheiben im Sonnenschein zwischen Bäumen und Weinbergen; lange Straßen ziehen durch das Land.*"

Unweit vom Zentrum beim Stadtgarten liegt der sehenswerte **Alte Friedhof** mit Grabmälern aus der Zeit des Rokoko, des Klassizismus und des Biedermeier. Unter anderem liegen hier der Maler *Anselm Feuerbach* (Enkel des bayrischen Juristen und Begründers des modernen Strafrechts, *Ritter von Feuerbach*), ein Vorfahr der Zirkusfamilie *Knie* und *Viscomte Boniface de Mirabeau* begraben. Letzterer war der Bruder des Revolutionärs *Honoré Mirabeau. Boniface* selbst allerdings zog das feudale Schlemmerleben der Revolution vor, sein stattlicher Bauch trug ihm den Beinamen *Le Ton-*

neau, das Fass, ein. Das bekannteste Grab ist das von *Caroline Walter*, einem malerisch auf dem steinernen Totenbett dahingestreckten Mädchen.

Im hübschen, nahe gelegenen **Stadtgarten** befindet sich eine weitere, auf den ersten Blick unscheinbare Freiburger Kuriosität. Im Teich des Gartens steht die Plastik eines schnatternden Erpels mit der rätselhaften Inschrift „DIE KREATUR GOTTES KLAGT; KLAGT AN UND MAHNT“. Die Plastik erinnert an die Bombardierung Freiburgs am 27. November 1944, bei der große Teile der Altstadt vernichtet wurden. Damals soll der Erpel mit seinem andauernden Geschnatter vor dem Fliegerangriff gewarnt haben, so dass die Menschen die Luftschutzräume rechtzeitig aufsuchen konnten. Angeblich soll dieser Vorfall Professor *Hans Bender* zur Gründung seines Freiburger „Instituts für Grenzgebiete der Psychologie und Psychohygiene“, kurz: Parapsychologie, inspiriert haben.

Der quadratische Torturm des **Schwabentors** wurde zusammen mit der ersten Stadtmauer im 13. Jh. errichtet. Bis ins 18. Jh. hinein markierte er die Stadtgrenze Freiburgs. Durch das Schwabentor führte früher der Handelsweg von Freiburg über den Schwarzwald nach Schwaben. *Oskar Kokoschka* malte 1964 vom Schwabentor aus die Dächer Freiburgs. Auf die kleinliche Kritik, dass auf seinem Bild die Spitze des Freiburger Münsters nicht zu sehen sei, entgegnete er: „Die Münsterspitze kennt jeder, Eure Dächer dagegen fast niemand.“

□ Alter Friedhof – das Grab der Caroline Walter. Die in ihrem Todesjahr 1867 begonnene Tradition, fast täglich frische Blumen auf ihr Grab zu legen, wird bis heute von unbekannten Freiburger Bürgern weitergeführt

028ssw cz

„Bin auf Ibiza zur 'ner Pizza" – das Holbeinpferdchen in Freiburg

024ssw cz

025ssw cz

026ssw cz

... und weiterhin „Komme vielleicht wieder", stand lapidar am 27. Juli 1997 auf einem Pappschild, wo einst die Statue eines kleinen Fohlens stand. Es war, als ob ein guter alter Freund entführt worden wäre und die Entführer nicht mehr als einen ironischen Kommentar hinterlassen hätten. Unmöglich, dass hier das Denkmalamt am Werke war, denn nie und nimmer wird eine offizielle Institution eine derartige selbstgebastelte Mitteilung ans Volk hinterlassen.

Die Rede ist hier von Freiburgs mittlerweile zweitgrößter Sehenswürdigkeit – der eigentlich unscheinbaren Betonskulptur eines Fohlens. Jahrelang fristete das im Jahre 1936 vom Überlinger Bildhauer *Werner Gürtner* geschaffene Denkmal in der Holbeinstraße das Schicksal aller Denkmäler: keiner guckte hin. Bis sich alles änderte. Es kamen die aufmüpfigen 1968er Jahre und mit ihnen die Studentenbewegung und mit ihr die Sprühdose. Und die wurde kräftig eingesetzt – auch beim Holbeinpferdchen. Doch was damals der Zenit einer Bewegung war, sollte beim Pferdchen erst der Anfang sein. Die Ironie des Schicksals wollte es, dass ausgerechnet der Oberste aller „Pferdchensaubermänner" für die bunte Zukunft des Betontierchens sorgte. Seine Vereinigung, die *Rhodia-Senioren,* ehemalige Angestellte der Freiburger Zigarettenfilterfabrik, sorgte alljährlich vor dem großen katholischen Feiertag Allerheiligen für ein sauberes Pferdchen. Als im Jahre 1981 alles Schrubben nichts mehr half, griff der Chef der Rhodia-Senioren zum Pinsel und tünchte das Pferchen zum Schimmel, dies sollte das Ende der Schmiererei sein. Heute gibt er zu, dass diese vermeintliche Ziellinie erst der Startschuss war. Denn ein paar Wochen nach der Tünchaktion war aus dem Schimmel ein Zebra geworden. Reinhalteaktionen sollten nun nichts mehr nützen: im Jahre 1993 wechselte das Tier zweimal sein Outfit, 1994 achtmal (andere Chronisten sprechen von 12-mal), 1995 war es 17-mal anders gewandet, 1996 hat schon keiner mehr mitgezählt. Ein Ende ist nicht abzusehen bei dieser Skulptur, die niemals etwas anderes sein will, als das was sie gerade ist und doch jedermanns Botschaft verkündet: Biene Maja, Milka-Kuh, aufregendes Weib mit Kurven, Lidschatten und Einteiler, Demonstration gegen „Shell to Hell“, Gruß an „St. Patricks Day“, Coca-Cola Dose, Nivea Creme oder Briefkasten, Hirsch oder Weihnachtsmann, ein entrüstetes „No, Chirac“ gegen die Mururoa-Atomtests, blonde „Domina“ mit Straps und Slip, *Lady Di* mit Krone oder knallrotes Fanal für *Che Guevara* – .... Nie wurde einer der Künstler geoutet; in einer Stadt, die wie keine andere für badische Toleranz und Liberalität steht, ist es von Amtes wegen verpönt nach den Künstlern der Nacht zu fahnden. Wenn nach Mitternacht die letzte Straßenbahn nach Hause fährt, drehen die Polizeistreifen diskret ab und die Anwohner schließen ihre Fensterläden. Nichts konnte dem Pferdchen bislang etwas anhaben: auch nicht die Nachfolger seines Erschaffers. Die strengten einen Prozess an gegen seine Bewunderer, die seine jeweiligen Outfits ablichteten und als Postkartenserie oder als Buch vermarkteten. Die Erbengemeinschaft wollte am Gewinn der Fotos beteiligt werden und musste dank eines klugen Richters den kürzeren ziehen: *„Ein selbstständiges Kunstwerk, das in freier Benutzung eines anderes Kunstwerkes geschaffen werde, dürfe auch dann verwertet werden, wenn der Urheber des ursprünglichen Werkes nicht nach seiner Zustimmung gefragt worden sei“* entschied der Richter.

Übrigens: das Pferdchen kehrte aus Ibiza zurück. Am Morgen des 11. August stand es wieder da, um eine fast 7 cm dicke Farbschicht schlanker, bekleidet mit einem Radlertrikot und freiwillig zurückgebracht von seinen Entführern – den Angestellten des Denkmalamtes. In Freiburg ist eben manches ein bisschen anders als anderswo.

Das *Holbeinpferd* ist leicht zu finden, folgen Sie der Straße in Richtung Schauinsland/Günterstal, bei der Straßenbahnhaltestelle Holbeinstraße steht es dann stadtauswärts auf der rechten Seite.

027ssw cz

Besonders mysteriös: Das „verschwundene" Grab des mutmaßlichen Mörders von **Kaspar Hauser.** Spuren dieses spektakulären Verbrechens sollen eindeutig nach Freiburg führen – und dies nicht nur aufgrund des mutmaßlichen Mörders ...? Aufklärung darüber gibt's allmonatlich auf einer Historix-Friedhofs-Tour. Termine unter www.historix-tours.de.

Eine Freiburger Besonderheit sind die vielen **Bächle** – ein insgesamt 14 km langes Netz von kleinen Wasserläufen neben dem Bürgersteig, die vermutlich im 12. Jh. entstanden. Im Mittelalter dienten sie der Brandbekämpfung und als Viehtränke.

Für die Sauberkeit dieser Bächle sorgte einst ein auf der Welt einmaliger Berufsstand, nämlich der des „Bächlesputzers".

Männliche Singles herhören: Wenn Sie aus Versehen in ein Bächle treten, werden Sie, so sagt man, eine Freiburgerin heiraten!

Einen Blick nach unten lohnt auch das **Gehwegpflaster** der größtenteils autofreien Innenstadt. Das besteht nämlich aus halbierten Rheinkieseln, stellt u.a. Zunftembleme, Gasthaus-Schilder und Wappenbilder dar und war außerordentlich teuer: umgerechnet ca. 250 € pro Quadratmeter.

2010 wurde das **Augustinermuseum,** eines der ältesten und bedeutendsten Museen in Deutschlands Südwesten, neu eröffnet. Dabei ist aus der alten Klosterkirche ein äußerst beeindruckender, stimmungsvoller Museumsbau entstanden, bei dem die Objekte aus verschiedenen Perspektiven zu sehen sind. Ausgestellt sind Werke der kirchlichen Kunst vom Mittelalter bis zum Barock, unter anderem kostbare goldene und silberne Gerätschaften aus Freiburger Kirchen und Klöstern, Meisterwerke der Plastik und Gemälde von *Hans Baldung Grien, Matthias Grünewald* und *Lukas Cranach*, weiterhin Originalskulpturen und farbige Glasgemälde aus dem Freiburger Münster. In der Abteilung Kunsthandwerk ist besonders die Sammlung *Silzer* mit künstlerisch gestaltetem Glas vom Historismus bis Art Déco bemerkenswert.

■ Am Augustinerplatz, Tel. 2012521.

Magische Ahnenfiguren, geheimnisvolle Masken und funktionelle Alltagsgegenstände: Das **Adelhausermuseum für Natur- und Völkerkunde** ist ein faszinierender Spaziergang durch außereuropäische Kulturen – von den alten Hochkulturen Ostasiens und Ägyptens über die indianischen Völker Amerikas und die Stämme Afrikas zu den Kulturen der Südsee und Australiens.

In der Naturkundeabteilung sind Sammlungen zu Geologie, Flora und Fauna des Schwarzwaldes und Edelsteine ausgestellt.

■ Gerberau 32, Tel. 2012541/0, Fax 2012563.

Inmitten des Colombiparks im 1859 im englisch-neugotischen Stil erbauten Colombischlössle werden im **Museum für Ur- und Frühgeschichte** die Epochen unserer Kulturgeschichte von der Altsteinzeit bis zum frühen Mittelalter zum Leben erweckt.

■ Rotteckring 5, Tel. 201-2571.

Meisterwerke von der Klassischen Moderne bis zur Gegenwart repräsentieren im **Museum für Neue Kunst** die großen Kunstströmungen der letzten 100 Jahre.

■ Marienstr. 10 a, Tel. 2012581.

Nach unendlichen lokalpolitschen Querelen entstand in privater Initiative im Jahr 2009 die **Kunsthalle Messmer.** Sie ist in einem stillgelegten, über 135 Jahre alten Brauerreischloss am Zusammenfluss von Dreisam, Elz und Glotter untergebracht. Hier werden in wechselnden Ausstellungen Werke der Kunst des 20. und 21. Jahrhunderts ausgestellt präsentiert. Alleine schon das Gebäude und das Ausstellungsgelände sind sehr sehenswert.

■ Großherzog-Leopold-Platz 1, Riegel am Kaiserstuhl, Tel. (07642) 920162 0, www.messmerfoundation.com.

■ Öffnungszeiten der obigen Museen: Di.–So. 10–17 Uhr, www.freiburg.de/museen.

Am südlichen Stadtrand, 2,5 km vom Stadtzentrum entfernt, liegt Freiburgs Öko-Vorzeigeprojekt: der Stadtteil **Vauban** auf dem Gelände einer ehemaligen Wehrmachtskaserne. Sie wurde nach dem Zweiten Weltkrieg von der französischen Armee genutzt und nach dem französischen Festungsbaumeister *Sébastien Le prestre de Vauban* genannt. *Vauban* (1633–1707) war für seine sternförmigen Festungen bekannt, eine von ihnen besteht noch heute in Neuf-Brisach. Heute wohnen hier umweltbewusste Bürger in einer Solarsiedlung, angrenzend an ein Biotop an einem Bachlauf mit altem Baumbestand. Das Konzept des Stadtteils wurde im Bereich *Urban Best Practices* der Shanghaier Expo 2010 vorgestellt.

Im Zuge der **Klimaerwärmung** sind in Städten wie Freiburg, die in regelrechten Hitzeinseln liegen, die Temperaturen bereits messbar gestiegen.

Praktische Tipps

Info

■ **Stadtführungen:** Freiburg Kultour (www.freiburg-kultour. com) bietet sehr interessante Stadtführungen zu verschiedensten Themen an. Absolut ausgefallen sind aber die Stadtführungen von Historix Tours, Tel. 2170488, www.historix-tours.de mit Führungen wie „Bürger, Galgen, Alte Häuser", „Täter, Opfer, Mordsgeschichten", „Knochen, Schädel, Leichenraub", die überaus spannend und unterhaltsam mit Geschichte und Fantasie jonglieren. Um Freiburgs düstere Seiten, um geheimnisvolle schwarze Pudel, um den mutmaßlichen Mörder Kaspar Hausers, den ersten Kannibalen Freiburgs u.Ä. Gruselgeschichten drehen sich diese Führungen, die von Hartmut Stiller – immerhin ist er für die Dramaturgie des renommierten Freiburger Wallgraben-Theaters zuständig – und Nicola Aly sowie deren Schauspielern mehr gespielt als erzählt werden.

Unterkunft mit Gastronomie

■ **Ferienwohnungen und Zimmer,** Im Grün 2, Handy 0171-7715800, www.ferienwohnungen-freiburg-stadtmitte.de (ein „Bobbele", so nennt man die gebürtigen Freiburger, ist sie nicht, sondern vor 20 Jahren aus dem Ruhrgebiet zugewan-

dert. Dennoch gehört Anja Ihme sicher zu den sympathischsten Freiburger Gastgeberinnen. Drei stilvoll eingerichtete Gästezimmer und ein Dreizimmer-Ferienappartement bietet sie in ihrem vierstöckigen Gründerzeithaus mitten in der Stadt im Freiburger Kultur- und Kneipenkiez „Im Grün" an – inkl. bestens ausgestatteter Küchen sowie mit WLAN. Wer Hotels zu uniform findet und eher das Persönliche sucht, wird sich bei Anja und ihrem Urbadener Mann Jürgen garantiert wohlfühlen!)

■ **Hotel Alleehaus**€€, Marienstr. 7, Tel. 387600, Fax 3876 099, www.hotel-alleehaus.de (nur wenige Gehminuten vom Zentrum im Stadtteil Wiehre, mit vielen Altbauten, gelegene Stadtvilla, stilvoll und modern mit Kronleuchter und Designerbett unter einem Dach.)

■ **Gasthaus Zur Tanne**€€€, Altgasse 2, im 10 km entfernten Freiburg-Opfingen, Tel. (07664) 1810, Fax 5403, außerhalb der Spargelzeit Di. geschl. (Gasthof aus dem 18. Jh., Mitte April–Mitte Juni große Auswahl an Spargelgerichten.)

Das Colombischlössle beherbergt das Museum für Ur- und Frühgeschichte und ist schon allein wegen seiner Innenarchitektur einen Besuch wert

■ **Hotel-Restaurant Kreuzblume**€€€, Konviktstr. 31, www. hotel-kreuzblume.de (sehr gute klassische französische Küche, eine Reservierung ist empfehlenswert.)

■ **Alte Sichelschmiede**€€€, Insel 1, Tel. 35037, tägl. ab 12.00 Uhr, kein Ruhetag (urige, verwinkelte und gemütliche ehemalige Sichelschmiede aus dem Jahre 1460; überall mit liebevollen Details bis hin zum prachtvollen Spiegel auf dem Damenklo geschmückt; kleine badische und internationale Speisen; im Sommer auch Terrasse.)

■ **Minerva Hotel**€€€€, Poststr. 8, Tel. 386490, Fax 3864944, www.minerva-freiburg.de (Jugendstilgebäude)

■ **Colombi-Hotel**€€€€€, Am Colombipark, Tel. 21060, Fax 31410, kein Ruhetag (Feinschmeckerpapst Wolfram Siebeck nennt es „ein Ziel für alle, die wissen, dass kulinarische Qualität gleich Lebensqualität ist".)

■ **Hotel Schiller**€€€€€, Hildastr. 2, Tel. 703370, Fax 7033777, www.schiller-hotel.de (ein denkmalgeschütztes Jugendstilgebäude mit modernen Zimmern.)

■ **Hotel Victoria**€€€€€, Eisenbahnstr. 54, Tel. 207340, Fax 2073 4444, www.hotel-victoria.de (ein Haus für Öko-Bewusste mit Cocktailbar im Kolonialsstil. Das *Hotel Victoria* in einer Gründerzeitvilla bezeichnet sich selbst als umweltfreundlichstes Privathotel der Welt. Die Zimmer werden mit Holzpellets aus dem Schwarzwald beheizt. Bikerfreundlich. In und sehr zu empfehlen.)

■ **Gasthaus Zum Löwen,** Breisgauer Str. 62, Freiburg-Lehen, Tel. 82216, Fax 84405, www.hotelloewen.de (Hier ist alles badisch: Die Behaglichkeit, die Biere, die Weine.)

Camping/Jugendherbergen

■ **Campingplatz Hirzberg,** Kartäuserstr. 99, Tel. 35054, Fax 289212 (am Stadtrand, Restaurant, Vermietung von Zelten und Wohnwagen, ganzjährig geöffnet.)

■ **Ferien- und Kurbad-Camping Möslepark,** Tel. 72938, Fax 77578 (leicht abfallende Wiese am Waldrand, Restaurant, Einkaufsmöglichkeit, 25.3.–25.10. geöffnet.)

■ **Jugendherberge,** Kartäuserstr. 151, Tel. 67656, Fax 60367, www.jugendherberge-freiburg.de (am Waldrand im Osten von Freiburg inmitten eines Landschaftschutzgebietes gelegen.)

■ **Black Forest Hostel**€, Kartäuserstr. 33, www.blackforest-hostel.de.

Gastronomie

■ **Osteria & Oporto,** in der Markthalle in der Kaiser-Joseph-Str. 237 (Kronleuchter, altes Mauerwerk – eine auf Italien getrimmte Weinhandlung, die gleichzeitig auch ein Weinlokal ist, wo man auch essen kann.)

■ **Martinsbräu,** Kaiser-Joseph-Str. 237, Tel. 3870018, Fax 33627 (eine gut besuchte Kellerwirtschaft unter der Markthalle mit eigener Brauerei und deftiger Hausmannskost.)

■ **Hausbrauerei Feierling,** Gerberau 46, Tel. 243480, Fax 35569, www.feierling.de, tgl. 11 bis 24 Uhr, Fr und Sa bis 1 Uhr geöffnet (beliebte Kleinbrauerei mit einem relativ großen, schönen Kastanien-Biergarten.)

■ **Restaurant Coucou,** Rempartstr. 4, www.coucou-freiburg.de (Dauerausstellung von Kunstwerken und modernen, schrillen Kuckucksuhren des zeitgenössischen Künstlers *Stefan Strumbel,* von dem auch *Karl Lagerfeld* ein Fan ist. *Strumbel* setzt sich in seinen Arbeiten mit dem Thema „Heimat" auseinander und erlangte vor allem mit seinen neu in Szene gesetzten Kuckucksuhren internationalen Ruhm.)

■ **Zur Trotte,** Fischerau 28, Tel. 30777, Sa. und So. geschl. (Traditionell-moderne Weinstube mit badischer Küche und gemischtem Publikum.)

■ **Greiffenegg-Schlössle,** Schlossbergring 3, Tel. 32728 (1805 erbautes, reizendes Schlösschen mit dem Charme der k. u. k. Epoche. gehobene Küche, aussichtsreicher Biergarten. Zugang mit Fahrstuhl über die Schwabentorbrücke, Parken in der Schlossberggarage.)

■ **Enoteca Gewölbekeller & Restaurant,** am Schwabentor, Tel. 30751, an Sonn- und Feiertagen geschl. (beste italienische Küche in edel-schlichtem Ambiente.)

■ **St. Ottilien,** Kartäuserstr. 135, Tel. 63230 (beliebtes Ausflugslokal im Grünen mit Biergarten und Kinderspielplatz, teilweise Jugendstilinterieur. Die Wallfahrtskirche nahe dem Lokal geht auf die elsässische Heilige *St. Odilia* zurück. Sie verbarg sich hier vor ihrem Vater, der sie gegen ihren Willen verheiraten wollte. An der Stelle, wo heute die Kirche steht, tat sich damals der Fels auf und verbarg *Odilia* vor den Verfolgern. Das Quellwasser in der Kirche gilt als wundertätig, vor allem bei Augenleiden.)

■ **Zum Deutschen Haus,** Schusterstr. 40, Tel. 24500, Mo. und Sa. ab 17 Uhr geschl. (nach dem Marktbesuch stärkt sich hier der Freiburger mit Nudeltopf und Altbier.)

711ssw cz

Kneipen

■ **Studentenkneipe Schlappen,** Löwenstr. 2, Tel. 33494, Fax 25329 (Eine Studentenkneipe par excellence! Herrscharen von Studenten verbrachten ihr Stunden im Schlappen, einem historischen Gebäude mit Latrine aus dem 11. Jahrhundert. Spezialität: der Kartoffelteller.)

■ **Freiburger Jazzhaus,** Schnewlinstr. 1, Tel. 34973, www.jazzhaus.de (im außergewöhnlichen Backstein-Kellergewölbe wird Blues, Country, Dixie, Folk, Funk, Rock, Salsa, Swing und Avantgarde für alle Altersgruppen gespielt.)

■ **Kagan,** www.kagan-lounge.de, Mo. und Di. geschl., Mi.–Fr. bis 3 Uhr, Sa. und So. bis 5 Uhr, im 17. Stock des Bahnhofsturmes (von hier oben sieht die Stadt wie eine Märklin-Ansiedlung aus. Die Möbel sind vom Designer, die Gäste die Schicken und Schönen von Freiburg und Umgebung. Sehr angesagt! Am allerschönsten aber ist der Blick von hier oben bei winterlichem Schneegestöber.)

■ **Zum alten Simon,** Konviktstr. 43 (winzige, verrauchte und vergilbte Studentenkneipe von der aussterbenden Art.)

■ **Zille-Stube,** Kartäuserstr. 54, Tel. 37440, www.zille-freiburg.de (schummrig-gemütliches Kneipen-Restaurant in Gewölberäumen. Empfehlenswert auf der südlich angehauchten Speisekarte: die Fischgerichte und die vegetarischen Speisen. Gelegentlich Livemusik.)

■ **Bistro aspekt,** Bertholdstr. 26 (sonn- und feiertags preisgünstiges Frühstücksbuffet 10–16 Uhr, im Sommer auch zum Draußensitzen.)

■ **Litfass,** Molktestraße 17, Tel. 25148 (Freiburgs kleinste Kneipe mit Museumscharakter, nicht nur in Bezug auf das Inventar sondern auch das 68er-Publikum.)

◁ Freiburger Pflaster

Märkte

■ **Markt auf dem Münsterplatz.** So wie alles, das Leben und das Freiburger Münster, so hat auch der legendäre Bauernmarkt rund um das Münster seine zwei Seiten: auf der „guten" Seite des Münsters mit dem Renaissanceportal breitet sich der sogenannte „Händlermarkt" aus, auf der eher kargen, gegen Norden und die bösen Geister gewandten Seite erstreckt sich der „Bauernmarkt". Blumenschmuck, ein paar Schritte und doch Welten trennen diese beiden Märkte. Auf dem „Händlermarkt" gibt es fast alles zu allen Jahreszeiten von überallher, auf dem „Bauernmarkt" hingegen werden Gemüse und Obst nach der jeweiligen Jahreszeit aus der näheren Umgebung der Stadt feilgeboten. Ökologisch korrekt ist die eine Seite, verführerisch-dekadent die andere und pittoresk sind sie beide. Empfehlenswertes „Mitbringsel" im Spätjahr: der kleinwüchsige, höchstens 3 cm große „Sunnawirbeli" (Feldsalat); die Bauernstände konkurrieren mit Schildern um den „Kleinsten Bauernsalat". Der Markt findet Mo. bis Sa. 7–13.30 Uhr statt.

■ **Markthalle am Martinstor.** Im basarähnlichen, kulinarischen „Rund-um-dieWelt-Schlemmerparadies" zwischen Martinsgäßle und Grünwälderstraße nimmt man zwischendurch einen kleinen Stehimbiss ein.

Aktivitäten

■ **Golf:** *Golfclub Tuniberg e.V.,* Grosser Brühl 1, 79112 Freiburg-Munzingen, Tel. (07664) 93060, Fax 95293 (Gäste müssen Mitglied eines Golfclubs sein, am Wochenende nur in Begleitung eines Club-Mitglieds; außerdem Schnupper-Kurse für Golf-Interessierte.)

■ **Nordic Fitness Park:** auf dem Schlossberg.

■ **Klettern:** *Eiger Nord Klettercenter,* Hans-Bunte-Str. 10, Tel. 49761, 408388, www.eigernord.de (15 m hohe Halle mit 800 m² Kletterfläche, Kinderwand, Boulderhöhe, Überhängen.)

Im Umland von Freiburg

Schauinsland

Nomen est omen: Vom beliebten Hausberg der Freiburger, dem Schauinsland südlich von Freiburg, bietet sich tatsächlich ein herrlicher **Ausblick** aufs Rheintal und die jenseits des Rheins liegenden Vogesen, bei gutem Wetter sogar bis zur Schweizer Alpenkette. Ganz besonders stimmungsvoll ist es im Spätherbst und im Winter, wenn die Rheinebene unter einer dicken Nebeldecke liegt, während die Höhe mit strahlendem Wetter und um bis zu 10 Grad höheren Temperaturen als in der Ebene lockt. Ein beliebtes Motiv bei Fotografen sind die vom Wind gebeugten Weißbuchen auf dem Kamm, wenn sie sich unter der winterlichen Schneelast bizarr biegen. Auf den Berg führen Wanderwege, eine kurvenreiche Straße – deren tückischer Verlauf besonders bei Motorradfahrern sehr beliebt ist – und eine Seilbahn. Mit dem öffentlichen Nahverkehr fährt man ab der Freiburger Innenstadt mit der Straßenbahn nach Günterstal und von dort mit dem Zubringerbus in Richtung Horben. Von dort verkehrt die **Schauinslandbahn,** die 1930 als erste nach dem Umlaufsystem funktionierende Personenseilbahn der Welt in Betrieb genommen wurde.

■ Laufender Betrieb: Jan.–Juni 9–17 Uhr, Juli–Sept. 9–18 Uhr, Okt.–Dez. 9.30–17 Uhr.

Museumsbergwerk Schauinsland

Ohne das hier zutage geförderte Silbererz wäre das Freiburger Münster niemals entstanden: Die Freiburger hätten es sich einfach nicht leisten können. 800 Jahre wurde hier nach Silber, Blei und Zink geschürft – mit 100 km Länge, verteilt auf 22 Etagen über 900 Höhenmeter, ist die Schauinslandgrube die größte des Schwarzwaldes und der Vogesen und heute das weitaus **interessanteste der Schwarzwälder Schaubergwerke.**

■ **Führungssaison** von 1. Mai bis 30. Juni und 1. Sept. bis 1. Nov. Mi, Sa., So. und feiertags Mi., Sa., So. und feiertags 11–15.30 Uhr. 1. Juli bis 31. August tgl. 11–15.30 Uhr (Mo. und Do. eingeschränkte Führungszeiten).

Drei verschiedene Führungen werden angeboten: Große Führung über 13 Leitern (2½ Std.) – nur für Schwindelfreie. Kleine Führung über sechs Leitern (1½ Std.), Familienführung ohne Leitern (45 Min.). Für Herzschwache, Höhenängstliche und Untrainierte sind die Führungen nicht geeignet. Gutes Schuhwerk und warme Kleidung (konstante 8 °C) sind obligatorisch.

032ssw cz

Stollen Barbara

Verborgen im dichten Nadelwald des Schauinsland in **Oberried** im Hintertal liegt der Stollen „Barbara". Hier werden seit 1960 Mikrofilme von Zeugnissen der deutschen Geschichte gelagert, die nur in einem einzigen Exemplar existieren. So z.B. die Baupläne des Kölner Doms oder die Bulle von Papst *Leo X.* gegen *Martin Luther.*

- Der Stollen ist nur mit Führungen zugänglich, Auskunft bei Herrn *Roland Stachowiak,* Tel. 03018 3585249.

St. Ulrich

Westlich vom Schauinsland liegt idyllisch St. Ulrich mit dem gleichnamigen **Kloster.** Die Anlage wurde im 11. Jh. erbaut und 1806 säkularisiert, die heutigen Bauten nach den Plänen von Peter Thumb stammen aus den Jahren 1739–42. Von außen wirkt die Klosterkirche schlicht, innen ist sie üppig ausgestattet. Berühmt wurde das Kloster wegen seines romanischen sog. „Taufsteins", bei dem es sich vermutlich um eine Brunnenschale handelt. Der Stein hat einen Durchmesser von 2,59 m und ein Gewicht von 8 Tonnen. Um das Beckenrund sind die 12 Apostel und die 12 Propheten eingemeißelt. Das Kunstwerk aus dem 12. Jh. soll ein Geschenk der Mönche von Cluny sein.

◁ Museumsbergwerk Schauinsland

Unterkunft mit Gastronomie

- **Gasthaus Zum Rössle**€€, St. Ulrich (bei Bollschweil), Tel. (07602) 252, Fax 920139, www.gasthausroessle.de (sehr interessante und vielfältige Speisenkarte. Einst eine Klostermühle der Abtei St. Peter, mittlerweile seit 180 Jahren im Familienbesitz als Gasthof betrieben. Rind und Kalbfleisch vom Vorderwälder Weiderind, Wildgerichte aus einheimischer Jagd. Es gibt auch kleine Portionen. Ruhige Zimmer, nur der Bach rauscht! Auch „Wandererzimmer" mit Etagendusche.)

Kirchzarten

- **Vorwahl:** 07661
- **PLZ:** 79199
- **Einw.:** 9500
- **Höhe:** 400–900 m

Aus dem einst recht ruhigen Ort ist in den letzten Jahren ein verkehrintensives Kleinstädtchen geworden – zumindest im Ortskern. Kirchzartens Immobilienpreise können sich fast mit Münchner Verhältnissen messen – kein Wunder, denn Kirchzarten im Dreisamtal liegt einfach ideal. Über den Kirchzartner Dächern herrscht Ruhe, in westlicher Richtung kommt man schnell nach Freiburg und ins Elsass, nach Osten in die Wander- und Winterwelt des Schwarzwaldes.

Kirchzarten gilt als **Hochburg des deutschen Mountainbike-Sports:** In den letzten Jahren wurden hier verschiedene bedeutende Mountainbike-Crosscountry Wettbewerbe, 1995 die Mountainbike-Weltmeisterschaften und seit 1997 der *Black Forest Ultra Bike Marathon* ausgetragen.

Praktische Tipps

Info

■ **Tourist-Information,** Hauptstr. 24, 79199 Kirchzarten, Tel. (07661) 3939, Fax 39345, www.dreisamtal.de.

Unterkunft mit Gastronomie

■ **Gästehaus Läufer**€, Scheffelstr. 36, Tel. 1441, Fax 1441 (sehr herzliches, gut informiertes Gastgeberehepaar mit vielen Stammgästen.)

■ **Gasthof-Hotel Sonne**€€, Hauptstr. 28, Tel. 62015 und 62016, Fax 7535 (beste badische Gastlichkeit. Tipp: die Fleischküchle mit Feldsalat.)

■ **Zum Rössle**€€€, Ortsteil Dietenbach, Tel. 2240, Fax 980 022, Mi. geschl. (innen wie außen rustikaler, ruhig gelegener Gasthof in einem Haus von 1750. Stilvoll-gemütlich. Im Sommer Biergarten mit Blick auf Schwarzwaldlandschaft – Idylle pur!)

Camping

■ **Campingplatz Kirchzarten,** Tel. 393975, Fax 61624 (sehr empfehlenswerter Platz mit altem Baumbestand, neben dem Schwimmbad im Ort gelegen, beheiztes Freischwimmbecken, Tennis, Reiten, Kinderanimation, Wintercamping, Vermietung von Fahrrädern, Zelten und Caravans.)

■ **Campingplatz Kirnermatres,** Oberried, Tel. (07661) 5073, www.camping-kirnermartes.de (teilweise terrassiertes Gelände unter Obstbäumen, 500 m vom Ort, wintergeeignet, Vermietung von Mobilhomes, Sauna. Ganzjährig geöffnet.)

Gastronomie

■ **Trotte,** Hauptstr. 43, Tel. 7906, So., Mo. geschl. (uriger, verwinkelter Weinkeller, ausgesprochen freundliche Bedienung. Spezialität: Flammkuchen, vegetarische Gerichte und köstlicher Käsesalat, unbedingt reservieren!)

■ **Café und Pilgergaststätte St. Laurentius,** auf dem Giersberg, Tel. 5398, geschl. Mi. bis 18 Uhr und Fr. bis 15 Uhr (einst war das Gebäude neben der Kapelle das Haus des Messners, heute ist es eine Einkehr mit Biergarten und Traumausblick auf das Dreisamtal. Gekocht wird mit regionalen Produkten je nach Jahreszeit, so gibt es zur Jagdzeit Wildgerichte. Zur Vesperzeit „Burekäsle" oder selbst Eingemachtes im Weckglas.) Neben dem Lokal steht die 1738 erbaute Marienkapelle.

■ **Zum Wilden Mann,** Höllentalstr. 25, Tel. 4481, Fr. geschl. (liebevoll-gemütlich, badische Küche, seit 1826 im Familienbesitz. Gartenwirtschaft mit Kinderspielplatz.)

■ **Spritzenhaus Bio Bar Weinstube,** Hauptstr. 12, Tel. 989 728, Fax 989730 (von hier aus wurden früher die Brände – der historische Turm diente einst zum Trocknen der Schläuche –, heute wird hier der Durst gelöscht. Wenn sonst in Kirchzarten wirklich alles geschlossen ist – im Spritzenhaus bekommt man bis 24 Uhr noch etwas. Insgesamt empfehlenswert. Auch vegetarische Küche auf der Karte.)

■ **Gasthaus zum Hirschen,** Ibentalstr. 38, 79256 Buchenbach-Unteribental (5,5 km nordöstlich von Kirchzarten, ab Kirchzarten in Richtung Unteribental über Berg am Wald fahren), Tel. 4204 und 981190, von 11 bis 24 Uhr durchgehend warme Küche. Di. geschl. (im Nebental vom Seitental gelegen, unscheinbar, kein Pracht-Schwarzwaldhaus mit Geranien vor dem Fenster, aber Edelkarossen neben der Tür. Was suchen deren Besitzer da? Hier, im Südschwarzwald mit unzählig guten Gastroadressen. Vielleicht dies: eine traumhaft schöne Umgebung in einem ruhigen Tal, einen Biergarten mit Blick auf eben dieses, eine niedrige Bauernstube ohne Schnickschnack, besten Wurstsalat mit Brägele, einem Pfeffersteak, das auf der Zunge zergeht – einfach den Landgasthof mit bestem preisgünstigen Essen.)

Im Umland von Kirchzarten

Steinwasen-Park

Südlich von Kirchzarten leben bei **Oberried** in einer Höhenlage von 700 bis 1000 m 400 Tiere verschiedenster Gattungen. Ein 3 km langer, stetig ansteigender Rundweg führt an den Tiergehegen vorbei. Neben den tierischen Attraktionen gibt's auch sportliche, wie zwei kurvige Sommerrodelbahnen, ein Spacerunner im Eisgewölbe, eine Sesselbahn, Nervenkitzel im Flugsimulator, den Gletscherblitz, die atemberaubende Schienenbahn, beschaulich die „Sagenhafte Schwarzwaldbahn", und ein Zeitreisekino gibt es auch noch.

■ Geöffnet 31. März bis 30. Juni und 10. Sept. bis 4. Nov. tgl. 10–16.45 Uhr. 1. Juli bis 9. Sept. 9–17.45 Uhr, www.steinwasen-park.de.

Hinterzarten

- **Vorwahl:** 07652
- **PLZ:** 79856
- **Einw.:** 2650
- **Höhe:** 850–1400 m

1960 wurde er Olympiasieger und 1966 Weltmeister in der Nordischen Kombination, der Hinterzartener *Georg Thoma.* Geboren in den Nachkriegsjahren, musste er bald mithelfen, seine fünf Geschwister durchzubringen. Zu seinem Glück, denn als Hütejunge auf einem einsamen Hof lernte er schon früh das Skifahren von seinem Brotgeber, einem ausgezeichneten Langläufer. In seinem Heimatort steht heute noch der Wintersport an vorderster Stelle. Vom Skilift über die Langlaufloipe bis hin zur Natureisbahn – alles ist da, was des Wintersportlers Herz begehrt.

Aber auch für **Biker, Wanderer** und **Erholung Suchende** hat diese Region zwischen Titisee, Feldberg und Ravennaschlucht viel zu bieten.

Hinterzarten hat sich in den letzten Jahren mehr und mehr zu einem schicken Urlaubsort entwickelt mit einem **breiten Veranstaltungsprogramm** von Nordic Walking Kursen über Theaterabende bis hin zum internationalen FIS-Sommerskispringen.

Sehenswertes

Wahrzeichen des Ortes ist die in ihren Ursprüngen aus dem 15. Jh. stammende Wallfahrtskirche Maria in der Zarten.

Östlich vom Ortskern, zu Fuß leicht zu erreichen, erstreckt sich das **Hinterzartner Hochmoor,** mit ca. 1500 m Länge der größte erhaltene Moorkomplex des Schwarzwaldes. Der Westteil des Moores ist durch Rund- und Querwege erschlossen, die nicht verlassen werden dürfen. Das wäre auch nicht ratsam, denn im Moor soll einmal ein Paar zusammengejochter Ochsen versunken sein, deren Joch nach Jahr und Tag im See an der Wutachbrücke wieder aufgefunden wurde.

Einsam und beschaulich im lebhaften Hinterzarten ist der **Mathisleweiher,** oberhalb des Ortes und mitten im Wald, vorbei an eiszeitlichen Felsen zu erreichen.

Praktische Tipps

Info

- **Hochschwarzwald Tourismus GmbH,** Tel. (07652) 12068200, www.hochschwarzwald.de.

Unterkunft mit Gastronomie

- **Parkhotel Adler**€€€€€, Adlerplatz 3, Tel. 1270, Fax 127717, www.parkhoteladler.de (Haus, dessen Gasthoftradition bis ins Jahr 1446 zurückreicht. Es gehört zu den führenden Hotels der Welt. Schon *Marie Antoinette* übernachtete hier, als sie von Wien nach Paris reiste, um den *Dauphin* zu heiraten. Siehe auch Exkurs „Belle Epoque und Schwarzwaldhaus – Parkhotel Adler in Hinterzarten".)
- **Thomahof**€€€€€, Erlenbrucker Str. 16, Tel. 1230, Fax 123239, www.hotel-thomahof.de (mit viel Liebe dekoriertes Haus mit Kaminbar und gut ausgestatteten Zimmern. Organisierte Ausflüge und Wanderungen, Bade- und Saunalandschaft.)
- **Waldhotel Fehrenbach**€€€€, Alpersbach 9, Tel. 91940, Fax 919410, www.waldhotel-fehrenbach.de, Mi. geschl. (idyllisch gelegen, tolle Salate, ausgefallene Wildkräutergerichte.)

Gastronomie

- **Gasthof Lydia Ketterer,** Ravennaschlucht 62, Breitnau, Tel. 1494 (von Gartenzwergen bewachter Gasthof mit gleichermaßen herzlicher Wirtin und herzhafter Brotzeit.)
- **Reinhard's Hüttenstube,** in der Skihütte *Thoma,* Windeck 15, Tel. 310 (zünftig, zünftig geht's hier zu, der singende Wirt und die Schwarzwälder Musikanten sorgen mit Waschbrett und Schellenbaum für Stimmung.)

Aktivitäten

- **Natur-Erlebnispfad:** Die Natur mit allen Sinnen erleben. Start hinter dem Kurhaus, Teil I: 1,5 km, Teil II: 2 km.
- **Spielzeugmuseum:** „Zum kleinen Hannes", Sickinger Str. 5. Puppenstuben, Küchen, Kaufläden, Bauernhöfe und Burgen im Miniformat aus der Zeit von 1880 bis 1970. Geöffnet Di., Do., Sa. 15–18 Uhr, So. und feiertags 14–18 Uhr, Tel. 980563.
- **Skimuseum:** Hier werden in einem alten renovierten Bauernhaus „Hugenhof" die Veränderungen in Alltag und Sport demonstriert, seit im Schwarzwald zum Schneeschuh und zum Schlitten auch der Ski hinzukam. Geöffnet Di., Mi., Fr. 14–17 Uhr, Sa., So. und feiertags 12–17 Uhr, www.schwarzwaelder-skimuseum.de.
- Es gibt noch zwei kleine interessante Museen in Hinterzarten: das **Feuerwehrmuseum** und das **Museum für alte Landtechnik.**
- **Nordic-Walking:** 21 spezielle NW-Strecken, von Experten ausgesucht, einheitliche und separate Beschilderung, Gesamtlänge 137 km, Höhenlage zwischen 850 und 1390 m ü.N.N. Täglich kostenlos geführte Nordic-Walking-Touren.

Das *DSV Nordic Aktiv Zentrum* bietet ein gutes Nordic-Walking-Angebot mit ausgeschilderten Strecken. Wochentags werden Nordic-Walking-Kurse angeboten, mit Gästekarte ist die Teilnahme gratis.

Wintersport

- **Eislaufplatz:** 2000 qm Natureisbahn nahe dem *Hotel Thomahof.*
- **Lifte:** *Georg-Thoma-Lift* (Flutlicht), 350 m Länge, 60 m Höhenunterschied. Windeckkopf-Lift (Flutlicht), 850 m Länge, 200 m Höhenunterschied. *Familien-Lift Windeck* (Flutlicht), 750 m Länge, 100 m Höhenunterschied. Alle drei Lifte sind auf 1000–1200 m Höhe.
- **Rodelverleih:** *Sport Maurer,* Tel. 5963

Belle Epoque und Schwarzwaldhaus – Parkhotel Adler in Hinterzarten

Es gibt Hotels, die brauchen keinen modernen Design-Schnickschnack, die kommen mit dem aus, was wirklich großartige Hotels ausmacht: mit einer langen Geschichte (Gründungsjahr des Parkhotel Adler: 1446) und mit exzellentem Service auch in den kleinsten Details (schon morgens vor dem Frühstück gibt's Kaffee am Swimmingpool). Parkhotel Adler – eines der „Leading small hotels of the world" – ist so ein Haus. „Man, ist das schön!" schrieb eine Freundin, die Bilder des Hotels sah. Wohlgemerkt, eine durchaus versierte Freundin in Sachen Luxushotels. Doch ein Luxushotel ist „das Adler" keines, denn dann wäre es ein Haus ausschließlich für die da oben. Und das ist es nicht. Auch wenn hier einst *Marie Antoinette* übernachtete, auf dem Weg nach Frankreich zur Hochzeit mit dem *Dauphin* – wie die Geschichte ausging, ist bekannt. *Marie Antoinettes* Fehler bestand darin, die Zeichen der Zeit nicht zu verstehen, sich nicht dem Volk zu öffnen. Ein Fehler, den die Inhaberfamilie des Adler – nun schon in der 16. Generation – nicht macht: Ihr Haus ist in Teilbereichen auch zugänglich für weniger gut Betuchte. Da gibt es das kuschelige Schwarzwaldhaus, in seinen Ursprüngen auf das Jahr 1416 zurückgehend, nach einem Brand 1639 wieder aufgebaut, heute ein öffentlich zugängliches Restaurant. Dann das bildschöne Haupthaus aus der Belle Epoque um 1890. Auch der japanisch angehauchte Wellness-Pavillon mit einer spektakulären Erd- und Feuersauna und Ausblick auf den Park mit einem Hirschgehege ist, auf Anfrage, für Nichthotelgäste zugänglich. Ebenso das *Café DIVA* aus dem Jahr 1890, ein Kaffeehaus im Wiener Jugendstil, das bis vor kurzem noch in München als *Käfer's Am Hofgarten* stand mit der Inneneinrichtung des ehemaligen berühmten *Kay's Bistro* in München. Doch ein Geheimnis besteht bis heute: Als man vor einigen Jahren bei Renovierungsarbeiten einen alten Barockschrank, der seit dem 30-jährigen Krieg nie umgestellt wurde, zur Seite schob, da entdeckte man die Porträts der damaligen Wirtsleute *Riesterer*. Doch warum wurde seinerzeit dieser Schrank vor das Porträt der beiden geschoben? Wollte man sie verbergen? Oder gab es einfach keinen anderen Platz für den Schrank? Keiner weiß es.

824ssw cz

■ **Skischule:** *Wintersportschule Thoma* (Langlauf, Alpin, Carving, Ski in a day, Snowboard), Tel. 1701.

■ **Schneetelefon:** Tel. 120651

■ **Skiverleih sowie Verleih weiterer Ausrüstung:** *Thoma Team Sport/Wintersportschule Thoma,* Langlauf: Tel. 5020, Loipenzentrum, Alpin, Snowboard: Tel. 5858 oder 1701, Ortseingang. *Sport Maurer,* Langlauf, Alpin, Snowboard sowie Schlitten, Schlittschuhe und Schneeschuhe: Tel. 5163.

■ **Adlerskistadion:** Der Anblick der vier Skisprungschanzen im Skistadion ist imposant. Der Austragungsort des jährlich im Juli/August stattfindenden FIS Grand Prix Sommerskispringen kann auch geführt besichtigt werden. Hierbei ist die Besteigung des Anlaufturms, beziehungsweise das Kennenlernen der Perspektive der Sportler vor dem Sprung, möglich.

Im Umland von Hinterzarten

Heimatpfad

Alles, was rund um den Ort sehenswert ist, kann auf dem Hinterzartner Heimatpfad erwandert werden. Ausgangspunkt ist der Hinterzartner Bahnhofsparkplatz, Gesamtgehdauer ca. 5½ Stunden. Es geht vorbei an einer **Schwarzwälder Klopfsäge,** der St.-Oswald-Kapelle (siehe unten), der **Glasbläserei** beim Hotel Sternen (Anlaufpunkt für viele Busausflüge, im Gästehaus war einstmals *Goethe* zu Gast), **Alte Steige** (erster Aufstieg durch das obere Höllental, einstiger Postweg von Paris nach Wien), Großjockenmühle, **Schindelmacherei** und einem Sieltrieb (mit Wasserkraft betriebene Holzwerkstätte).

Was heute an Sommerwochenenden für manch einen Autofahrer zur Blechschlangenhölle werden kann, war einst für *Marie Antoinette* der Weg in ihre eigene Hölle. Am 4. Mai 1770 reiste sie mit 51 festlich geschmückten Kutschen durchs Höllental nach Frankreich, um den *Dauphin* zu heiraten. Ein prachtvoller Anfang für ein Ende auf dem Schafott. Bis in die Mitte des 17. Jhs. galt das Höllental als unwegsam, erst im 18. Jh. wurde das 9 km lange, enge Felsental durch einen „Güter- und Postweg" erschlossen, der dann eigens für *Marie Antoinette* nochmals verbessert wurde.

Am eindrucksvollsten ist die Fahrt durchs Tal mit der **Höllentalbahn** (siehe Kapitel Eisenbahn).

An der engsten Stelle steht der **bronzene Hirsch,** der sich hier einst durch einen Sprung über die Schlucht vor seinen Verfolgern gerettet haben soll. Wenn man bedenkt, dass die Schlucht wegen der Straße mehrmals verbreitert wurde, ist das nicht ganz unwahrscheinlich.

Ravennaschlucht

Absolut lohnenswert ist eine Wanderung zur romantischen Ravennaschlucht. Von der B 31 zweigt eine Nebenstraße zum Hofgut Sternen und zur Glashütte ab. Ab dort sind es zum Wasserfall 0,7 km, zur Ravennaschlucht 1,7 km. Der Pfad zur Schlucht führt über Brücken und Bretterböden hart am Fels entlang; bevor man zum großen 15 m hohen **Ravenna-Wasserfall** kommt, muss man noch eine hohe Holztreppe überwinden. Ca. 50 m vom Wasserfall entfernt steht die **Großjockenmühle,** die sonntags von Mai bis Oktober mit Wasserkraft betrieben wird.

Loipen

Leichte Loipen

Hinterzarten

■ **Hochmoor-Loipe,** 5,3 km, Startpunkt Bahnhof Parkplatz

■ **Seebach-Loipe,** 4,3 km, Startpunkt Campingplatz Bankenhof

■ **Zartenbach-Loipe,** 1,9 km, Startpunkt Loipenzentrum Kurhaus, abends beleuchtet

Breitnau

■ **Hohschachen-Loipe,** 3,5 km, Startpunkt BASF-Haus

Mittelschwierige Loipen

Hinterzarten

■ **Adlerwald-Loipe,** 1,2 km, Startpunkt Adler Skistadion, ist an Trainingstagen abends beleuchtet

■ **Rinken-Loipe,** 8 km, Startpunkt Rinken

Breitnau

■ **Panorama-Loipe,** 7,8 km, Startpunkt BASF-Haus, Montag und Mittwoch Flutlicht auf 2 km

■ **Wirbstein-Loipe,** 5,1 km, Startpunkt BASF-Haus

Zu St. Märgen gehörend

■ **Thurnerspur,** 15 km, Startpunkt Clubhaus Thurnerspur

Schwierige Loipen

Hinterzarten

■ **Fischloch-Loipe,** 4,1 km, Startpunkt Rinken

■ **Fürsatz-Loipe,** 10,3 km, Startpunkt Rinken

■ **Oberzartener-Loipe,** 7,9 km, Startpunkt Loipenzentrum Kurhaus

■ **Windeck-Loipe,** 5,2 km, Startpunkt Loipenzentrum Kurhaus

Fernskiwanderwege

■ **Fernskiwanderweg Hinterzarten Schluchsee:** 10 km bis Raimartihof, 32 km bis Schluchsee, Startpunkt Loipenzentrum Kurhaus

■ **Fernskiwanderweg Schonach-Belchen** (ab Hinterzarten in Richtung Belchen): 10,5 km bis Rinken, 40 km bis Belchen, Startpunkt Loipenzentrum Kurhaus

Gastronomie mit Unterkunft

■ **Hofgut Sternen**€€€€, Höllsteig 76, 79874 Breitnau, Tel. (07652) 9010, Fax 1031 (aufgepepptes Schwarzwaldhaus mit viel Bustourismus. Gemütlicher „Ravennakeller“. Hier übernachteten schon *Johann Wolfgang v. Goethe* und *Marie Antoinette*.) Direkt beim Sternen liegt eine kleine **Glashütte,** in der man bei der Glasherstellung zuschauen kann.

■ **Ferienhotel Kaisers-Tanne,** Am Wirbstein 27, Breitnau, Tel. (07652) 12010, Fax 120159, www.kaisers-tanne.de (von einer Leserin empfohlenes Hotel nordwestlich von Hinterzarten.)

St.-Oswald-Kapelle

Bevor Ritter von Falkenstein 1147 zum zweiten Kreuzzug ins Morgenland aufbrach, stiftete er noch eine Kapelle, die er dem Heiligen Oswald weihte, dem 624 im Kampf um die Christianisierung gefallenen König von Northumbrien. Nur fünf Gehminuten vom Sternen entfernt liegt die Kapelle an der unteren Einmündung der alten Höllensteig-Straße in die B 31. Von außen kann man sich beim Blick ins Beinhaus – eines der wenigen der Gegend – angesichts der Knochen und Schädel gruseln, innen steht, wegen wiederholtem Einbruch, nur noch eine Kopie des spätgotischen Schnitzaltars aus dem Jahre 1520 (Schlüssel an der Rezeption des Hotels Sternen).

^ St.-Oswald-Kapelle

St. Peter

- **Vorwahl:** 07660
- **PLZ:** 79271
- **Einw.:** 2350
- **Höhe:** 700–1200 m

Der Zähringer Herzog *Bertold II.* hatte sich ein besonders schönes Plätzchen ausgesucht für die Gründung seines Klosters und seiner Grablege. In St. Peter wurde 1950 mit *Sonja Ziemann* der erste deutsche Farbfilm *Schwarzwaldmädel* gedreht – den zerbombten Städten setzte man damals eine heile Schwarzwaldwelt entgegen.

Wie aus einem Guss fügt sich in die sanft gewellte Landschaft das ehemalige **Benediktinerkloster St. Peter** ein. Das 1093 gegründete Kloster erhielt Anfang bis Mitte des 18. Jahrhunderts sein heutiges Gesicht im Stil des deutschen Barock. Sein Prunkstück, die grandiose, elegante Rokoko-Bibliothek, kann im Rahmen von Führungen besichtigt werden (sehr empfehlenswert). Von Juli bis Oktober finden auf dem Klosterhof sonntags um 11 Uhr Kurkonzerte mit Trachtengruppen statt.

- Führungen (empfehlenswert!) durch Kirche, Bibliothek und Fürstensaal: sonn- u. feiertags 11.30 Uhr, Di. 11 Uhr, Do. 14.30 Uhr, Tel. 91010.

Praktische Tipps

Info

- **Tourist-Information,** 79271 St. Peter, Tel. (07660) 9102-0 , Fax (07660) 9102924, www.st-peter-schwarzwald.de.

Camping

- **Campingplatz Steingrubenhof,** Tel. 210, Fax 1604 (teilterrassiertes Wiesengelände in Hanglange 1 km vom Ort, wintergeeignet, Chemietoilettenentsorgung.)

Unterkunft mit Gastronomie

- **Restaurant-Café Schuler**€, Sägendobel 14, Tel. 221, Fax 1615, Mi. und Do. geschl. (herrlich im Tal gelegen. Auch Vermietung von Zimmern. Weithin bekannte Spezialität ist die feine Schwarzwälder Kirschtorte mit viel Schnaps drin.)
- **Gaststätte Bürgerstüble**€€, Bürgerschaft 11, Tel. 272, Fax 489, Di. geschl., im Winter auch Mo.
- **Hotel und Gasthof zum Hirschen**€€€, Bertoldplatz 1, Tel. 204, Fax 1557, Do. und Fr. bis 17 Uhr geschl. (Schwarzwälder Gastlichkeit, badische und vegetarische Küche.)
- **Hotel Jägerhaus**€€€, Mühlegraben 18, Tel. 9400-0, www.hotel-jaegerhaus.de (mit großer Liegewiese.)
- **Hotel Sonne**€€€€€, Zähringer Str. 2, Tel. 94010, Fax 940 166, www.sonne-schwarzwald.de, Mo. geschl. (hier wird beste Bioküche geboten.)

Aktivitäten

- **Angeln:** Kreuzhofweiher: gültiger Fischereiausweis, nur Sa., So. und feiertags. Karten am Weiher, Holzackerweg.
- **Nordic-Walking:** Auf der Lindlehöhe Strecken von leicht bis mittelschwierig, im Hochwald Strecken von leicht bis schwierig (einen kostenlosen Streckenplan gibt es bei der Tourist-Information.)
- **Bauernmarkt:** Auf dem Klosterhof jeweils vom ersten Freitag im Monat Mai bis zum letzten Freitag im Monat (15 Uhr bis 16.30 Uhr). Angeboten wer-

den zahlreiche Produkte der einheimischen Landwirtschaft.

- **Musiktage St. Peter:** jedes Jahr am letzten September-Wochenende, Programm und Karten (Vorbestellung empfiehlt sich) unter Tel. (07652) 12068371.
- **Orgelkonzerte:** in der Pfarrkirche St. Peter alljährlich sonntags im Juli und August.
- **Musicosophia:** *Internationales Ausbildungszentrum für bewusstes Musikhören,* musikalische Vorkenntnisse nicht erforderlich, Tel. 581, Fax 1536.

Im Umland von St. Peter

Zweribachwasserfälle

Ein lohnendes Wanderziel nordöstlich von St. Peter. Zufahrt ab der Umgehungsstraße, von der aus man der Beschilderung „Schmittenbach" folgt, ca. 4 km bergauf zum Wanderparkplatz Potsdamer Platz fährt, dort parkt oder weiter vorbei am Gasthaus Plattenhof der Straße bis zum Ende folgt. Von da aus sind es dann 30 bis 40 Gehminuten zu den Wasserfällen inmitten einsamer Felsen. Der Weg ist steil und nicht gesichert, gutes Schuhwerk daher unbedingt erforderlich. Der Zweribach fällt in **zwei großen Kaskaden** herab, mitten im „unaufgeräumten" Wald; wenn dort ein Baum umfällt, dann bleibt er so liegen, denn das ganze Gebiet ist Bannwald.

Gastronomie

- **Plattenhof,** Tel. (07660) 864, www.plattenhof-ferienwohnung.de, 15.5.–1.11. tgl. außer Mo. und Di., 1.11.–15.5. Fr., Sa., So. (Nach der Wanderung zu den Wasserfällen hat man sich sein Vesper in dieser urigen Bauernwirtschaft verdient.)

Kandel

Von St. Peter führt die Schwarzwaldpanoramastraße auf den Kandel, den mit 1241 m höchsten Berg des mittleren Schwarzwaldes. Den mattenbedeckten, baumfreien Gipfel erreicht man vom Parkplatz an der Straße in wenigen Gehminuten.

Die Weideflächen auf dem Kandel galten schon seit alters her als **Hexentanzplätze,** im Mittelalter verquickte sich die Welt der Sagen auf unheilvolle Weise mit dem Wahn der Hexenverfolger. Um das Jahr 1618 herum wurden einige Frauen als Hexen angeklagt, eine von ihnen sagte während des Prozesses aus:

„Wenn die Hexen auf dem Kandel zusammenkommen, so ist es eine große Festnacht; dann fliegen einige Hunderte von allen Seiten herbei, die meisten auf gesalb-

Weiberwirtschaft

In St. Märgen, 7 km östlich von St. Peter betreiben 20 Landfrauen in einer Genossenschaft das Café „Goldene Krone", untergebracht in einer ehemaligen Klosterherberge und späterem Grandhotel, in dem Prominente wie *Konrad Adenauer* logierten. Deftige Suppen und köstliche Kuchen gibt's hier; Milch und Mehl, Holzofenbrot und Hühnereier, stammen aus dem Umkreis.

- **Goldene Krone,** Wagensteigstr. 10, 79274 St. Märgen, Tel. (07669) 9399988, www.cafe-goldene-krone.de, Mo. und Di. geschl.

ten Stöckchen, einzelne aber auch in Kutschen, die mit Schimmeln bespannt sind. Man hat auch Züge von vier Katzen und vor dem Wagen eine halbe Laterne gesehen.“

Ein interessantes Detail der Neuzeit: Der sagenumwobene, einst markant aus dem Wald ragende **Kandelfelsen** nordöstlich unter dem Gipfelplateau existiert nicht mehr. Er stürzte 1982 ausgerechnet in der Walpurgisnacht in sich zusammen.

Heute fliegen keine Hexen mehr auf dem Kandel herum, sondern **Gleitschirm-Drachenflieger** von der eigens für sie angelegten Schanze.

Gastronomie

- **Berggasthaus Kandelhof,** Tel. (07681) 6751, www.kandelhof.de, kein Ruhetag (tolles Panorama, deftige Küche, im Winter bevölkern Skifahrer den Nordhang und seine Lifte.)

Glottertal

- **Vorwahl:** 07684
- **PLZ:** 79286
- **Einw.:** 2700
- **Höhe:** 300–1243 m

Als es noch keine Seifenopern gab, war das Glottertal für seine Landschaft und für seine gute Gastronomie bekannt. Heute steht sein Name auch für die 1984 erstmals ausgestrahlte TV-Serie. Zu einer Zeit, als das Image des Schwarzwaldes empfindlich unter dem überall in der Presse präsenten „Waldsterben“ zu leiden hatte, bescherte die Heile-Welt-Idylle der **„Schwarzwaldklinik“** dem Schwarzwald steigende Besucherzahlen, wie sie die beste Imagekampagne nicht hätte bewirken können. Das Waldsterben war vergessen, der Schwarzwald, dessen Unwegsamkeit die Menschen des Mittelalters fürchteten, bekam seinen Stempel „Hier leben glückliche Menschen in einer harmonischen Landschaft“ aufgedrückt. Noch heute zieht es viele Menschen zum Drehort der „Schwarzwaldklinik“, die im real existierenden Alltag damals ganz profan „Rehabilitationszentrum der Landesversicherungsanstalt Württemberg“ hieß und heute leer und zum Verkauf steht. Die Schwarzwaldklinik ist ab dem Ort Glottertal zu erreichen, der große Parkplatz ist mit dem Signet „Schwarzwaldklinik“ aus der Serie beschildert. Selbstverständlich gibt es auch ein Andenkenlädchen,

Führungen durch die Glottertäler Weinberge

Bis zu 500 m hoch und mit einer Hangneigung von bis zu 70 ° sind die Glottertäler Weinberge die steilsten und höchstgelegenen Deutschlands. Das bewirkt eine optimale Sonneneinstrahlung, erlaubt aber nur sehr wenig maschinellen Einsatz. Bekannteste Lagen sind der „Eichberg“ und „Roter Bur“.

Führungen: „Lebens- und Arbeitsweise im Glottertal“, „Jahrhunderte alte Schwarzwaldhöfe“, „Romantische Winkel“, „Weinbau, Milchwirtschaft, Schnapsbrennerei“ – der „Rote Bur“, der Bauer vom Rotburenhof, führt zu den Genüssen dieser Region. Info: Tel. (0761) 2909058, www.timewalking.de.

und das erreicht man stilgerecht über die **„Klaus-Jürgen-Wussow-Brücke"**.

Neben dem gütigen Professor *Brinkmann* ist das Glottertal aber auch für seinen hervorragenden Wein berühmt. Und den kann man in der nahe gelegenen **Winzergenossenschaft** verkosten. Gegenüber beginnt hinter dem Sportplatz der 3,8 km lange **Weinlehrpfad,** der steil hinauf durch die Weinlage „Roter Bur" führt.

Die Regisseure der TV-Serie trafen eine gute Ortswahl: Die Ortschaft Glottertal zieht sich entlang eines Tals und ist geprägt von sanften Bergrücken mit herrlichen Ausblicken, steilen Abhängen und im Frühjahr farbenprächtigen Blumenwiesen; dazwischen stehen immer wieder einzelne fotogene Schwarzwaldhöfe. Am Eingang des trichterförmigen Tales reiht sich Weinberg an Weinberg, die Reben reichen bis auf eine Höhe von 500 m und sind somit die höchstgelegenen Deutschlands. Aus ihnen wird der bekannte, samtige Spätburgunder Weißherbst „Roter Bur" gekeltert.

☒ „Denn der am Samstagabend um sieben die Messe liest, dem bleiben seine Schäfchen aus, die Schwarzwaldklinik beginnt um halb acht. So ist das eben: Nicht mal der liebe Gott ist eine Konkurrenz für die Halbgötter in Weiß" – schrieb am 14. August 1986 der Glottertäler Pfarrer Adolf Schlegel im örtlichen Pfarrboten.

Praktische Tipps

Info

- **Tourist-Information,** 79286 Glottertal, Tel. (07684) 91040, Fax 910413, www.glottertal.de.

Unterkunft mit Gastronomie

- **Pension Faller**€€, Talstr. 9, Tel. 226.
- **Gasthaus-Pension Eichberg**€€, Am Eichberg 20, Tel. 294, www.gasthaus-eichberg.de (inmitten von Weinbergen gelegen, Sonnenterrasse, Wurstsalat mit Brägele bestellen!)
- **Wisser's Sonnenhof**€€–€€€, Schurhammerweg 7, Tel. 264, Fax 1093 (Spezialität: Fleisch und Wurst

034ssw cz

aus eigener Schlachtung; Gartenterrasse. Die Inhaber sind als musizierende „Original Wisser Bube" TV-bekannt.)

■ **Landidyll Hotel zum Kreuz**€€€–€€€€, Landstr. 14, Tel. 80080, Fax 800839, www.landidyll.de/Zum-Kreuz (Das Haus gehört zu den „kleinen und feinen Landhotels zum Wohlfühlen".)

■ **Zum Adler**€€€€, Talstr. 11, Tel. 1081, Fax 1083 (sehr renommierte, preisgekrönte, klassische Küche. Heimelige Kachelofen- und Holzbalkengemütlichkeit.)

Gastronomie

■ **Café und Weinhaus Glotterstüble,** bei der Kurklinik Glotterbad, Tel. 268 (mit Gartenterrasse, unbedingt probieren: die Schwarzwälder Kirschtorte.)

■ **Café Schill,** Fam. Rolf-Fritz Schill, Ernst-Rossmy-Str. 1, Tel. 566, Fax 1732 (die *Schills* servieren nicht nur beste Torten und erzählen spannend über die „Schwarzwaldklinik", sie verkaufen auch noch Souvenirs.)

Aktivitäten

■ **Angeln:** Forelle in der Glotter, Angelkarten bei der Tourist-Information (allerdings nur mit Kur- bzw. Gästekarte.)

■ **Schwimmen:** Der Name sagt es schon: Vom Panorama-Freibad hat man einen herrlichen Ausblick auf die Landschaft rundum.

Waldkirch

- **Vorwahl:** 07681
- **PLZ:** 79183
- **Einw.:** 20.000
- **Höhe:** 243–1243 m

Das 15 km nordöstlich von Freiburg gelegene Städtchen Waldkirch hat sich noch viel von seinem alten Charme bewahren können. Besonders mittwochs und samstagsmorgens lohnt sich ein Besuch, wenn die Erzeuger und Händler aus dem Umkreis hier Markt abhalten. Berühmt aber ist Waldkirch für seine Orgeln, um 1900 war es weltweit die bekannteste **Orgelbauerstadt.** Der Bau des ersten Orchestrions im Jahre 1828 war sozusagen eine Rationalisierung im Musikgewerbe: Für ein echtes Orchester brauchte es viele Instrumente und viele Musiker – und das war eben teuer. Ein Orchestrion hingegen vereint viele Musikinstrumente in sich und braucht überhaupt keinen Musiker. Mit dem Aufkommen der elektrischen Tonträger schwand zwar die Bedeutung der Orgelhersteller, aber dennoch konnte sich bis heute der Orgelbau in Waldkirch erhalten. Und wenn Sie mal nach München aufs Oktoberfest kommen: Auch dort verbreiten Orchestrione und Karussellorgeln aus Waldkirch den unnachahmlich nostalgischen Flair dieser Instrumente.

Übrigens sei hier noch auf eine weitere Spezialität aus Waldkirch hingewiesen: die **Brezeln** der *Bäckerei Herr* am Marktplatz. Die sind so knusprig, dass sie im Magazin der *Süddeutschen Zeitung* ausführlich gelobt wurden!

Alles Planung, nirgends Zufall

Mittelalterliche Kunst musste für jeden verständlich sein, auch wenn er nicht lesen konnte. Ein schönes Beispiel für diese bewusste und geplante Gestaltung ist das Relief im Sockel des Altars der Waldkircher Kirche St. Marien. So war in der mittelalterlichen Sakralkunst eine verschlossene Pforte oder – wie auf dem Relief – ein zugemauertes Tor ein für Jedermann verständlicher Hinweis auf die Jungfräulichkeit Mariens, und die überkreuzten Arme deuteten auf ihr Leid hin. Das Waldkircher Relief wurde einem Holzstich *Albrecht Dürers* nachempfunden, aus Waldkircher Pfarrakten geht hervor, dass das Relief irgendwann in der Zeit zwischen 1560 und 1575 entstanden ist.

Praktische Tipps

Info

- **Tourist-Information „ZweiTälerLand“,** Kirchplatz 2, 79183 Waldkirch, Tel. (07681) 19433, Fax 404107, www.zweitaelerland.de, www.stadt-waldkirch.de.

Unterkunft

- **Haus Wolfarth**€ Erlenweg 1, Tel. 9477 (Liegewiese, Hallenschwimmbad, auch Ferienwohnungen.)

■ **Ferien auf dem Bauernhof,** Bromhof, Kohlenbach 17, Ortsteil Kollnau, Tel. 23431, Fax 474910, www.bromhof.de (erstmals im Jahr 1309 erwähnter Hof mit vielen Tieren.)

Camping

■ **Campingplatz Elztalblick,** Biehlstr., Tel. 4212, Fax 4213 (ruhige Lage, tolle Aussicht)
■ **Stellplatz für Wohnmobile:** am Naturerlebnispark. Info bei der Tourist-Information, Tel. 19433.

Unterkunft mit Gastronomie

■ **Hotel-Restaurant Hirschenstube**€€€, Ortsteil Buchholz, Tel. 477770, Fax 4777740, www.hirschenstube.de (Liegewiese, Sauna, Solarium, auch Ferienwohnungen.)
■ **Kohlenbacher Hof**€€€, Ortsteil Kollnau, Tel. 8828, Fax 5237, www.kohlenbacherhof.de (ruhig im Kohlenbachtal gelegen.)

Gastronomie

■ **Gasthaus zur Straußi,** Schwarzwaldstraße 18, Ortsteil Buchholz, Tel. 9285 (ehem. Großviehstall, heute Gastwirtschaft mit dem Charakter einer Straußenwirtschaft. U. a. die Bratwürste und das Schnitzel mit Brägele sind sehr empfehlenswert.)

Aktivitäten

■ **Museum:** *Elztal-Museum,* Kirchplatz 14, Tel. 478530, Fax 25562. Geöffnet 31. Okt. Di.–Sa. 15–17 Uhr, So. 11–17 Uhr, 1. Nov. bis Ostersamstag Mi., Fr., Sa. 15–17 Uhr, So. 11–17 Uhr. Die Sammlung in einem barocken Schlossbau aus dem 18. Jahrhundert umfasst die Themen: Waldkircher Orgelbau, die Welt mechanischer Musikinstrumente, Stadtgeschichte, die Badische Revolution in Waldkirch, das Handwerk der Edelsteinschleifer und den Waldkircher Kirchenschatz. Sehr stilvoll das Museumscafé mit Kaffeehaus-Atmosphäre des 19. Jahrhunderts.
■ **Baumkronenweg im Naturerlebnispark Waldkirch:** Traumhaft am Waldrand mit Blick auf den einstigen Eisweiher und die Schwarzwaldhöhen. Mit Klettergarten und Barfußpfad, Reisenröhrenrutsche, Sinnesweg, Schwarzwaldzoo, Abenteuerminigolf und Bootsverleih. Ausgedehnte Seeterrasse. Historische Brauerei mit Gaststätte und Biergarten sowie Stellplatz für Wohnmobile.

Blumberg | 155
Donaueschingen | 156
Feldberg | 143
Schluchsee | 146
Titisee-Neustadt | 139
Wutachschlucht | 150

www.fotolia.com © Herbie

5 Tour 5

VOM TITISEE ÜBER DIE WUTACHSCHLUCHT NACH DONAUESCHINGEN

Rund um den 1403 Meter hohen Feldberg im Südschwarzwald geht es auf dieser Tour zum Titisee und zum Schluchsee, in die wildromantische Wutachschlucht, zu einer kurvenreichen Fahrt auf der Dampflokomotivenstrecke der Sauschwänzlebahn und zur – recht umstrittenen – Donauquelle in Donaueschingen

‹ In der Wutachschlucht

VOM TITISEE ÜBER DIE WUTACH-SCHLUCHT NACH DONAU-ESCHINGEN

NICHT VERPASSEN!

- Das ist doch der allerhöchste, der **Feldberg** | 143
- Lebhaftes Treiben, Segler und Surfer am **Schluchsee** | 146
- Wandern durch die wildromantische **Wutachschlucht** | 150
- Unterwegs mit der **Sauschwänzlebahn** | 155
- Ist sie es oder nicht? Die Donauquelle in **Donaueschingen** | 156

Diese Tipps erkennt man an der gelben Hinterlegung.

Tour 5

- Titisee-Neustadt
- Feldberg
- Schluchsee
- Wutachschlucht
- Blumberg
- Donaueschingen

Titisee-Neustadt

- **Vorwahl:** 07651
- **PLZ:** 79822
- **Einw.:** 12.000
- **Höhe:** 800–1200 m
- **Ortsteile:** Langenordnach (2–10 km), Rudenberg (3–8 km), Schwärzenbach (3–10 km), Waldau (10–12 km)

Da, wo heute das klare Wasser des Titisees in der Sonne glitzert, stand einst eine Stadt. Deren Bewohnern ging es so gut, dass sie in ihrem Übermut die Brotlaibe aushöhlten und als Schuhe benutzten. Die Strafe für diesen Frevel ließ nicht lange auf sich warten, die Stadt versank in den Fluten. Heute noch soll man an einem ruhigen Tag die Kirchturmglocken läuten hören.

Zugegeben, Ruhe findet man am Titiseeufer höchstens an trüben Wintertagen. Auf dem See, der übrigens seinen Namen vom römischen Kaiser *Titus Flavius Vespasianus* haben soll, wird so allerhand Touristisches wie **Bootsfahrten** mit einer nachgebauten römischen Galeere bis hin zu Elektroboottouren geboten. Trotzdem vermitteln gerade diese Bootsfahrten noch viel von der Ruhe, die der See während seiner Entstehung in der Eiszeit einmal gehabt haben muss.

038ssw cz

Praktische Tipps

Info

- **Tourist-Information,** 79822 Titisee-Neustadt, Tel. 12068100, Fax 12068188, www.titisee.de, www.hochschwarzwald.de.

Unterkunft

- **Jugendherberge Rudenberg,** Rudenberg 6, Tel. 7360, Fax 4299 (am Stadtrand von Neustadt gelegen.)
- **Jugendherberge Veltishof,** Bruderhalde 27, Tel. (07652) 238, Fax 756 (an der „Bruderhalde" südwestlich des Stadtteils Titisee gelegen.)
- **Campingplatz Bühlhof,** Tel. (07652) 1606 (sehr guter Platz, teilweise terrassiertes Wiesengelände oberhalb des Titisees 1 km vom Ort, wintergeeignet, Einkaufsmöglichkeit, Restaurant, Chemietoilettenentsorgung.)
- **Terrassencamping Sandbank,** Tel. 8243, 8166 (am Waldrand 2 km vom Ort, Motorradfahrer nicht akzeptiert.)

Unterkunft mit Gastronomie

- **Gasthaus Heiligenbrunnen**€€, Heiligenbrunnen, von der B 500 nördlich von Titisee-Neustadt an der Lafette rechts abbiegen, Tel. (07652) 381, Mo. ab 14.30 Uhr und Di geschl. (gutbürgerliches Ausflugslokal neben einer sagenumwobenen Kapelle.)
- **Treschers Schwarzwaldhotel**€€€€€, Seestr. 10, Titisee, Tel. 8050, Fax 8116 (im Jahr 1887, als auch die Höllentalbahn eröffnet wurde, gegründetes Haus, heute ein Romantikhotel direkt am Strand vom Titisee. Mit allen Einrichtungen der gehobenen Kategorie, wie z.B. einem ausgedehnten Wellnessbereich.)

■ **Hotel Maritim**€€€€€, Seestr. 16, Titisee, Tel. 8080, Fax 808603 (direkt am See mit Liegewiese.)

■ **Gasthaus „Pauli-Wirt",** Ortsteil Rudenberg, Tel. 1427, Fax 932419.

Gastronomie

■ **Restaurant Bar Klösterle**, Neustadt, Tel. 934928, Fax 939480 (klösterlich minimalistisch eingerichtetes Restaurant im historischen Kapuzinerkloster, im heutigen Restaurant war bis zur Klosterauflösung im Jahre 1828 das Refektorium der Mönche untergebracht. Im darunter gelegenen Gewölbekeller spielt dann bei einem guten Glas Wein die Musik.)

■ **Wirtschaft „zum Spritzenhäusle",** Scheuerlenstraße 22, Neustadt, Tel. 7558 (wer wissen will, was in der Region so los ist, erfährt es hier – denn im Spritzenhäusle blüht die Stammtischkultur! Und zu essen gibt es viel Schwarzwaldtypisches.)

■ **Wirtsstube vom Hotel Jägerhaus,** Postplatz 1, Tel. 93340 (traditioneller Wurstsalat)

Eine Legende: Vor langer Zeit drohte der Titisee das Höllental zu überfluten, doch ein altes Zauberweib verstopfte die Öffnung mit ihrer Nachthaube

Aktivitäten

- **Angeln:** Hecht & Co im Titisee, Angelkarten in *Treschers Schwarzwaldhotel,* Tel. 8050, für die Gutach beim *Kurbüro Neustadt,* Tel. 12068191.
- **Museum:** *Neustädter Heimatstuben,* Neustadt, Scheuerlenstr. 31, Tel. 206124, geöffnet 15. Mai.–30. Sept. Mo., Do. und Fr. 14–17 Uhr, 1. Okt.–14. Mai Do. 14–17 Uhr, (von der Uhrmacherwerkstatt bis hin zur Bauernküche.)
- Schon in Erding bei München und in Bad Wörrishofen waren sie ein Erfolg: die **exotischen Badeparadiese des Herrn Wund,** der hier eine weitere Wasserwelt der besonderen Art geschaffen hat. Die Architektur lehnt sich an der eines Schwarzwaldhauses an, für das exotische Flair sorgen 180 Palmen aus Florida und Malaysia. Ein architektonisches Meisterwerk: das riesige, zu öffnende Panoramadach. Ansonsten wird von den Massagedüsen bis hin zu den Saunen alles geboten, was man in so einer Wellnesswelt erwartet. Besonders angenehm: Der Wellness- und der Spaßbereich mit 18 Rutschen und der größten Edelstahl-Halfpipe der Welt sind voneinander getrennt.

  Am Badeparadies 1, in unmittelbarer Nähe des Bahnhofs Titisee, Tel. (008000) 4444333, www.badeparadies-schwarzwald.de. Geöffnet: Palmen- und Wellnessoase (ab 16 Jahren) Mo.–Do. 10–22 Uhr, Fr. 10–23 Uhr, Sa/So, Feiertage 9–22 Uhr. Spaßbereich Galaxy: Mo. 14–18 Uhr (nur Schwimmbecken, Rutschen, Wellenbad geschl.) Di.–Do. 14–22 Uhr, Fr. 14–23 Uhr, Sa/So, Feiertage 9–22 Uhr.

Wintersport

- **Lifte:** *Schneeberg-Lift I/II* in Waldau, Länge 300/600 m, Höhenunterschied 80/120 m. *Ahorn-Lift* in Schwärzenbach, Länge 240 m, Höhenunterschied 40 m. *Baby-Lift* mit Märchenpiste bei den Schneebergliften/Waldau.
- **Loipen:** siehe Tabelle
- **Skispringen:** Auf der Hochfirst-Weltcup-Skischanze trifft sich seit Dezember 2001 die Weltspitze der Skispringer, darunter auch die „Schwarzwald-Adler".
- **Natureislaufplätze:** Eisweiher im Titiseer Mooswald, Eisstadion am Hermeshof in Titisee, Eisweiher in Neustadt, Natureisfläche auf dem Titisee.
- **Schlitten-, Rodel-, Snowboard- und Skiverleih:** *Ski-Hirt* in Neustadt, Tel. 92280.
- **Skibus:** kostenloser Bustransfer ins Skigebiet Feldberg in Verbindung mit der Gästekarte.
- **Skischule:** *Skischule Hochschwarzwald,* Tel. 92280.
- **Sprungschanzen:** Hochfirstschanze (die größte Naturschanze Deutschlands). Große Schanze: kritischer Punkt 125 m, Rekord 145 m. Mittlere Schanze: kritischer Punkt 50 m, Rekord 60 m. Matten-Jugendschanze: kritischer Punkt 25 m, Rekord 30 m.

Die Mystik des Feldsees

Zwei Indianer vom Stamme der *Hopi* sollen 1970 den Schwarzwälder Heimatforscher *Matt-Willmatt* nach besonderen Naturplätzen gefragt haben. Matt-Willmatt wies den Indianern den Weg zum Feldsee. Das war sicher kein schlechter Rat, denn wer den Feldsee in den frühen Morgenstunden aufsucht, spürt das Mystische dieses Gewässers, manch ein Esoteriker sogar eine energetische Schwingung.

Feldberg

- **Vorwahl:** 07655
- **PLZ:** 79868
- **Einw.:** 1800
- **Höhe:** 900–1500 m
- **Ortsteile:** Feldberg-Ort, Altglashütten-Neuglashütten (8 km), Bärental (3,5 km), Falkau (10 km)

Mit seinen 1493 m ist er der **höchste Gipfel des Schwarzwaldes** und dank seiner guten Aussicht und den hervorragenden Wintersportmöglichkeiten ein sehr gut besuchter Ausflugsberg. Über die B 317 fährt man zu den Parkplätzen beim Hotel Feldberger Hof, von wo aus ganzjährig ein Sessellift zum 1448 m hohen Seebuck und im Winter weitere Lifte hochfahren. Auf der Nordostseite, unterhalb vom Bismarck-Denkmal, liegt der **Feldsee.** Zum eigentlichen, 1493 m hohen Feldberggipfel führt dann ein bequemer Fußweg. Bei schönem Wetter wird man mit einem herrlichen Rundblick bis hin zu Eiger, Jungfrau und Montblanc belohnt.

Um bei den großen Besuchermassen Umweltschäden zu vermeiden, besteht das **Naturschutzzentrum Südschwarzwald,** betreut und überwacht vom Feldberg-Ranger *Achim Laber* und dem Förster *Martin Schlosser.* Mehrmals wöchentlich gibt es geführte Wanderungen durch das 42 km² große Naturschutzgebiet. Ebenso kann man sich in der Dauerausstellung im Haus der Natur über das Miteinander von Mensch und Natur informieren.

Loipen

- **Reichenbachspur,** 5 km, Startpunkt Brandbächle nördl. von Neustadt (Anschluss: Panoramaspur Hochebene), Höhenlage 850–1033 m, Schwierigkeitsgrad leicht bis mittel
- **Panoramaspur-Hochebene,** 14 km, Startpunkt Hochebene beim Hochebenehof (Anschluss nach Neustadt über Reichenbachspur), Höhenlage 1050–1130 m, Schwierigkeitsgrad mittelschwer
- **Mooswaldspur (die ersten 3 km Nachtloipe),** 9 km, Startpunkt Strandbad Titisee (Anschluss: Winterhalden-Loipe und dann an den Fernskiwanderweg Hinterzarten – Schluchsee, Höhenlage 850–900 m, Schwierigkeitsgrad leicht
- **Fürsatz- bzw. Spriegelsbachspur (Skating),** 11 km, Startpunkt Parkplatz Hotel Waldlust (Anschluss über Heiligenbrunnen an Fernskiwandeweg Schonach – Belchen, über Fürsatzhöhe Anschluss an Thurnerspur), Höhenlage 850–1000 m, Schwierigkeitsgrad mittelschwer bis schwer
- **Rundloipe Waldau,** 5 km, Ortsmitte Waldau, (Anschluss an Fernskiwanderweg Schonach – Belchen, Langenordnachspur und Jostalspur), Höhenlage 860–1000 m, Schwierigkeitsgrad mittelschwer
- **Langenordnachspur,** 10 km, Kreiskrankenhaus (über Waldnau an Fernskiwanderweg Schonach – Belchen), Höhenlage 850–1000 m, Schwierigkeitsgrad leicht bis mittelschwer
- **Jostalspur,** 9,5 km, Parkplatz Jostal-Schildwende (Schonach – Belchen, Waldau-Rundspur, weiter in die Langenordnachspur), Höhenlage 850–1055 m, Schwierigkeitsgrad mittelschwer bis schwer
- **Feuerbergspur „Sonnenloipe“,** 3 km, Kreiskrankenhaus o. Parkplatz Hotel Waldlust (Langenordnachspur, Jostalspur und Spriegelsbachspur), Höhenlage 860–880 m, Schwierigkeitsgrad leicht
- **Rudenbergspur,** 4 km, Max-Engelsmann-Hütte (Panoramaspur Hochebene), Höhenlage 1020–1050 m, Schwierigkeitsgrad leicht bis mittelschwer
- **Glasbergspur,** 6,5 km, Titisee-Hotel oder Saigertalbrücke in Neustadt, Höhenlage 850–880 m, Schwierigkeitsgrad leicht bis mittelschwer

Wasserfall am Wanderweg

Oben am Feldbergpass beginnt auf 1231 m Höhe einer der neuen Stars am Schwarzwälder Wanderhimmel: der **Wasserfallsteig.** Der 11,5 km lange Pfad führt – teilweise recht abenteuerlich – an zahlreichen größeren und kleineren Wasserfällen und Bächen bis zum 97 m hohen **Todtnauer Wasserfall,** mit dem Fahler Wasserfall sicherlich eines der beiden spektakulärsten der Gewässer.

Blick vom Feldberg auf den Feldsee. Da der Feldberg im oberen Bereich eher kahl ist, hat man von hier aus einen wunderbaren Rundblick auf den Schwarzwald

Praktische Tipps

Info

■ **Tourist-Information,** 79868 Feldberg, Tel. (07655) 8019, Fax 80143, www.feldberg-schwarzwald.de. Feldberg bietet ein reichhaltiges Ferienprogramm und viele familienfreundliche Gastgeber.

Unterkunft

■ **Hotel Adler**€€€, Akzent-Hotel, Feldbergstr. 4, Bärental, Tel. 1242, Fax 1228.

■ **Hotel Schlehdorn**€€€-€€€€, Am Sommerberg, Altglashütten, Tel. 91050, Fax 1320 (rustikal-edel)

■ **Naturfreundehaus Feldberg,** Tel. (07676) 336 (53 Pers., Zwei- bis Sechsbettzimmer.)

■ **Jugendherberge Feldberg Hebelhof,** Passhöhe 14, Tel. (07676) 221, Fax 1232 (in 1234 m Höhe auf der Feldbergpasshöhe gelegen.)

■ **Freizeit- und Bildungszentrum des Badischen Turnerbundes,** Altglashütten, Tel. 206, Fax 1627 (am Ortsrand von Feldberg-Altglashütten gelegen, gute Wintersportmöglichkeiten.)

Gastronomie

■ **Raimartihof,** Feldberg-Ort, Seestr. 2, Tel. 226, bis 19 Uhr geöffnet, Di. geschl. (nahe beim Feldsee, großer Biergarten unter Bäumen, die urige Wirtschaft ist nur zu Fuß erreichbar, Spezialität: hausgemachter Bibbeleskäs.)

Aktivitäten

■ **Angeln:** Forelle, Saibling, Hecht, Barsch, Karpfen und Schleie im Windgfällweiher (Jahresfischereischein erforderlich, Angelkarten bei der Shell-Tankstelle, Altglashütten.)

■ **Baden:** im Windgfällweiher (kleiner Kiesstrand, klares Wasser); Hallenbad mit Sauna: in Feldberg-Ort, Tel. (07676) 275.

■ **Fahrradverleih:** *Mountainbike-Zentrum,* Benzenweg 3, Feldberg-Falkau, Tel. 623, *Mountainbikeverleih,* Bahnhof Bärental, Tel. 322.

■ **Gleitschirmfliegen:** *Skymaster Paragliding,* Friedrichstr. 7, 79677 Schönau, Tel. (07673) 8511, Fax 8590.

■ **Ski- und Kletterschule Black Forest Magic,** Tel. (0761) 6964200, Fax 6964202, Mobil: 0179 5399957, www. blackforestmagic.de (Bogenschießen, Outdoor-Kletterkurse am Kletterturm Feldberg-Herzogenhorn, Ski- und Snowboardkurse mit Verleih auf dem Feldberg, geführte Schneeschuhwanderungen auf dem Feldberg und dem Schauinsland. Verleih von Wintersportausrüstung.)

Am Anfang war die Glashütte

Der Schwarzwald besteht in der Hauptsache aus Graniten und Gneisen; vor allem im Norden wird dieses Grundgebirge von Buntsandsteinschichten bedeckt. Das hat den Nachteil, dass aus diesen Gesteinen keine guten Böden entstehen, sondern saure Wiesen und Böden für Nadelbäume. Diesen Nachteil verwandelten die Schwarzwälder in einen Vorteil: Sie gründeten Glashütten und nutzten den damaligen Reichtum an Holz. Die älteste nachweisbare Glashütte stammt aus dem Jahr 1218. Die Herstellung von Glas verbraucht immens viel Holz: In früheren Zeiten wurden für ein Kilogramm Glas zwei Kubikmeter Holz, später dann immerhin noch die Hälfte benötigt. Ca. 95% der Holzmenge wurden für die Herstellung von Pottasche verwendet, die restlichen 5% für das Feuern der Schmelzöfen. Für die Pottasche wurde das Holz verbrannt, aus der Asche und aus Wasser wurde dann eine Lauge angesetzt, die durch Eindampfen und Brennen in den sogenannten „Potten", also in großen Töpfen, in die für die Glasherstellung benötigte Pottasche umgewandelt wurde.

Als der Schwarzwald noch nicht erschlossen war, war es unmöglich, das Holz zu den Glashütten zu transportieren. Folglich gründete man Glashütten dort, wo es Holz gab: mitten im Wald. Die Hütten waren dort so lange in Betrieb, bis das umliegende Holz gerodet war. Wenn dann der Transport zur Glashütte zu aufwändig wurde, wurde sie einfach in ein anderes Gebiet verlegt. Auf den zurückbleibenden, gerodeten Flächen wurden oft Siedlungen gegründet. Wie schon der Name andeutet, ging auch Altglashütten aus solch einer Glashütte hervor.

Der Niedergang der Schwarzwälder Glashütten begann im 19. Jh. mit der industriellen Revolution und dem wachsenden Wettbewerb.

Wintersport

- Die Region um den Feldberg gilt als das älteste Skigebiet Deutschlands, vom 1863 errichteten Gasthaus Feldberger Hof verbreitete sich der Skisport in ganz Deutschland. Mit der Karte des **Liftverbundes Feldberg** (Gemeinden Altglashütten, Fahl, Feldberg, Menzenschwand/St. Blasien, Todtnauberg, Muggenbrunn, Grafenmatt-Zeller, Seebuck-Sesselbach) kann man 31 Lifte benutzen und unter präparierten Abfahrten mit einer Gesamtlänge von 55 km wählen. Die SBG-Lift-Busse fahren kostenlos in die Skizentren. Das Gebiet gilt von Anfang Dezember bis Ende März als schneesicher.
- **Info:** Tourist-Information, Tel. (07652) 1206 8300, Tourist-Information Todtnauberg, Tel. (07671) 969690, Kurverwaltung Menzenschwand, Tel. (07675) 876 und 273.
- **Skitelefon:** (07676) 1214
- **Feldberg/Altglashütten:** 1 Lift, 1 Förderband, 3 Abfahrten mit insg. 5 km Länge für Anfänger und Fortgeschrittene; Skischule, Tel. (07655) 623.
- **Feldberg-Ort:** 6-er Sessellift, 1 Doppelsessellift, 2 Skilifte, 2 zusätzliche Übungslifte, 5 Abfahrten von leicht bis mittelschwer mit einer Länge von insgesamt 4,2 km, Kinderskiparadies; *Skischule Thoma,* Tel. (07676) 92688, *Skischule Feldberg,* Tel. (07676) 229 und 422, *Skischule Weyler,* Tel. (07676) 423.
- **Fahl:** 4 Lifte, 7 Abfahrten mit insg. 15 km Länge. Die Wiesenquellen-Abfahrt ist mit ca. 3 km Länge eine der längsten Abfahrten, sie eignet sich besonders für Familienabfahrten. Tiefschneefahrer finden im Ahornbühl ideale Voraussetzungen. *Skischule Todtnau-Fahl,* Tel. 0176 81055656.

Schluchsee

- **Vorwahl:** 07656
- **PLZ:** 79859
- **Einw.:** 2600
- **Höhe:** 930–1300 m
- **Ortsteile:** Faulenfürst (3 km), Fischbach (2,5 km), Schönenbach (9 km), Blasiwald (5 km), Seebrugg (4 km)

Wie an kaum einem anderem Ort zeigt der Schwarzwald hier am Schluchsee seine zwei Gesichter: sein lebhaftes Sommergesicht, wenn der Tourismus blüht und alle nur erdenklichen Sommersonnenfreuden wie Surfen, Bootsfahren, Segeln, Schwimmen, Wandern und Schlendern angesagt sind – und auf der anderen Seite sein beschauliches Wintergesicht, wenn sich nur vereinzelte Skifahrer und unerschrockene Wanderer in die Wälder rings um den Schluchsee verirren. Alles ist dann erheblich ruhiger und ganz in sich gekehrt.

Am schönsten ist, sommers wie winters, die Anfahrt aus Richtung Freiburg mit der **Dreiseenbahn** vorbei an Titisee, Windgfällweiher und Schluchsee, noch ganz nostalgisch wirken die drei Bahnhöfe Aha, Schluchsee und die Endstation Seebrugg. Der Schluchsee und der **gleichnamige Ort** mit seinen verstreuten Ortsteilen begannen ihre Karriere zum Fremdenverkehrszentrum im 19. Jh., als die ersten Sommerfrischler und Sportangler zu dem für seinen Fischreichtum bekannten See kamen. Damals war der Gletscherzungensee, ein Relikt der letzten Eiszeit, noch sehr viel kleiner. Erst im Jahre 1932 erreichte er durch den Bau der 35 m hohen Staumauer seinen heutigen Umfang (7,5 km Länge und bis zu 1,5 km Breite).

Neue Kirche mit altem Turm – so könnte man das Wahrzeichen von Schluchsee, die **Nikolauskirche,** bezeichnen. Der Turm mit seinem Zwiebeldach stammt aus dem 13. Jahrhundert, das neue Kirchengebäude selbst wurde im Jahr 1982 eingeweiht.

Die komplizierte Herstellung von Schäppeln, Brautkronen, Trachten- und Metallstickerei kann man hier noch miterleben wie sonst nirgends mehr im Schwarzwald. Das **Heimethus am Scheffelbach** ist ein echtes Kleinod: Alte Handwerkskunst im Vogelhaus, Mattenweg 1, Tel./Fax 1347, Di.–Sa. nachmittags ab 13 Uhr geöffnet oder nach telefonischer Vereinbarung.

Am Riesenbühl ragt eine **Aussichtsplattform aus Sturmholz** auf, errichtet aus einer Douglasientanne, die den Orkan Lothar nicht überstand.

Praktische Tipps

Info

■ **Hochschwarzwald Tourismus GmbH,** 79859 Schluchsee, Tel. (07652) 12068504, Fax 7759, www.schluchsee.de (auf der CMT 2005 in Stuttgart wurde der heilklimatische Ort als „Deutscher Wanderort des Jahres“ gewählt. Wanderbroschüren sind hier erhältlich.)

Unterkunft

■ **Pension Gebele**€€, Im Wiesengrund 20, Schluchsee, Tel. 310 (ruhig, am Wald gelegen.)

■ **Jugendherberge Wolfsgrund,** Im Wolfsgrund 28, Tel. 329, Fax 9237 (auf einer bewaldeten Landzunge direkt am Schluchsee, mehrheitlich Sechserzimmer, Dusche und WC auf dem Gang, Zweierzimmer mit Bad.)

■ **Jugendherberge Schluchsee-Seebrugg,** Haus 9, Tel. 494, Fax 1889 (am südl. Ende des Sees)

■ **Campingplatz Wolfsgrund,** Tel. 573 oder 7731 (oberhalb des Sees in Südhanglage, fast schattenlos, wintergeeignet, Chemietoilettenentsorgung.)

Unterkunft mit Gastronomie

■ **Heliopark Schloss am See**€€€–€€€€, Ortsteil Seebrugg, Tel. 524, Fax 261, Di. geschl. (1887 erbautes, denkmalgeschütztes ehemaliges Jagdschloss direkt am See, eigener Strand, im Winter eine verwunschene Welt.)

■ **Hotel Vier Jahreszeiten**€€€€€, Am Riesenbühl, Schluchsee, Tel. 700, Fax 70323 (Unterkunft, Unterhaltung, Fitness, Wellness, Kinderprogramme – das Hotel lässt keine Wünsche offen, verschiedene Restaurants.)

■ **Wellness-Hotel Auerhahn**€€€€€, direkt an der B 500, Schluchsee-Aha, Tel. 542, Fax 9270, kein Ruhetag (umtriebige Erlebnis-Gastronomie, Eidgenössische Küche mit knusprigen Röstis in allen Varianten; Fisch- und Winzerbuffets.)

Gastronomie

■ **Unterkrummenhof,** Schluchsee-Aha, kürzester Zugang ab Parkplatz Unteraha, ab dort ca. 3 km Fußweg, Tel. 1500, bis 18 Uhr geöffnet, Mo. geschlossen (malerischer Hof mit Streichelzoo und wunderbarem Blick auf den See. Üppiges „Krummenbrett“ zum kleinen Preis mit Schinken, Käse und Schwarzwaldwurst.)

■ **Berggasthof Alpenblick,** Ortsteil Hinterhäuser, Tel. 491 (rustikale und urgemütliche Gasträume, Schwarzwälder Spezialitäten.)

Aktivitäten

- **Angeln:** Hecht, Zander, Forelle, Barsch, Aal und Felche im Schluchsee, im Dresselbach, Fischbach und in der Schwarzach, Angelkarten u.a. bei der Gemeindeverwaltung.
- **Radverleih:** Tankstelle *Rebmann,* Freiburgerstr., an der B 500, Tel. 1027.
- **Segelbootverleih:** *A. Schlachter* in der Wolfsgrundbucht, Tel. 512 (Segelschein muss vorgelegt werden.)
- **Segelschule:** *E. Pohl,* Aha, Tel. 366 (auch Segelboot- und Surfbrettverleih.)
- **Tauchen:** *Tauchschule M. Lang,* Seebrugg, Tel. 988947 (der Schluchsee gilt als interessantes Tauchrevier.)
- **Nordic Walking Zentrum Schluchsee:** mit Walking-Strecke

Heimatmuseum Hüsli,
Wohnhaus des „Professor Brinkmann"

Wintersport

- **Langlauf:** *Fischbacher Spur* (Rundkurs), Länge 8 km, mittelschwer, Start: Pension Mattenhof, Unterfischbach oder Ortsmitte Schluchsee. *Skispur Schluchsee,* Länge 10 km, mittelschwer, Start: Sportplatz in Schluchsee oder Faulenfürst. Diese beiden Loipen können als Skiwanderweg Schluchsee – Faulenfürst – Hinterhäuser – Fischbach verbunden werden (23 km). *Aeulemer Kreuz-Loipe* (Rundkurs), Länge 9,2 km, mittelschwer, Start: Aeulemer Kreuz. Schönenbacher Spur, Länge 7 km, mittelschwer, Start: Ortsmitte Schönenbach. *Fernskiwanderweg Hinterzarten – Schluchsee,* Länge 32 km, schwer, hohe Schneesicherheit, Start: Kurhaus Hinterzarten
- **Ski-Lifte:** *Lift Aeule* (150 m lang, 30 m Höhenunterschied), *Lift Fischbach* (600 m lang, 130 m Höhenunterschied), *Kinder-Lift Schluchsee* (120 m lang, 20 m Höhenunterschied)
- **Skischule:** *Langlaufschule Schmidle,* Tel. 702900. *Skischule Fischbach,* Tel. 278.

040ssw cz

Im Umland von Schluchsee

Grafenhausen, Rothaus

Ohne es zu wissen, haben viele das „Hüsli“ schon gesehen: In der TV-Serie „Schwarzwaldklinik“ war es das idyllische Wohnhaus des edlen Halbgottes in Weiß, *Professor Brinkmann*. Jedenfalls ist das **Heimatmuseum Hüsli** nicht das, was es zu sein scheint: das typische Schwarzwaldhaus.

Errichtet wurde es in den Jahren 1911/12 für die Berliner Konzertsängerin *Helene Siegfried*, die sich in den Schwarzwald verliebte und sich dieses Haus als Ferien- und Alterssitz bauen ließ. Es ist das Traumschwarzwaldhaus aller Nichtschwarzwälder. Außen herum ein Bauerngarten, innen kleine, verwinkelte Räume mit allem, was dazugehört: Kachelofen, Eckbank, eine Küche mit altem Kochgerät, ein kuscheliger Alkoven und Schlafzimmer mit Himmelbetten. Als *Helene Siegfried* seinerzeit über die Dörfer reiste und den Bauern im Austausch für eine alte Holzdecke oder einen Bauernschrank neuwertigen Ersatz anbot, wurde sie schlichtweg für verrückt erklärt. Als 1984 die „Schwarzwaldklinik“ zum erstenmal ausgestrahlt wurde, kamen bis zu 1800 Besucher täglich. Einer Besucherin allerdings konnte das Hüsli nicht das bieten, was sie suchte: das Bett von *Professor Brinkmann*, in dem er seinen Sohn zeugte. Das stand schon im ZDF-Studio in Hamburg.

■ Öffnungszeiten: 1. April bis 30. Sept. Di.–Sa. 9.30–12 und 13.30–17 Uhr. So. 13.30–17.30 Uhr. 1. Okt. bis 31. März Di.–Sa. 10–12 und 13.30–17 Uhr. So. 13.30–17 Uhr, Mo. geschlossen.

Info

■ **Tourist-Information,** Schulstraße 1, 79863 Grafenhausen, Tel. (07748) 52041, Fax 52042 (der Ort gehört zu den Siegern im Wettbewerb „Ferien für die Familie“.)

Unterkunft mit Gastronomie

■ **Hotel Tannenmühle**€€, Tannenmühlenweg 6, Tel. (79865) 215, Fax 1226, www.tannenmuehle.de, Di. geschl. (Mühle aus dem 18. Jh., die zum Gasthof mit Mühlenmuseum umgebaut wurde. Dinkelmehl aus eigenem Anbau, Forellenspezialitäten; großer Streichelzoo mit vielen Tieren); Campingplatz Schwarzwälder Speck-Hüsli, Tel. 800 (Terrassenplatz im Wald, 4 km vom Ort, wintergeeignet, Einkaufsmöglichkeit, Restaurant.)

■ **Brauereigasthof Rothaus**€€€, Rothaus 2, Tel. (07748) 5229600, www.brauereigasthof-rothaus.de (Bodenständiger badischer Gasthof, der zu der Kultbrauerei *Rothaus* gehört, welche das *Tannenzäpfle*-Bier braut. Brauereiführungen: Mo.–Fr. 10, 15, 18 Uhr.

Aktivitäten

■ **Baden:** Waldschwimmbad Grafenhausen. Idyllischer Moorsee mit Badesteg und Badeinsel. Im abgegrenzten Naturschutzteil breitet sich ein Seerosenteppich aus.

■ **Skulpturenpark:** Open-Air-Kunstausstellung im Kurpark Grafenhausen mit den Skulpturen der alle drei Jahre stattfindenden Künstlersymposien.

■ **Freizeitbus Südschwarzwald:** Jeweils sonntags Mai bis Sept. ab Schluchsee über Grafenhausen, Bonndorf, Wutachschlucht, Blumberg nach Tiengen.

Wutachschlucht

- **Länge:** ca. 30 km
- **Tiefe:** bis zu 200 m
- **Pflanzenarten:** ca. 2500 teilweise seltene Farn- und Blütenpflanzen
- **Tierarten:** ca. 10.000 verschiedene Wirbel-, Glieder- und Weichtiere

Wandertipps

- **Wanderzeit:** am besten von Mai bis September
- **Ausrüstung:** gutes, festes Schuhwerk (Rutschgefahr!) und Rucksackverpflegung (zwischen Schatten- und Wutachmühle gibt es keine Einkehrmöglichkeit)
- **Hinweis:** Die Begehung der Schlucht erfordert Schwindelfreiheit besonders entlang des Ludwig-Neumann-Wegs zwischen Bad Boll und der Schur-

Sie ist jung, sie ist beeindruckend, sie ist wild, sie hat viele Liebhaber – und genau das ist ihr Problem. Die canyonartige Wutachschlucht ist Jahr für Jahr das bevorzugte Ziel von zahlreichen Gruppen- und Volkswanderungen. Seit 1989 ist das **Naturschutzgebiet Wutach-Gauchachschlucht** nur noch für Wandergruppen von bis zu fünfzig Personen zugelassen. Und das tat not, denn die einzigartige Tier- und Pflanzenwelt braucht ihre Ruhe.

Die **Wutach** verlässt als Seebach den Feldsee, fließt dann als sanfte Gutach aus dem Titisee und wird mit der Einmündung der Haslach zur wilden Wutach. Sie gilt als Musterbeispiel einer natürlichen Flussablenkung in Verbindung mit einer Verschiebung der Wasserscheide zwischen Donau und Rhein. Dieser Prozess war vor rund 20.000 Jahren abgeschlossen, damit gilt die Wutach als die jüngste Schlucht der Erde.

Dass die Wutachschlucht noch heute besteht, verdanken wir dem harten und zähen Kampf von Naturschützern – sie verteidigten sie in den sechziger Jahren vor dem Zugriff der Energiewirtschaft, die sie durch einen 60 m hohen Staudamm in einen See verwandeln wollte.

hammerhütte, da der Weg bis zu 40 m über der Schlucht auf einem mit Drahtseilen gesicherten schmalen Felsband verläuft.

■ Es empfiehlt sich unbedingt die Mitnahme einer **Wanderkarte** (z.B. die *Kompass Wanderkarte* Wutachschlucht-Waldshut-Tiengen Blatt 899 oder die *ADAC-Karte* Wutachschlucht, Blatt Nr. 18, beide Karten sind im Maßstab 1:30.000 erhältlich; kostenlose Übersichtskarte bei den Tourist-Informationen der Region.)

Teilstrecke: Kappel-Gutachbrücke – Schattenmühle

■ **Gesteinsart:** Grundgebirge und Buntsandstein
■ **Streckenlänge/Gehzeit:** 11 km/ca. 3 Stunden
■ **Gastronomie mit Unterkunft:** *Gasthof Schattenmühle*€€, www.schattenmuehle.de (zwischen der Schattenmühle und der Wutachmühle verläuft

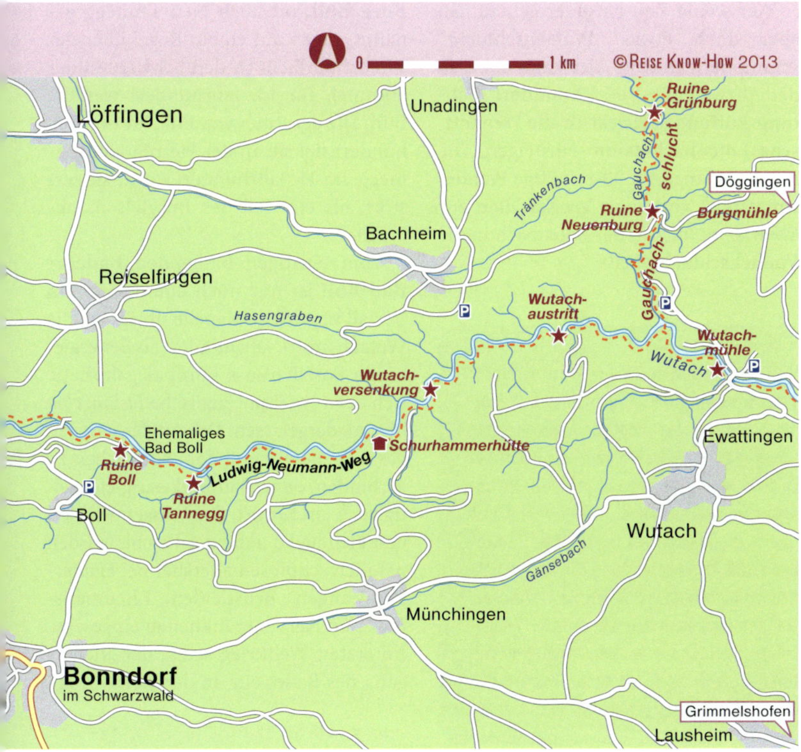

der spektakulärste Teilabschnitt der Wutachschlucht)

Das **Räuberschlössle** verdankt seinen Namen den Räubern, die sich einst hier versteckten. Von der Burg selbst existieren keine Überreste mehr. Geblieben ist der steile Porphyrfelsenkamm, dessen Türme 200 m tief in die Schlucht abfallen.

Wer nach dieser Wanderung noch Kräfte hat, sollte den einstündigen Abstecher von der Schattenmühle in die südwärts tief in das Granitmassiv eingegrabene, wildromantische **Lotenbachklamm** nicht versäumen.

Wer wenig Zeit hat oder gehfaul ist, aber doch etwas „Wutachschlucht“ schnuppern möchte, der kann auch ab der Abzweigung B 315 Bonndorf Richtung Löffungen direkt in die romantische Lotenbachklamm einsteigen. Die nur 1 km lange, ca. 30-minütige Wanderung führt vorbei an Wasserfällen zur *Schattenmühle,* wo der Lotenbach in die Wutachschlucht fließt.

Hobbygeologen können in der Wutachschlucht **Versteinerungen** wie Ammoniten und Belemiten finden. Für Hobbybotaniker ist die Schlucht ein einziges Eldorado, denn von den 2.500 in Mitteleuropa vorkommenden **Pflanzenarten** sind hier allein 1.200 vertreten, darunter Seltenheiten wie Hirschzunge, Türkenbund und Mondviolen. Und Schmetterlingsfreunde können unter 500 **Schmetterlingsarten** unter anderem den sehr seltenen Apollofalter sichten. Unter den Hunderten **Vogelarten** findet man auch den Wespenbussard, den Gänsesäger und den Eisvogel.

Teilstrecke: Schattenmühle – Bad Boll – Schurhammerhütte – Wutachmühle

- **Gesteinsart:** Muschelkalk und Keuper
- **Streckenlänge/Gehzeit:** 13 km/5 Stunden
- **Gastronomie:** ein Gasthof im Ortsteil Boll der Stadt Bonndorf.
- **Rastplatz/Einkehrmöglichkeit:** *Schurhammerhütte* (nicht bewirtschaftet), Kiosk bei der Wutachmühle am Ausgang der Wutachschlucht.

Die noch zwei verbliebenen Mauern von **Burg Boll,** oft auch Neu-Tannegg genannt, ragen auf einem Kegel über der Wutachschlucht in den Schwarzwälder Himmel. Im 13. Jahrhundert war die Burg Sitz der Ritter von Boll, im 14. Jahrhundert fiel sie an der Herren von Blumegg. Im 15. Jahrhundert wurde sie zerstört, als ein Teil des Burgfelsens abbrach.

Vom einstigen blühenden **Badeort Bad Boll** ist nur noch eine kleine, im Verfall begriffene Kapelle übrig. Da die Wutach im 19. Jahrhundert als der ergiebigste Forellenfluss Europas galt, hatte sich der vornehme englische *Fishingclub* hier niedergelassen. Die Angler wussten das Angenehme mit dem Nützlichen zu verbinden, denn Bad Boll war gleichzeitig auch ein Kurort. Die Wasser der kleinen Heilquelle nahe der Kirche wurden nämlich schon seit altersher bei Hauterkrankungen, Brustleiden, Rheumatismus und Nervenkrankheiten eingesetzt. Im ersten Weltkrieg setzte der Niedergang des Bades ein. In den Jahren 1918

005ssw cz

bis 1969 diente es als Tagungsstätte, dann als Klinik, bis es 1975 abbrannte. 1991 wurden die Ruinen dann gänzlich abgetragen.

Teilstrecke: Wutachmühle – Grimmelshofen

- **Gesteinart:** Jura (Lias und Dogger) und Muschelkalk
- **Streckenlänge/Gehzeit:** 11 km/ca. 3 Stunden
- **Einkehrmöglichkeit:** Kiosk bei der Wutachmühle

Teilstrecke: Gauchachschlucht, Waldparkplatz in Döggingen, Ende Wutachmühle

- **Gesteinsart:** Muschelkalk
- **Gehzeit:** ca. 2 Stunden
- **Gastronomie:** *Naturfreundehaus Burgmühle,* www. gauchach-schlucht.de, Übernachtungsmöglichkeit (Deftiges bei Eintopf und Bratkartoffeln.)

Die „kleine Schwester" der Wutachschlucht ist kürzer als die „große Schwester", aber auch uriger und unwegsamer. Die Wanderung durch die Gauchachschlucht sollte **nicht bei Hochwasser** – etwa nach einem sommerlichen Gewitterregen – unternommen werden. Von den beiden ehemaligen Burgen in der Schlucht, Neuenburg und Grünburg, existieren heute keine Reste mehr. Von der Gauchachschlucht zweigt die ca. einen Kilometer lange wilde Schlucht des **Tränkenbachs** ab, die an einigen Stellen nur ca. 2 bis 3 Meter breit ist.

Praktische Tipps

Info

- **Tourist-Information,** Löffingen, Rathausplatz 14, 79843 Löffingen, Tel. (07652) 12068350, Fax 120689359.

Unterkunft mit Gastronomie

- **Gasthof Sommerau**€€€, westlich von Bonndorf im oberen Steinatal, Tel. (07703) 670, Fax 1541, www.sommerau.de, Mo. und Di. geschl. (über 450 Jahre alter Gasthof. Preisgekrönt für seine aus traditionellen und modernen Bauelementen bestehenden Gebäude. Zutaten aus eigener Zucht oder eigenem Anbau, Wild- und Fischgerichte.)
- **Schattenmühle**€€, Tel. (07703) 1705, Fax 921454, www. schattenmuehle.de (bester und einziger Übernachtungsplatz für den Schluchtensteig. Ideales Etappenziel, da direkt am Wanderweg. Durchgehend warme Küche, großer Biergarten und Sonnenterrasse.)

Camping/Jugendherberge

- **Wutachschluchtcamping,** Wutach-Ewattingen, Tel. (07709) 226 und 1378 (am Dorfrand neben dem Hallenbad, wintergeeignet, Chemietoilettenentsorgung.)
- **Jugendherberge Bonndorf,** Waldallee 27, Tel. (07703) 359, Fax 1686, www.jugendherberge-bonndorf.de (vom *ADFC* als fahrradfreundliche Unterkunft zertifizierte Jugendherberge.)

Blumberg

701ssw WTMB

- **Vorwahl:** 07702
- **PLZ:** 78176
- **Einw.:** 10.000
- **Höhe:** 538–916 m
- **Ortsteile:** Achdorf/Aselfingen (4 km), Zollhaus (3 km), Riedöschingen (8 km)

In Blumberg nach einer richtigen Stadtmitte zu suchen wäre zwecklos, denn es gibt keine. Aus dem einst verschlafenen 800-Seelen-Dörfchen sollte im Dritten Reich eine **Bergbaustadt** für 12.000 Menschen werden. Für die Aufrüstung brauchte man Doggererz, das hier schon in früheren Jahrhunderten abgebaut wurde. Für die arbeitslosen Bergleute aus dem Ruhrgebiet, aus Ostpreußen und von der Saar, die hier in aller Eile angesiedelt wurden, entstanden bis 1940 1100 neue Wohnungen in einförmigen, sterilen Reihenhaussiedlungen. Der Erzabbau wurde bereits 1942 wieder aufgegeben, die Eroberungsfeldzüge hatten neue Abbaugebiete in Lothringen, Norwegen und der damaligen UdSSR eingebracht. An diesen für Blumberg kurzen, aber wichtigen Zeitabschnitt seiner Geschichte erinnern heute nur noch die eigenartig sterilen Stadtteile und Straßennamen wie „Doggererweg" oder „Bergmannstraße". Für Geomorphologen interessant ist die Tatsache, dass der Ort im breiten Hochtal der pleistozänen Feldberg-Donau liegt, die westlich der Stadt vom Rheinzufluss Wutach buchstäblich geköpft wurde.

› Sauschwänzlebahn

Sauschwänzlebahn

Wenn die Schweizer nicht so neutral wären, gäbe es die Sauschwänzlebahn nicht, und das wäre ausgesprochen schade. Nichts gegen klimatisierte Intercity-Züge, richtig Eisenbahn fahren kann man aber doch nur mit so einer historischen Dampfeisenbahn. Deutsche Ingenieure bauten von 1887 bis 1890 diese 25 Kilometer lange Strecke, die von Blumberg nach Weizen verkehrt. Die Eidgenossen hätten nie und nimmer zugelassen, dass durch ihr Gebiet Krupp-Kanonen ins vom Deutschen Reich annektierte Elsass befördert werden. Auf deutschem Gebiet aber war auf einer Luftliniendistanz von 9,6 km eine Höhendifferenz von 231 m zu bewältigen, die Steigung durfte nicht mehr als 1 % betragen, damit die Strecke noch von schweren Militärzügen befahren werden konnte. Lösung des Problems war eine umständliche Streckenführung über vier große Talbrücken und durch sechs Tunnels.

Zwei große Vollgummi-Räder, dazwischen eine Platte zum Stehen und darauf eine lange Stange zum Balancieren und Steuern – das ist **Segway.** Im südlichen Schwarzwald geht's auf Tour entlang der Sauschwänzelebahn bei Blumberg. *Reinhold Strecker* aus Blumberg hat die Freizeit-Fahrzeuge aus den USA in den südlichen Schwarzwald gebracht. Er führt auch Touren mit bis zu 20 km/h rund um die Sauschwänzlebahn durch die Wutachtal-Landschaft bei Weizen, Blumegg und Achdorf. Infos bei *Reinhold Strecker,* Tel. 476803, www.sewato.de.

Ihren Namen verdankt die Bahn Deutschlands einzigem **Kreiskehrtunnel,** dessen Form einem Ringelschwanz ähnelt. Mangels Rentabilität wurde der reguläre Eisenbahnbetrieb 1976 eingestellt. Dem vehementen Einsatz von Eisenbahnfreunden ist es zu verdanken, dass die Bahn nicht abgerissen, sondern 1977 als Museumseisenbahn in Betrieb genommen wurde.

- Die **Sauschwänzlebahn** fährt Mai bis Oktober. Fahrplanauskunft unter Tel. 47760, www.sauschwaenzlebahn.de.

Straußenfarm

200 große und kleine Strauße tummeln sich 3 km vom Museumsbahnhof Blumberg Zollhaus in Freigehegen auf dem Steppacher Hof. Ein ideales Ausflugsziel für Kinder. Farmshop und Vermietung von Ferienwohnungen.

- **Straußenfarm Steppacher Hof,** Blumberg-Riedöschingen, Tel. 41127, Fax 41128, www.steppacherhof.de.

Praktische Tipps

Info

- **Tourist-Information Blumberg,** Hauptstr. 97, 78176 Blumberg, Tel. (07702) 51203, Fax 51222, www.stadt-blumberg.de.

Unterkunft mit Gastronomie

- **Schwarzwälder Landhotel Löwen,** Kommentalstr. 8, Blumberg-Epfenhofen, Tel. 2119, Fax 3903, DZ ab 48 € (ideal für Reisegruppen.)
- **Gasthaus Scheffellinde**€€, Lindenstr. 8, Blumberg-Achdorf, Tel. 2441, Mo. geschl. (Scheffelzimmer mit Gemälden. Im Staffelgiebel des Hotels sind Fossilien aus der Region eingemauert.)

Donaueschingen

- **Vorwahl:** 0771
- **PLZ:** 78166
- **Einw.:** 21.300
- **Höhe:** 680–950 m

Donaueschingen kann sich auf den römischen Schriftsteller *Plinius* den Älteren berufen, der in seiner Naturgeschichte sagte: „Die Donau entspringt in Germanien auf den Höhen des Adnoba-Gebirges gegenüber Rauricum, einer Stadt Galliens". Furtwangen hingegen stützt sich auf ein Gutachten der Technischen Universität München, demzufolge der längste und wasserreichste Quellfluss als Ursprungsfluss angesehen werden muss. Bei der Donau ist das die 48,5 km lange Breg, die doppelt soviel Wasser führt wie die 42,6 km lange Brigach.

Und die Breg entspringt nun mal bei Furtwangen. „Brigach und Breg bringen die Donau zuweg" – wie auch immer, Donaueschingen prunkt auf jeden Fall mit einer kreisrunden, 1870 eingefassten **Donauquelle** im Schlosspark. Da steht geschrieben „Über dem Meere 678 m, bis zum Meere 2840 km". Eine Marmorgruppe zeigt die **Mutter Baar** als Symbol für die Landschaft Baar, die der jungen Donau den Weg nach Osten weist. Übrigens, zum Streit über den Donauursprung hat das „Hohe Grobgünstige Narrengericht" zu Stockach 1983 entschieden: „Der Streit ist eigentlich zu schön, um ihn jemals zu beenden."

Die 1921 gegründeten, alljährlich im Oktober stattfindenden **Donaueschinger Musiktage** für zeitgenössische Tonkunst sind weit über die Landesgrenzen hinaus ein Begriff. Die Veranstaltungen glänzen mit Namen wie *Karlheinz Stockhausen, Boris Blacher* und *Luigi Nono.*

Sehenswertes

Einen zweiten Blick lohnen viele Häuser in der Karlstraße in der Innenstadt. Nachdem an einem heißen Sommertag des 5. August 1908 ein Brand die gesamte Stadt in eine Ruine verwandelt hatte,

wurde Donaueschingen in einer ganz eigenartigen Mischung zwischen Historismus-Dekor und Jugendstil-Architektur wieder aufgebaut.

Die **Fürstlich Fürstenbergischen Sammlungen** im Karlsbau bieten Exponate zur Geologie sowie zur Geschichte und Kultur des Hauses Fürstenberg. Weiterhin eine naturkundliche Sammlung aus dem Jahr 1868. Napoleon-Fans werden sich freuen, denn hier gibt es sein Reise-Urinal und seinen silbernen Essteller zu entdecken.

Im Jahr 2009 wurde in Donaueschingen das **Museum Biedermann** mit Werken internationaler, zeitgenössischer Kunst eröffnet.

■ Geöffnet April bis Nov. tgl. außer Mo. 10–13 Uhr und 14–17 Uhr. Sonn- und feiertags 10–17 Uhr.

Praktische Tipps

Info

■ **Tourist-Information,** Karlstr. 58, 78166 Donaueschingen Tel. (0771) 857221, Fax 857228, www.donaueschingen.de.

„Donaueschingen – Geschichte und Gegenwart" ist das Thema der ganzjährig samstags um 10.10 Uhr an der Tourist-Information stattfindenden **Stadtführungen.** Für Kinder wird die Führung „Donaueschingen – märchenhaft" angeboten. Außerdem im Programm: Geführte Segway-Touren durch die Stadt und „Geocaching" – ein Stadtrundgang für Abenteurer und Schatzsucher.

Unterkunft mit Gastronomie

■ **Flair Hotel Grüner Baum**€€€, Friedrich-Ebert-Str. 9, Tel. 80910, Fax 8091-250, www.flairhotel-gruenerbaum.de (gediegen-gemütliches Haus im Schwarzwaldstil, Restaurant mit badisch-schwäbischer Küche.)

■ **Hotel-Restaurant Linde**€€€, Karlstr. 18, Tel. 83180, Fax 831840, www.hotel-linde-donaueschingen.de, Fr. und Sa. geschl. (markantes Gebäude im ortstypischen Stilgemisch zwischen Historismus und Jugendstil. Spezialität sind die Fischgerichte.)

■ **Öschberghof**€€€€, Golfplatz 1, Tel. 840, www.oeschberghof.com (von ALDI-*Albrecht* erbautes Vier-Sternehotel mit Golfplatz, Spa-Bereich.)

Camping

■ **Riedsee-Campingplatz,** Tel. 5511, Fax 15138, www.riedsee-camping.de (Wiesengelände an einem Badesee, wintergeeignet, Restaurant, Sauna, Tennis.)

Aktivitäten

■ **Golf:** 9- bzw. 18-Loch-Golfplatz des *Land- und Golf-Club Oeschberghof,* Tel. 84525 (Herren 6570 bzw. 6175 m, Damen 5783 bzw. 5410 m, Par 74/72)

■ **Brauereibesichtigung:** Betriebsführung und Besuch des Brauereimuseums. Führungen Mo. bis Do. 14.30 Uhr, www.fuerstenberg.de.

▷ Die Donauquelle in Donaueschingen

Im Umland von Donaueschingen

Die Umgebung von Donaueschingen zählt für Geologen zu den vielfältigsten Regionen Deutschlands. Hier, zwischen Schwarzwald und Schwäbischer Alb, findet man eine Vielzahl der unterschiedlichsten Gesteinsarten. Auch verläuft hier die **mitteleuropäische Hauptwasserscheide,** welche die Einzugsgebiete von Donau und Rhein bzw. des Schwarzen Meeres und der Nordsee voneinander trennt. Dieser geologischen Vielfalt verdankt die Baar auch ihr abwechslungsreiches Landschaftsbild. Auf diesen außerordentlichen geologischen Reichtum macht der **Geologische Garten Donaueschingen** aufmerksam.

Hüfingen

Ca. 3 km südlich von Donaueschingen gelegen sind in Hüfingen **Römische Badruinen** aus den Jahren 69–79 n. Chr. zu sehen. Sie gelten als eine der besterhaltenen römischen Badruinen in Europa.

■ **Öffnungszeiten:** Mai bis Okt. Sonn- und Feiertag 14–17 Uhr. Während der Schulferien (BW) täglich 14–17 Uhr geöffnet.

712ssw ce

Bad Bellingen | 184
Bad Krozingen | 164
Badenweiler | 185
Kandern | 182
Lörrach | 178
Münstertal | 169
Schopfheim | 175
Staufen | 165
Sulzburg | 189

6 Tour 6

MARKGRÄFLERLAND

Diese Tour führt durch das Markgräflerland, bekannt als die Toskana Deutschlands, eingebettet zwischen den Bergen des Schwarzwaldes und der Rheinebene. Man entdeckt ein teuflisches Hotelzimmer im „Badischen Löwen" in Staufen, ein teuflisches Bergwerk im Münstertal, einen himmlischen Berg, den Belchen, die „erste Station von der Erde zum Himmel", die einzige Tropfsteinhöhle des Schwarzwaldes bei Schopfheim, ein weltberühmtes Thermalbad in Badenweiler und einen jüdischen Friedhof in Sulzburg

< Weinlese im Markgräflerland

Tour 6
0 5 km
Hartheim
Freiburg, Karlsruhe
Fessenheim
Tunsel
Bad Krozingen
Ehrenstetten
St. Ulrich
St. Ulrich
Gießhübel
Stohren
Rhein
Eschbach
S. 164
S. 165
Staufen i. Breisgau
Heitersheim
Grissheim
Neumagen
Seefelden
-Dottingen
S. 169
Kloster St Trudpert
1281
F
Buggingen
S. 189
Münstertal
Zienken
Laufen
Sulzburg
Teufelsgrund
Bantzenheim
Chalampe
Hügelheim
S. 172
MARKGRÄFLERLAND
Neuenburg
Müllheim
Niederwlr.
S. 185
Badenweiler
Bad Sulzburg
S. 175
1414 Belchen
Sternschanze
1114
S. 187
Neuenweg
Nonnenmattweiher
Böllen
Ottmarshm.
Auggen
S. 189
Blauen 1165
Badische Weinstraße
Marzel
Bürchau
Schliengen
S. 183
Schloss Bürgeln
Homburg
KANDERTAL
Raich
Wiese
Wies
Elbenschwand
S. 184
Bad Bellingen
Feuerbach
Sitzenkirch
S. 182
Hertingen
Sallneck
Bamlach
Kandern
939
Tegernau
Rheinweiler
Tannenkirch
Endenburg
S. 180
S. 178
Zell
775
Holzen
Blansingen
Hofen
Vogelpark Steinen
702
Achlächtenhaus
983
Mappach
S. 177
Huttingen
Winterswlr.
Hausen
Weitenau
S. 180
Istein
Egringen
Wittlingen
501
Hägelberg
Schallbach
S. 180
Hauingen
S. 175
S. 177
Efringen-Kirchen
Rümmingen
Burg Rötteln
Steinen
Wiese
Schopfheim
Eichen
Binzen
Eimeldgn.
Maulburg
Höllstein
Brombach
Wiechs
F
Ötlingen
S. 178
Hohe Flum 535
Haltingen
Lörrach
Village-Neuf
Rhein
Huningue
S. 181
Weil
St. Louis
Basel
Riehen
Inzlingen
Schl. Beuggen
Schwörstadt
CH
CH
5
E35
D65
3
36
D39
378
3
D52
5
E35
3
98
E54
317
317
316
N66
35
E25
E60
34

MARKGRÄFLER-LAND

Tour 6

- Bad Krozingen
- Staufen
- Münstertal
- Schopfheim
- Lörrach
- Kandern
- Bad Bellingen
- Badenweiler
- Sulzburg

NICHT VERPASSEN!

- Die **Mephisto-Stadtführungen** in Staufen | 167
- Das Schlemmerparadies **Zähringer Hof** in Münstertal | 171
- Der **Belchen**, erste Station vom Himmel zur Erde | 172
- Das **Café-INKA** in Weil-Ötlingen | 181
- Der **alte jüdischen Friedhof** in Sulzburg | 192

Diese Tipps erkennt man an der gelben Hinterlegung.

Bad Krozingen

- **Vorwahl:** 07633
- **PLZ:** 79189
- **Einw.:** 15.600
- **Höhe:** 233 m
- **Ortsteile:** Biengen (2 km), Hausen (5 km), Schlatt (2 km), Tunsel-Schmidhofen (3 km)

„Wenn's wenigstens Jauche für die Felder wäre ...!", dann hätte man ja noch etwas damit anfangen können. Aber was die Krozinger im Jahre 1911 bei Ölbohrungen fanden, war zuerst eine herbe Enttäuschung: Es war nur Wasser. Das allerdings hatte es in sich; das kohlensäurehaltige, 33 Grad warme Wasser wirkt wohltuend bei Herz-, Kreislauf-, Rheuma- und Bandscheibenerkrankungen. Bad Krozingen liegt inmitten des Reblandes und vermittelt eine wunderbar badische „Numme-nit-huddle-Atmosphäre" (= „Immer mit der Ruhe").

Sehenswertes

Das im 16. Jahrhundert vom Kloster St. Blasien erbaute Bad Krozinger **Schloss** ist heute in Privatbesitz. Seit 1973 befindet sich hier eine **Sammlung historischer Tasteninstrumente** aus vier Jahrhunderten. Orgelpositiv, Regal, Spinett, Clavichorde, kostbare Hammerflügel und andere historische Instrumente werden hier im gobelin-geschmückten Schlosssaal regelmäßig bei den **Bad Krozinger Schlosskonzerten** zum Leben erweckt. Da die Konzerte meist ausverkauft sind, empfiehlt sich dringend eine vorherige Kartenreservierung bei der Kurverwaltung.

Alle zwei Wochen, im Rahmen einer Bad Krozinger Ortsführung, wird auch das Schloss mit der Sammlung besichtigt (immer donnerstags).

Esoteriker vermuten ein unterirdisches Tunnelsystem zwischen Bad Krozingen, Staufen und Kloster St. Trudpert, entdecken das Zeichen der Rosenkreuzer auf einer Säule mitten im Ort und wundern sich über das „Allsehende Auge" im Wappen von Bad Krozingen – und schließlich: die Partnerstadt von Bad Krozingen, Greoux-les-Bains, wird von einem imposanten Schloss der Tempelritter überragt.

Es war ein Bad Krozinger Kurgast, der im Jahre 1938 entdeckte, welch kunsthistorisches Kleinod sich auf dem Glöcklehof verbirgt. Die äußerlich unscheinbare **Glöcklehofkapelle** (eigentlich St.-Ulrichs-Kapelle) stammt aus der Frühzeit der alemannischen Christianisierung. Vermutlich gehen ihr Bau und ihre Fresken auf das Jahr 1025 zurück. Das Wandfresko im Inneren zeigt die älteste Christus-Darstellung dieser Art nördlich der Alpen. An der Altarwand ist das Martyrium Johannes des Täufers dargestellt.

Praktische Tipps

Info

- **Kur- und Bäder GmbH Bad Krozingen,** Herbert-Hellmann-Allee 12, 79189 Bad Krozingen, Tel. (07633) 4008-63, Fax 4008-41, www.bad-krozingen.de.

Unterkunft mit Gastronomie

■ **Hotel-Landgasthof Adler**€€, Staufener Str. 82, Tel. 3107, Mo. geschl. (mit urigem Biergarten)
■ **Hotel Bären**€€€, In den Mühlenmatten 3, Tel. 91100, Fax 150812 (modern-elegant)
■ **Hotel Daheim**€€€€, Blauenstr. 6, Tel. 92680, Fax 926620 (ruhige Lage, Zimmer mit Kühlschrank)
■ **Zum Storchen,** Felix- und Nabor-Straße 2, Tel. 5329, www.storchen-schmidhofen.de (Michelin-besternter Familienbetrieb. Einladender Gasthof mit Kachelofen. Besonders gut: Die Kutteln und das Kalbkotelett.)

Unterkunft

■ **Gästehaus Sparenberg**€–€€, Blauenstr. 9, Tel. 3577, Fax 405101 (das Gebäude diente seit 1685 längere Zeit als Zehnthof, familiär und radfahrerfreundlich.)

Aktivitäten

■ **Baden:** Das 1996 neueröffnete Mineral-Thermalbad *Vita Classica* wurde zu einem Prachtstück im antiken Bäderambiente. Im Mittelpunkt der Anlage prunkt die von Säulen umrahmte Kuppelhalle, umgeben vom lichtdurchfluteten Außenbereich. In der Vita Classica gibt es eines der besten Heilwasser weltweit mit der höchsten Kohlensäurekonzentration. Saunaparadies, Japanisches Bad. Geöffnet: Mo.–Fr. 8–23 Uhr, Sa., So. und Feiertag 8–22 Uhr.
■ **Golf:** *Golfclub Tuniberg* im 6 km entfernten Munzingen, Tel. (07664) 93060.

☒ Teuflisches in Staufen

Staufen

■ **Vorwahl:** 07633
■ **PLZ:** 79219
■ **Einw.:** 7000
■ **Höhe:** 280–720 m

Teuflisch, teuflisch: In Staufen, im *Hotel Löwen* im dritten Stock, soll im Jahre 1539 der oberste Teufel, Mephistopheles, dem *Doktor Faustus* eigenhändig das Genick gebrochen und seine arme Seele „der ewigen Verdammnis überantwortet“ haben. Der Ort dieses Geschehens existiert noch heute, mitten im malerischen, historischen Stadtkern von Staufen. Teuflisch auch das berühmte „Chriesewässerli“, das **Kirschwasser** von Schladerer, das höllisch gut schmeckt, hier hergestellt und in alle Welt versandt wird.

078ssw cz

Sehenswertes

Man übersieht sie leicht: die einzige noch erhalten gebliebene Gussstahlbrücke Deutschlands, die 1871 nach einer Hochwasserkatastrophe installierte **Neumagenbrücke,** eine einmalige Eisenbahnbrücke. Sie steht heute unter Denkmalschutz.

An der Straße ins Münstertal liegt das **Keramikmuseum.** Gezeigt wird die Entwicklung des Hafnerhandwerks (in Süddeutschland übliche Bezeichnung für die Töpferei) und der Kunstkeramik der letzten 100 Jahre. Der Betrieb wandelte sich in den 1970er Jahren zur künstlerischen Experimentierwerkstatt mit Verkaufsraum.

■ Geöffnet Febr. bis Nov. Mi. bis Sa. 14–17 Uhr, So 11–13 und 14–17 Uhr.

Auf einem rebenbewachsenen „stauf" (aus dem Germanischen: Becher, auch: spitzer, kegelförmiger Berg) thront malerisch die mittelalterliche **Burg Staufen** aus dem 12. Jh. Zur 375 m ü.d.M. gelegenen Burg führt ein bequemer Spazierweg hinauf. Im Jahre 1539 gewährte der damalige Burgbesitzer dem verfolgten Alchimisten *Dr. Johannes Faustus* Zuflucht: *Faustus* hatte ihm versprochen, ihn reich zu machen. Das Versprechen sollte sich nicht erfüllen ... Ein anderer der Burgherren, der sogenannte *Kuchenhänsle,* galt einst als die Plage seiner Untertanen. Er ließ sie u.a. oft vor den Pflug spannen und ackern bis zum Umfallen. Als er dann eines Tages obendrein eine junge Frau verführen wollte, wurde er von deren Bräutigam mit der Axt erschlagen. Seither sagt man, dass der *Kuchenhänsle,* stets von einer Meute Jagdhunde umgeben, rund um die Burg Staufen spukt.

„Vom Rad ins Bad" heißt eine 4-tägige, 190 km lange **Radpauschale,** die ab Freiburg über Bad Krozingen, Staufen, Sulzburg, Badenweiler, Kandern, Bad Bellingen, Basel nach Bad Säckingen durch alle reizvollen Orte und Bäder des Markgräflerlandes führt. Info und Buchungen unter Tel. 400854, www.thermendessuedens.de.

Seit 2008 ist Staufen um ein Museum reicher: das **Stadtmuseum** im Historischen Rathaus. Die Themen dieses Museums sind mittelalterliche Stadt, Silberbergbau, Dr. Faust, Handwerkskunst und die Badische Revolution von 1848.

Staufen ist für seine vielfältigen Kulturveranstaltungen bekannt. Alljährlich im Juli/August finden die Staufener Musikwoche und im Oktober die Kulturwoche statt.

Nicht auf dem Holzweg, aber auf den Spuren der Kelten wandelt man auf dem **Keltischen Baumkreis** am Waldparkplatz in Staufen-Grunern oder man folgt dem **Weisheitsbaumpfad,** der über der Altstadt von Staufen mit Zitaten aus Literatur, Philosophie und Religion neue Ein- und Aussichtenbereit hält. Im **größten Natur-Labyrinth Südbadens** kann man sich am Stadtsee am Rande der Altstadt verirren ...

Seit 2003 gibt es die außergewöhnlichen **Mephisto-Stadtführungen** – nicht versäumen! *Mephisto* schauspielert sich mit Goethes Faust auf den Lippen durch die verwinkelten Gassen der Stadt, erklärt, wie es damals war mit dem Doktor Faustus, dem 30-jährigen Krieg oder der Revolution von 1848, zeigt fleischfressende Pflanzen – diese Tour ist teuflisch gut! Anmeldung erforderlich bei der Tourist-Info oder bei *Outdoortheater,* Tel. (07633) 924704, www.mephisto-tour.de.

⌃ „Staufen, behütet vom kegelförmig aufsteigenden, rebenumkleideten Schlossberg, der die in die blauen Lüfte ragenden Ruinen des Stammschlosses der Freiherren von Staufen trägt" – so steht es im „Verkehrsbuch für Baden" (um 1911)

Praktische Tipps

Info

■ **Tourist-Information,** 79219 Staufen, im Rathaus, Tel. (07633) 80536, Fax 50593, www.muenstertal-staufen.de.

Unterkunft mit Gastronomie

■ **Gasthaus Die Krone**€€€, Hauptstr. 30, Tel. 5840, Fax 82903, www.die-krone.de, Sa. geschl. (hier past alles: Der gemütliche Gastraum und der hellmoderne Nebenraum, das gute Essen, die freundliche Bedienung, die Weinauswahl – kurzum, ein sehr empfehlenswertes Haus.)

■ **Hotel-Gasthaus Zum Löwen**€€€€, Hauptstr. 47, Tel. 9089390 (Die Geschichte des „teuflischen" Ortes – in Zimmer Nr. 5 ist Dr. Faust verstorben.)

Camping

■ **Camping Belchenblick,** Tel. 7045, Fax 7908 (traumhaft gelegener, mit Liebe geführter Platz, 1 km vom Ort. Familienfreundlich, behindertengerecht. Hallenbad, Sauna, Fitnessraum, Fahrradverleih. Geführte Wanderungen vom Platz aus.)

Gastronomie

■ **Restaurant Käsestube,** im alten Zunfthof, 18–23 Uhr täglich geöffnet (Käsespezialitäten wie

Doktor Faustus

Der Historiker Johann Faust wurde 1480 in Knittlingen geboren und trieb sich als Scharlatan in ganz Deutschland herum. Er fand viel Anerkennung als „Halbgott aus Heidelberg", aber noch mehr Ablehnung als „Kurpfuscher". Als er 1539 im Badischen Löwen weilte, soll eine feurige Lohe aus dem Schornstein gefahren, der Raum von teuflischem Schwefelgestank erfüllt und das Gesicht des Johann Faust geschwärzt gewesen sein. Die Umstände seines Todes waren Anlass zu der Sage, dass ihn der Teufel nach Ablauf eines 24-jährigen Pakts auf grausame Weise umgebracht habe. In Wirklichkeit fand vermutlich eine Explosion statt, als Faust versuchte, im Auftrag der hochverschuldeten Staufener Stadtverwaltung Gold zu machen. Das Schicksal des Dr. Faustus hat im Laufe der folgenden Jahrhunderte bedeutende Dichter wie Christopher Marlowe, Gotthold Ephraim Lessing, Heinrich Heine und Thomas Mann inspiriert, wobei „Goethes Faust" als eines der größten Werke der Weltliteratur hervorragt.

Übrigens, Mephistopheles soll seinen Fußabdruck in der obersten Stufe im Treppenturm des Staufener Rathauses hinterlassen haben – wo er heute noch zu sehen ist. Es muss dabei wirklich mit dem Teufel zugegangen sein: das Rathaus wurde erst Jahre nach Faustus Tod erbaut.

816ssw cz

Fondue oder Raclette; klein und schnuckelig mit Wohnzimmeratmosphäre in sehr romantischem Innenhof beim Marktplatz von Staufen.)

- **Café Decker,** an der Neumagenbrücke, Tel. 5316, Fax 500378, Mo. geschl. (ein weithin bekanntes Kuchenparadies und leckere Mitbringsel: „Staufener Pflastersteine" und „Staufener Tannenzapfen", hausgemachtes Eis und Pralinen.)
- **Berggaststätte Kohlerhof,** Tel. 245, Mo. geschl., Ehrenkirchen, aus Richtung Freiburg und Hexental kommend kurz vor der Ortseinfahrt links beim Schild „Kohlerhof" abbiegen, dann 8 km über kurvige Waldwege (herrlicher Ausblick, köstliche Bratkartoffeln.)

Auch hier gibt es private Pensionen

Münstertal

- **Vorwahl:** 07636
- **PLZ:** 79244
- **Einw.:** 5060
- **Höhe:** 400–1400 m

Wiesen, Weiden und Wald prägen das liebliche, 17 km lange Münstertal, überragt vom mächtigen Massiv des Belchen. Über 160 alte Schwarzwaldhöfe, eine bekannt gute Küche und nur wenige Nebeltage im Jahr machen das Tal mit seinen beiden Ortsteilen Ober- und Untermünstertal zu einem beliebten Urlaubsgebiet.

Sehenswertes

Im Jahre 604 kam der Ire St. Trudpert von Rom, um die heidnischen Alemannen vom christlichen Glauben zu überzeugen. Drei Jahre waren dem strengen Einsiedler beschieden, bis er von zwei unzufriedenen Knechten mit der Axt erschlagen wurde. St. Trudpert wurde zum Märtyrer erklärt, und seine Einsiedelei entwickelte sich zur Keimzelle der Besiedlung nicht nur des Münstertals, sondern auch des gesamten südwestlichen Hochschwarzwaldes. Die Geschichte des **Klosters St. Trudpert** ist äußerst wechselhaft, die heutige Anlage stammt aus den Jahren 1738–1749. Heute leben in dem ehemaligen Benediktinerkloster Nonnen; daher kann leider nur die Kirche besichtigt werden. Am Fuße des Klosters werden die mittelalterlichen Reste der Stadt Münster ausgegraben.

Vermutlich wurde schon im 8. Jh. im Münstertal Bergbau betrieben, der erste gesicherte Nachweis stammt aus dem Jahr 953 n. Chr. Bis zum Dreißigjährigen Krieg wurde im **Schaubergwerk Teufelsgrund** Silber abgebaut, zu Beginn des 18. Jh. ließ das Kloster St. Trudpert wieder einige Gruben öffnen, um für Rüstungszwecke Blei und Kupfererz zu fördern. Die dritte Periode, während der Flussspat abgebaut wurde, war von 1942 bis 1958. Dann wurde die Grube wegen Unrentabilität geschlossen. Die unteren Stollenanlagen sind heute mit Wasser gefüllt und dienen der Gemeinde Münstertal zur Deckung des Trinkwasserbedarfs zu Spitzenzeiten. Nach einer ca. 15-minütigen Video-Show über die Geschichte des Münstertaler Bergbaus kann man heute den ca. 500 m langen „Schindlerstollen“ begehen, der im hinteren Teil gerade so wirkt, als sei er erst gestern geschlossen worden. Die wohltuende Wirkung des spezifischen Klimas von stillgelegten Bergwerken wurde erst vor einigen Jahren entdeckt, als Asthmakranke sich in Bergwerksstollen aufhielten und spontan eine Verbesserung ihrer Atmung verspürten.

■ Öffnungszeiten: Anf. April bis 31. Okt. Di., Do. und Sa. 10–16 Uhr, So- und Feiertag 13–16 Uhr, Juli/Aug. zusätzlich Mi. und Fr. 13–16 Uhr.

Das **Münstertäler Bienenkundemuseum** ist mit seinen zwölf Ausstellungsräumen weltweit eines der größten Museen dieser Art und zeigt die Beziehung des Menschen zum Nutztier Biene von der Steinzeit bis zur Gegenwart.

■ Öffnungszeiten: ganzjährig Mi., Sa., sonn- und feiertags 14–17 Uhr.

Im Seitental Rotenbuck im unteren Münstertal setzt einer der letzten Köhler des Schwarzwaldes drei- bis viermal im Jahr (u.a. in der Karwoche) einen **Kohlenmeiler** und steckt ihn in Brand.

▷ „Schwarzwaldhaus 1902“, im Gewann Kaltwasser, westlich von Untermünsteral: Hier probte eine Berliner Familie im Jahr 2002 das „Schwarzwaldleben 1902“ – der TV-Vierteiler wurde ein großer Erfolg. Die Besitzer des Hofes kommen an Wochenenden hierher – und leben dann wie anno dazumal, www.schwarzwaldhaus-muenstertal, Tel. (07636) 77626, geöffnet Sa./So. 14–17 Uhr, Nov. bis Ostern geschlossen

Praktische Tipps

Info

■ **Kurverwaltung,** Wasen 47, 79244 Münstertal, Tel. (07636) 70730 und 70740, Fax 70748, www.muenstertal.de.

Unterkunft mit Gastronomie

■ **Zähringer Hof**€€€, Stohren 10, Tel. (07602) 256, Fax 685, ab Montagmittag und Di. geschl. (einsam auf 1100 m Höhe über dem Münstertal gelegen und die Vogesen. Der Gasthof wurde als umweltfreundlicher Betrieb ausgezeichnet. Gute, preisgünstige offene Weine vom Kaiserstuhl und Markgräflerland werden angeboten. Badische Flädlesuppe, Rindfleisch mit Meerrettichsoße, Münstertäler Bergkäse, auf der Zunge zergehende Schwarzwälder Kirschtorte – der Zähringer Hof ist ein einziges Schlemmerparadies – und das mit himmlischem Ausblick auf das Münstertal.)

■ **Historische Gaststätte Linde**€€€€, Krumlinden 13, Tel. 447, Fax 1632, Mo. geschl. (sehr geschmackvoll renoviertes Traditionsgasthaus beim Kloster St. Trudpert; im Sommer idyllische Terrasse; die Zimmer nach hinten raus sind ruhig; auf der Karte stehen Forellen in zehn verschiedene Zubereitungsarten.)

■ **Romantik Hotel Spielweg**€€€€€, Obertal, Tel. 7090, www.spielweg.com, Mo. und Di. geschl. (der Autor und Illustrator *Toni Ungerer* schrieb im Magazin der Süddeutschen Zeitung über das Hotel: *„So was habe ich immer gesucht. Dort (im Spielweg) hat man Vergangenheit, Gegenwart und Zukunft zugleich. Es gibt das alte Bauernhaus, das wie ein Museum wirkt, und einen modernen Neubau mit sonnenernergiegeheiztem Schwimmbad. Außerdem Zimmer für jeden Preis und für jeden Geschmack… Ich*

044ssw cz

komme aber vor allem wegen der Familie Fuchs her, die mit vier Generationen dort lebt und arbeitet... Und ich mag die Stimmung dort – schwarzwaldbäuerlich, wunderbar zum Ausruhen". Sehr interessant ist der „Tomi-Ungerer-Raum" mit Bildern des Künstlers. Sündig gut: der Obermünstertäler Weichkäse und der Bergkäse aus der hauseigenen Käserei, auch Verkauf vor Ort. Vor der Haustür beginnen markierte Wanderwege.)

Camping

- **Campingplatz Münstertal,** Tel. 353, Fax 7448 (500 m vom Ortsrand, vom ADAC als „Superplatz" bewertet. Hallenbad, Einkaufsmöglichkeit, Restaurant, Freibad, Chemietoilettenentsorgung.)

Gastronomie

- **Gasthaus Gießhübel,** am Gießhübel zwischen Münstertal und Schauinsland, Tel. (07602) 225, www.landgasthaus.de, im Winter Mi. geschl., So. bis Di. nur bis 17 Uhr (weite Aussicht, beliebt bei Wanderern, Mountainbikern und Motorradfahrern.)
- **Kälbelescheuer,** Münsterhalten 24, ab dem unteren Münstertal ausgeschildert, Tel. 305, geöffnet bis 19 Uhr , Mo. Ruhetag (ehemalige Sennhütte)

Aktivitäten

- **Bergbaugeologischer Wanderweg:** Teilstrecken von 5 und 12 km.
- **Waldlehrpfad:** Von Mai bis Oktober bietet die Kurverwaltung mittwochs geführte Wanderungen auf dem Waldlehrpfad an. Beginn jeweils um 10 Uhr ab dem Wanderparkplatz Süßenbrunn.
- **Einkaufen:** *Käserei Glocknerhof* geöffnet Mo. bis Fr. 11–13 und 15–18 Uhr, Sa. 9–13 Uhr, Tel. 573, allerbester Ziegen- und Bergkäse, Münsterkäse und Räucherkäse, der eigenartig nach Lachs schmeckt. Direktverkauf im 300 Jahre alten Hof im Ortsteil Kaltwasser. *Bergkäserei im Gasthof Spielweg* im oberen Münstertal, Tel. 7090.
- **Fabrikverkauf:** *Wäschefirma Schiesser* und *Gubor Schokoladenfabrik GmbH,* Dietzelbachstraße, Tel. 70090, Verkauf Mi. 14–17 Uhr (preisgünstige Wäsche und Schokolade.)
- **Fliegen:** *Skymaster, Walter Wagner's Flugsportteam,* Hof 57, Tel. 1676, Fax 77957.
- **Museen:** *Bienenkunde-Museum,* Spielweg, Tel. 70730 und 881, geöffnet ganzjährig Mi., Sa. und So. und an Feiertagen 14–17 Uhr (das europaweit größte Bienenmuseum zeigt – mit lebenden Bienen – die faszinierende Welt von Königinnen, faulen Drohnen und fleißigen Arbeiterinnen; angeschlossen ein Heimatkundebereich zur Geschichte des Münstertals.); *Schnitzerstube,* geöffnet Mo.–Fr. 9–12 Uhr und 13–18 Uhr, Sa./So. 10–12 Uhr und 13–17 Uhr (Bauernhaus mit Holzschnitzereien und Kleintieren.)

Im Umland von Münstertal

Belchen

„Es ist wahr, dass die erste Station von der Erde zum Himmel auf dem Belchen ist", schrieb enthusiastisch der Dichter *Johann Peter Hebel,* der sogar auf dem Belchen beerdigt sein wollte. Über den Ursprung des Namens „Belchen" gibt es eine interessante Theorie: Jeweils zur Tag- und Nachtgleiche am Frühjahrs- und Herbstanfang geht die Sonne, vom Belchen in den Vogesen aus betrachtet, direkt über dem Schwarzwälder Belchen (1414 m Höhe) auf und, wiederum von diesem aus gesehen, über dem Belchen in den Vogesen unter. Am kürzesten Tag des Jahres hingegen geht die Sonne von den Vogesen aus über dem Belchen im

Jura auf. „Belchen“ soll sich daher vom keltischen Sonnengott *Belenos* ableiten. Es könnte sein, dass die einzelnen Belchen-Berge den Kelten als natürliche Geländemarken für astronomische Berechnungen gedient haben. *Johann Peter Hebel* und seinen Freunden hingegen diente der Berg als Kultort ihres „Belchismus“. Sie erhoben dabei den Belchen zum Sitz und Altar des in der griechischen Mythologie beheimateten Meeresgreises *Proteus*, dem sie den Rang eines Gottes verliehen. *Hebel* selbst nannte sich nach dem griechischen Philosophen *Parmenides* Parmendeus, sein Freund nach dem griechischen Philosophen *Zenon Zenoides*.

Die **Aussicht** von dort oben ist grandios: Bei klarem Wetter reicht der Blick im Süden bis zum Schweizer Jura und weiter zur Alpenkette, im Norden nach Freiburg und zum Feldberg, und im Westen bis zu den Vogesen mit dem dortigen Großen Belchen. Am spektakulärsten ist die Aussicht an den Oktobertagen, an denen die Ebene von Nebel bedeckt ist und die Bergspitzen wie Inseln aus dem Nebelmeer hervorragen.

Johann Peter Hebel: „Das Leben freudig leben!“

Johann Peter Hebels (1760–1826) dichterisches Werk ist seiner Heimat und ihren Bewohnern gewidmet, die er zwar poetisch, aber ohne Sentimentalität beschrieb. Um beides möglichst genau darzustellen, dichtete er teilweise im alemannischen Dialekt. Berühmt wurden seine „alemannischen Gedichte“. Seine den Südschwarzwald und dessen bäuerlich-ländliche Lebensweise verklärende Dichtkunst wurde von *Goethe, Jean Paul* und *Martin Heidegger* hochgeschätzt, letzterer schrieb über Hebels Sprache: „Die Sprache ins Einfache steigern: das heißt, alles in den milden Glanz des ruhig klingenden Wortes verwandeln. Dieses veredelnde Sagen kennzeichnet das Dichtertum J. P. Hebels“.

Johann Peter Hebels eigenes, kurzes und bündiges Lebensmotto: „S’Lebe freudig verbruche! Trüble esse, Neue trinke, Chestene brote!“ („Das Leben freudig leben! Trauben essen, Neuen Wein trinken, Kastanien braten!“) Recht hat er!

Soviel Schönheit zieht natürlich viele Menschen und damit viele **Probleme** an. Trittschäden, Autoabgase, Abfälle und Abwässer haben der empfindlichen Fauna derart zugesetzt und die Erosion dermaßen begünstigt, dass der Belchen seit 2001 für Autos und Busse gesperrt ist und nur per pedes oder Seilbahn erreicht werden kann (täglich 9.15–17 Uhr, bei schönem Wetter bis 18 Uhr in Betrieb, Tel. (07673) 888280, rollstuhlgerecht).

„Gletscherpfad", „Urwaldpfad", „Pfad ins Erdaltertum" heißen einige der neun **Entdeckungspfade** im Belchenland. Der kürzeste ist der Belchenpfad, der über einen Kilometer vom Belchenhaus zum Belchengipfel hinauf führt (www.belchenland.de).

Hinterwälder, die kleinste Rinderrasse Europas, beweiden die steilen Hänge des Belchen.

Unterkunft

- **Jugendherberge Belchen Wieden,** Oberwieden 16, Tel. (07673) 538, Fax 504 (in 1170 m Höhe zwischen den Schwarzwaldbergen Belchen, Feldberg und Schauinsland gelegen.)
- **Wiedener Eck,** Oberwieden 15, 76965 Wieden, Tel. (07673) 1006, Fax 1009, Di. geschl. (Hallenbad, Schwarzwälder Schwitzstuben-Sauna.)

045ssw cz

■ **Berghaus Belchen,** Tel. 281, Mo. geschl. (viel los, gutbürgerliche Küche, Selbstbedienung.)

Wintersport

■ **Loipen:** östlich unterhalb des Belchen (Zufahrten aus dem Wiesen- und dem Münstertal sowie vom Notschrei und Schauinsland) schneesichere Strecken in 1000 bis 1260 m Höhe. *Kostloipe* und *Försterspur* (7,5 km), *Hohtannspur* (1,5 km Länge, Flutlicht). *Rund-Skiwanderweg Rollspitz* (12 km), *Stuhlsebenespur* (7,5 km)

■ **Skilifte:** siehe Todtnau

Sternschanze

Südlich des Belchen, auf der Passhöhe zwischen Neuenweg und Böllen, liegen zwei Schanzen. Angelegt wurden sie im 17./18. Jh. als Teil der Verteidigungslinie gegen die Franzosen. Sehenswert ist die Sternschanze.

Die Sternschanze bei Böllen

Schopfheim

■ **Vorwahl:** 07622
■ **PLZ:** 79650
■ **Einw.:** 19.500
■ **Höhe:** 375–1170 m
■ **Ortsteile:** Raitbach-Schweigmatt (6–8 km), Wiechs (2 km), Hasel (6 km), Gersbach (16 km)

Auch wenn, rein „oberflächlich“ gesehen, das kleine **Gewerbestädtchen** Schopfheim (Textil- und Holzindustrie, Maschinenbau) durchaus seine Reize hat – in den 1970er Jahren wurde die Schopfheimer Altstadt recht liebevoll herausgeputzt – so ist die Schopfheimer Unterwelt eher interessant.

Im Gegensatz zum Granituntergrund des übrigen Schwarzwaldes besteht diese aus porösem **Kalkstein,** der Schopfheim gleich zwei Attraktionen beschert hat: den Eichener See und die einzige Tropfsteinhöhle des Schwarzwaldes, die Erdmannshöhle (siehe „Ausflugsziele“).

Brauchtum

Jedes Jahr im Mai finden die internationalen **Orgeltage** statt. Alljährlich zu Ostern wird im Ortsteil Hasel das **Eierlaufen** gefeiert, ein Fruchtbarkeitsritual aus vorchristlicher Zeit.

Praktische Tipps

Info

■ **Touristinformation,** Am Marktplatz, 79650 Schopfheim, Tel. (07622) 396145, Fax 396202, www.suedwaerts.com, tourismus@schopfheim.de.

Unterkunft mit Gastronomie

■ **Berggasthof Waldhaus**€, Schweigmatt 11, Tel. 683956 (Geheimtipp auf 750 m Höhe mit einmaligem Panoramablick, vermieten Ferienwohnungen.)

■ **Ferien auf dem Bauernhof Mathilde**€, Dorfstr. 4, 79692 Raich-Ried, Tel. (07629) 513, www.bauernhof-mathilde.de (18 km nördlich von Schopfheim gelegener Hof, laut dem Magazin der Süddeutschen Zeitung ist hier die Luft würzig wie Speck, der Sternenhimmel ohne Schleier, die Aussicht nach Süden auf die Alpen gemütserwärmend.)

■ **Hotel-Restaurant Löwen**€€, Gündenhausen 16, Tel. 6884990 (ältestes Gasthaus in Schopfheim.)

■ **Hotel Krone**€€€, Schopfheim-Wiechs, Tel. 39940, Fax 399420, Fr. geschl. (Spezialitäten: Wild und schwäbische Küche. Hallenbad, familiäre Sonnenterrasse und eine private Kutschensammlung.)

■ **Zum Waldhüter**€€€, Gässle 7, Schopfheim-Gersbach, Tel. (07620) 988900, Fax 988901, www.zumwaldhueter.de (Traum von einem Schwarzwaldhaus mit Herrgottswinkel und knarrenden Holzdielen. Hier findet man göttliche Ruhe und himmlisches Essen.)

■ **Hotel-Restaurant Mühle zu Gersbach**€€€–€€€€, Zum Bühl 4, Tel. (07620) 90400, Fax 904055, Di. und Mi. bis 15 Uhr geschl. (Interessant: „Fetzenberger"-Käse, per Zerstäuber mit Kastanienhonig gesüßtem Essig parfümiert sowie als Aperitif Trinkessig im Glasfingerhut. Spezialität: Fleisch und Wurst aus der Gegend. Idyllische Gartenterrasse. Sehr liebevolle Einrichtung, ein äußerst empfehlenswertes Haus; für Wandersleute, Wochenendurlauber und Feierlichkeiten gleichermaßen geeignet.)

■ **Berghaus Hohe Flum,** am Ortsausgang von Schopfheim-Wiechs zweigt 2 km vor Nordschwaben rechts der ausgeschilderte Weg ab, Tel. 2782, Fax 64794, Hotel Do. und Fr. Ruhetag (im Gasthaus eidgenössisch beeinflusste Speisekarte, z.B. als „Chämifeger" bezeichnete Bauernwürste.)

Unterkunft

■ **Naturfreundehaus Gersbacher Hörnle,** Schopfheim-Gersbach, Tel. (07620) 238, Fax 1576 (48 Pers., Zweibett- bis Sechsbettzimmer, Kochgelegenheit.)

Aktivitäten

■ **Museen:** *Museum der Stadt,* Wallstr. 10, Tel. 63750, Mi. 14–17 Uhr, Sa. 10–17 Uhr, So. 11–17 Uhr (bürgerliche Wohnkultur des 18./19. Jahrhunderts, Grabtafeln einstiger Schopfheimer Bürger aus dem Mittelalter, Schneiderwerkstatt); *Technisches Museum Schopfheim,* Krafft-Areal, Tel. 666680, geöffnet April bis Okt., So 10–12 Uhr.

Wintersport

■ **Lifte:** in Schopfheim-Gersbach *Bergbrunnenlift* (700 m Länge, 150 m Höhenunterschied, Flutlicht), Tel. (07620) 262.

■ **Loipen:** in Schopfheim-Gersbach gespurte Loipen, 7–12 km lang mit Anschluss an das Todtmooser Loipennetz (12 km), Tel. (07620) 227. Neuenweg: *Nonnenmattweiher-Loipe* ca. 16 km lang, Einstieg beim Wanderparkplatz „Kreuzweg" an der Landstraße zwischen Neuenweg und Badenweiler. Wies-Stockmatt: *Gleichen-* und *Meierkopfloipe,* 7 bzw. 9 km Länge, Ausgangspunkt beim Waldparkplatz „Lipple" an der Landstraße Wies – Badenweiler, Tel. (07629) 911013.

Im Umland von Schopfheim

Hausen

Im ca. 4 km nördlich von Schopfheim gelegenen Hausen ist der Mundartdicher *Johann Peter Hebel* aufgewachsen. Jedes Jahr am 10. Mai wird das **Hebelfest** gefeiert. Heute ist in seinem Heimathaus das **Literaturmuseum „Hebelhaus"** untergebracht.

■ Geöffnet: Mi., Sa./So. 13.30–17 Uhr, Tel. (07622) 68730.

Erdmannshöhle

Östlich von Schopfheim bei Wehr liegt die Erdmannshöhle. Sie heißt so, weil darin die **Erdmännli und Erdwiebli** wohnen. Diese fleißigen Fabelwesen erledigten einst, wenn die Bewohner der Dörfer in der Kirche waren, deren Haus- und Feldarbeiten. Sie konnten nur eines nicht leiden: wenn man sie verfolgte. Einige vorwitzige Haseler Buben verstreuten eines Tages Asche auf dem Boden, um herauszufinden, ob die Männlein wirklich Gänsefüße hätten. Die schlauen Zwerge aber erkannten die Absicht und riefen voll Zorn: „Wie ist der Menschheit Undank groß". Seither müssen die Haseler wohl oder übel ihre Arbeit wieder selber machen.

Die schon im Jahre 1754 entdeckte Erdmannshöhle ist mit dem Auto oder ab Wehr auf einem halbstündigen Spaziergang entlang eines Naturlehrpfades zu erreichen. Die **Tropfsteinhöhle** ist auf einer Länge von 560 m begehbar. Fantasievoll bezeichnete Stalagmiten und Stalaktiten säumen den Weg: mit Irrgarten, Tempel, Märchenreich und Rittersaal.

■ Öffnungszeiten: Werktags 10–15 Uhr, Sa./So., feiertags 10–17 Uhr, Juni–Aug. tgl. 10–17 Uhr.

Gastronomie

■ **Landgasthof Erdmannshöhle,** Hauptstr. 14, Tel. (07762) 52180, Fax 521814, www.erdmannshoehle.de, kein Ruhetag, DZ 60–80 € (mit Sushi-Höhle, Schnaps-Zimmer, Bücherwelt-Zimmer, Weizenblütenzimmer, Kulinariums- & Kunstprogramm, Zen-Garten, Fondue-Grotte.)

Eichener See

Westlich der Erdmannshöhle liegt beim Örtchen Eichen ein ganz launischer See: Mal ist er da, und mal ist er nicht da. Im Jahre 1772 sorgte der Eichener See zum ersten Mal für Schlagzeilen, als fünf Menschen darin ertranken. Der seit damals bekannte See entsteht durch das Zutagetreten von Grundwasser in einer Doline. Durch lange Regenzeiten oder durch die Schneeschmelze führen die unterirdischen Bäche Hochwasser, das die Abflüsse nicht mehr zu fassen vermögen und das dann durch die Kalkschichten an die Oberfläche sprudelt. Der Wasserspiegel steigt bei Austritt pro Tag um etwa 8–14 cm, der höchste Wasserstand ist nach ein bis vier Wochen erreicht. Der See kann bis zu 3 Meter tief werden und besteht bis zu mehreren Wochen.

In dieser europaweit einzigartigen Lebenswelt hat sich ein ebenfalls einzigartiges Lebewesen entwickelt: der etwa 2 cm lange weißliche *Tanymastix Lacunae,* eine **Krebsart,** die man beim genauen Hinschauen vom Uferrand aus erkennen kann.

Ruine Bärenfels

Auf der Ruine Bärenfels, südöstlich von Schopfheim bei Wehr, spukt der Geist des **Ritters Kuno.** Der Ritter mit dem feurrotem Haar und außergewöhnlich boshaftem Wesen lebte im 13. Jh. auf der Burg. Seiner nervtötenden Art verdankte er den Beinamen „Lütplager" (Leuteplager). Heute spukt er in Form einer roten Katze umher, stets umgeben von einem Pulk von kläffenden Hunden. Wenn des Nachts in Wehr Katzen heulen und Hunde jaulen, dann hieß es bei den Einwohnern der Stadt: „*Kuno* rührt sich wieder".

Aufstieg von der Werrachstraße aus, die Burgruine Bärenfels ist in zwei Stunden zu erwandern. Mit begehbarem Aussichtsturm.

Vogelpark Steinen

Inmitten des Weitenauer Berglandes nordwestlich von Schopfheim zwitschern auf über 100.000 m² 300 verschiedene Arten von Vögeln aus aller Welt, unter anderem in einem üppig bepflanzten Tropenhaus. Der Park mit Grillplatz, Gartenwirtschaft und Abenteuerspielplatz ist ideal für einen schön verspielten und vertrödelten Familienausflug.

- **Vogelpark Steinen,** Steinen-Hofen, Tel. (07627) 7420, tgl. geöffnet Mitte März bis Anf. Nov. 10–17 Uhr, Ferien, feiertags und Juli/Aug. 9–18 Uhr. Der Hund darf mit!

Lörrach

- **Vorwahl:** 07621
- **Einw.:** 46.000
- **Höhe:** 272–555 m
- **Ortsteile:** Brombach (3 km), Haagen (5 km), Hauingen (6 km)

Lörrach ist **wirtschaftliches und kulturelles** Zentrum Oberbadens. Dessen mittlerweile fast weltweit bekannte Repräsentantin grast als „Lila Milkakuh" durch die Medien. Die „zartesten Versuchungen" werden hier im Lörracher Schokoladenwerk hergestellt. Lörrach im Dreiländereck Deutschland – Schweiz – Frankreich hat sich in den letzten Jahren von einer gesichtslosen Kleinstadt zu einer liebenswerten Kreisstadt gemausert, die von den Hörern des Südwestrundfunks auf Platz drei der baden-württembergischen „Wohlfühlorte" gewählt wurde.

Praktische Tipps

Info

■ **Burghof Lörrach GmbH – Kartenhaus/Touristinformation,** Herrenstr. 5, 79539 Lörrach, Tel. (07621) 94089-65, Fax 94089-34, www.loerrach.de.

Unterkunft mit Gastronomie

■ **Hotel Restaurant** am Burghof€€, Herrenstr. 3, Tel. 940380 („ein vollwertiges, aber ballaststoffarmes Etablissement, das vom ersten Morgencafé bis zum letzten Absacker schier alle kulinarischen Ansprüche erfüllen kann" schrieb die Badische Zeitung.)

■ **Inzlinger Wasserschloss**€€€–€€€€, Inzlingen, 6 km südöstlich von Lörrach, Tel. 47057, Fax 13555, Di. und Mi. geschl. (Nouvelle Cuisine im erlesenen Rahmen eines historischen Wasserschlosses aus dem 16. Jh.)

■ **Hotel-Restaurant Drei König**€€€€, Basler Straße 169, Tel. 4258333, Mo. geschl. (der Gastgeber wurde vom Gault Millau 2012 zum Restaurateur des Jahres gewählt: Das Ensemble aus Restaurant, Bar, Delikatessen und Hotel käme „dem Anspruch, ein gastronomisches Gesamtkunstwerk darzustellen, schon ziemlich nah".)

■ **Rechberger Hof,** Lörrach-Hauingen, in Hauingen an der Ampel beim Ausstattungsgeschäft *Renk* nach links abbiegen, Tel. 52269, Mo. geschlossen (Ausflugslokal, die Spezialität des Hauses besteht aus Wurstsalat und Leberli mit Rösti und Käsespätzle.)

Unterkunft

■ **Hotel Villa Elben**€€€, Hünerbergweg 26, Tel. 2066 und 84766, Fax 43280 (Jugendstilvilla, ruhig in großem Park gelegen; stilvoll mit Kaminhalle.)

■ **Jugendherberge,** Steinenweg 40, Tel. 47040, Fax 18156 (am Waldrand zwischen den Stadtteilen Lörrach-Stetten und Lörrach-Salzert gelegen, Bushaltestelle.)

■ **Campingplatz Grüttweg 8,** Tel. 82588 (1,5 km vom Ort entfernt, mit Einkaufsmöglichkeit, Restaurant, Minigolfanlage und Chemietoilettenentsorgung.)

Aktivitäten

■ **Bauernmarkt:** Immer Di. und Do. auf dem Marktplatz, Mi. und Fr. in verschiedenen Ortsteilen. Bäuerinnen und Bauern aus der Umgebung verkaufen das, was gerade Saison hat.

■ **Stimmen-Festival:** Gewaltig sind auch die Stimmen, die alljährlich im Juli beim internationalen Gesangsfestival „Stimmen" in Lörrach, www.stimmen.com, zu hören sind: Künstler wie *Bob Dylan, Lenny Kravitz* oder *Leonard Cohen* waren schon hier zu Gast!

■ **Kulturzentrum Burghof:** Mit dem Burghof Lörrach, www.burghof.com, ist in der Stadt ein Kultur- und Tagungszentrum entstanden. Tanz, Kabarett, Kammermusik und Konzerte von Musikinterpreten aus der ganzen Welt bestimmen neben Veranstaltungen der Lörracher Kulturszene das Programm.

■ **Museum:** *Dreiländermuseum:* Dauerausstellung *Expo-Tri-Rhena* – eine umfassende Darstellung zur wechselvollen Geschichte der Region. Basler Str. 143, Tel. 919 370, geöffnet Mi. bis Sa. 14–17, So. 11–17 Uhr.

Im Umland von Lörrach

Burgruine Rötteln

4 km nördlich von Lörrach, in Lörrach-Haagen, erhebt sich auf einer Anhöhe die gewaltige Burgruine Rötteln. 1259 erstmals erwähnt, wurde sie 1356 durch das große Erdbeben von Basel zum Einsturz gebracht, in den Folgejahren wiederaufgebaut und 1678 von den Franzosen endgültig zerstört. *Johann Peter Hebel* schreibt in seinem alemannischen Gedicht „Die Wiese" von „Fürste und schöni fürstigli Fraue, Heere und Heere-Gesind", die einst dort gewohnt haben sollen. *Hebels* Atmosphäre von einst „jetz isch alles still (...) Wildi Tuube nischte dört uf moosige Bäume" hat sich mittlerweile in eine Sonntagsnachmittagsausflugsstimmung gewandelt.

Eine **schauerliche Geschichte** rankt sich um dieses Burgenungetüm: Als eines Tages der Lieblingshund des Schlossherrn starb, ließ dieser den Knecht von seinen anderen Hunden zerfleischen. Dessen Frau, die „Hexe von Binzen", stieß nach dem Tod ihres Mannes einen grässlichen Fluch auf die Burg und ihren Herrn aus – worauf der Bräutigam des Schlossfräuleins alsbald tot von seinem Pferd stürzte und die Burg von Feinden erobert wurde.

■ Öffnungszeiten Burgruine und Museum: tgl. 10–18 Uhr (Mitte März bis Ende Okt.). Nov. bis März So. 11–16 Uhr, bei Vereisung und Schnee geschl. Führungen unter Tel. (07621) 56494.

Isteiner Klotz

Nordwestlich von Efringen-Kirchen liegt der Isteiner Klotz, ein aus Weißjurakalken aufgebauter, **92 m steil abfallender Felsen,** der noch lange Zeit durch viele Reiseführer als landschaftlich beeindruckender Markstein herumgeisterte. Vor der Rheinkorrektur durch Tulla lag er direkt am Fluss – aber diese Zeiten sind schon lange vorbei. Auch befanden sich damals noch nicht die Produktionsanlagen der Isteiner Kalkwerke direkt am Felsen.

Blansingen

Die dem Hl. Petrus geweihte **Kirche** von Blansingen wurde 1173 erstmals erwähnt, die Wandmalereien stammen aus dem ersten Drittel des 15. Jh. Ihr Vorhandensein verdanken wir der Tatsache, dass das fürstliche Stift St. Blasien den Bitten der Kirchengemeinde, die ein „trauriges und widerstrebendes" Bild abgebende Kirche doch bitte zu erneuern, nicht nachgekommen ist. Unter den Wandmalereien beeindruckt besonders das Fresko, das die Hölle als einen weit aufgerissenen Schlund zeigt. Inmitten des zähnefletschenden Mundes stehen Männlein und Weiblein, Päpste und Mönche und schauen mit starren Augen in den Kirchenraum. Mittendrin der gefesselte Teufel mit drei Gesichtern an Kopf, Bauch und Hinterbein. Unter dem Chorbogen sind die törichten und die klugen Jungfrauen dargestellt. Der Künstler war sehr religiös, aber kaum ein Meister seines Fachs. In der Kreuzigungsszene begutachtet Christus freundlich interessiert seine Peiniger, die ihn ans Kreuz nageln. Vermutlich ist es diese mangelnde Professionalität, die die Kirche so menschlich und sehenswert macht.

Unterkunft mit Gastronomie

■ **Gasthof Traube**€€€, Alemannenstr. 19, 79588 Efringen-Kirchen/Blansingen, Tel. (07628) 8290, Fax 8736, www.traube-blansingen.de (stilvoll renoviertes Bauernhaus aus dem Jahre 1811 mit sieben romantischen Schatzkästelein-Zimmern im Landhausstil und anspruchsvoller Küche.)

Weil am Rhein

In Weil am Rhein, an Lörrach angrenzend, verspricht das **Laguna Badeland** karibische Gefühle. Inmitten einer Tropenlandschaft branden Wellen ans Beckenufer, sprudeln Kaskaden, spritzen Wasserkanonen und lockt eine 65 m lange Hallenwasserrutschbahn.

■ Sportplatz 1, Tel. (07621) 70071

Genauso futuristisch-funktional wie das Museumsgebäude sind auch die Ausstellungsstücke im Weiler **Vitra Design Museum:** Über 1200 Stuhlklassiker nach Modellen großer Architekturmeister wie *Thonet, Henry van der Velde* und *Le Corbusier* sind hier zu bewundern. Weiterhin wechselnde Ausstellungen zu Design und Architektur.

■ Charles-Eames-Straße 1, tgl. 10–18 Uhr.

Gastronomie

■ **Café INKA,** Dorfstraße 95, 79576 Weil-Ötlingen, Tel. (07621) 65387, Di. bis Sa. 12–18 Uhr, So. und Mo. geschlossen (im 5 km westlich von Lörrach gelegenen, beschaulichen Ötlingen locken im Sommer der sonnige Innenhof, eine kleine Speisekarte und Kuchen und Torten in erstklassiger Qualität. Der ungewöhnliche Name des Cafés kommt von einer einzigartigen Wandtapete aus dem Jahr 1819 mit Szenen aus dem Inka-Reich in Peru, die erst 1988 bei Renovierungsarbeiten wieder entdeckt wurde.)

Aktivitäten

■ **Fabrikverkauf:** BIG STAR-JEANS Factory Outlet, Blauenstr. 1, Tel. (07621) 791814, Verkauf werktags 10–19 Uhr, Sa. 9–17 Uhr (*Shirts and Jeans and Boots,* Reste und 2. Wahl bis zu 50% günstiger.)

713ssw cz

▷ Einzigartiges Tapeten-Panorama im Café INKA in Ötlingen

Kandern

- **Vorwahl:** 07626
- **PLZ:** 79400
- **Einw.:** 8000
- **Höhe:** 346–1200 m

Mitten im Markgräflerland liegt das „badische Nizza", wie es der poetisch veranlagte Arzt *Adolf Kussmaul* im 19. Jh. nannte. Tatsächlich liegt das von Bergen umgebene, behagliche Städtchen im abendlichen Licht oft wie verzaubert da. Seinen heutigen Ruhm allerdings verdankt Kandern seinen köstlichen **Brezeln,** seinen **Keramiken** und **Tonwaren.**

Im Vitra Design Museum in Weil am Rhein

Aus Kandern stammt **Johann August Sutter** (1803–1880), dessen atemberaubenden Aufstieg und Fall *Stefan Zweig* in seinem Buch „*Sternstunden der Menschheit*" verewigt hat. *Sutter* war 1834 nach Amerika ausgewandert und hatte durch Pelzhandel ein riesiges Vermögen gemacht. Er wurde zum Besitzer der Ländereien „San Franzisco". Als dort eines Tages Gold gefunden wurde, begann ein Goldrausch, seine Angestellten verließen ihn, um Gold zu suchen, Landwirtschaft und Gewerbe standen still. *Sutter* ging vor Gericht und bekam nach vielen Jahren Recht zugesprochen. Und so endet *Stefan Zweigs* Geschichte über die Gründung von San Franzisco: „Niemand hat *Sutters* Erbe bislang angefordert, kein Nachfahr hat seinen Anspruch angemeldet. Noch immer steht San Franzisco, steht ein ganzes Land auf fremdem Boden."

047ssw cz

Aktivitäten

- **Einkaufen:** *MEDIMA Angora Textilverkauf,* Im Käppele 24, Tel. 7004 (ca. 30% unter Verkaufspreis, kuschelige Angorawäsche.)
- **Golf:** *Golfclub Markgräflerland Kandern e.V.,* Feuerbacher Str. 29, Tel. 1043, Fax 1433 (18-Loch-Platz, Handicap-Nachweis erforderlich.)
- **Museum:** *Heimat- und Keramikmuseum,* Ziegelstraße, Tel. 972356, geöffnet April bis Okt. Mi 15–17.30 Uhr und So 10–12.30 und 14–16 Uhr.
- **Museumsbahn:** *Historischer Dampfzug Chanderli,* Fahrstrecke zwischen Kandern und Haltingen. Info: Tel. 972356, www.kandertalbahn.de.
- **Wandern:** Rund um Kandern gibt es neben einem weitläufigen und gut ausgeschilderten Wanderwegenetz verschiedene Themenwege wie: „August-Macke-Rundweg“, „Walderlebnispfad“, „Weinlehrpfad“, „Planeten- und Zeitweg“ und den „Geologie-Lehrpfad“.

Praktische Tipps

Info

- **Tourist-Information der Stadt Kandern,** Hauptstr. 18, 79400 Kandern, Tel. (07626) 972356, Fax 972357, www.kandern.de.

Unterkunft

- **Zur Weserei**€€€–€€€€, Hauptstr. 81, Tel. 445, Fax 6581, Mo. und Dienstagnachmittag geschl. (rustikal und gemütlich im Markgräfler Stil eingerichtet.)
- **Jugendherberge Platzhof,** Platzhof 1, Tel. 484 (westlich von Kandern in 500 m Höhe nahe der „Scheideck“, Ponyhof mit Reitmöglichkeit.)
- **Terrassen-Camping Kandern,** Tel. 7874 (500 m vom Ort am Waldrand oberhalb des Schwimmbades, Restaurant, Einkaufsmöglichkeit, Chemietoilettenentsorgung.)

Im Umland von Kandern

Schloss Bürgeln

„Z’Bürgeln uf der Höh, nai was cha me seh! Oh, wie wechsele Berg un Tal, Land un Wasser überall, z’Bürgeln uf der Höh.“ Womit *Johann Peter Hebel* schon das Wichtigste gesagt hätte. Schloss Bürgeln, 8 km nördlich von Kandern gelegen, bietet nicht nur einen wunderbaren Ausblick, sondern auch ein hübsches, mit Rokokomöbeln ausgestattetes Inneres. Auf der Aussichtsterrasse des Schlossrestaurants kann man sich *Hebels* Dichterworte so richtig auf der Zunge zergehen lassen.

- Schlossführungen von März bis Okt. tgl. außer Di. 11, 12, 14, 15 und 16 Uhr.

Die Bad Bellinger Traubenkur

Schon im Hochmittelalter war in der Region um Bad Bellingen der Weinanbau stark verbreitet, damals besaßen noch die Klöster und Adligen den größten Teil der Reben. Im Jahre 1150 erließ das Benediktinerkloster Muri die älteste bekannte Rebordnung, die besagte, dass die Rebbauern ein Sechstel des Traubenmostes behalten durften.

Die Gutedeltraube, die schon seit 200 Jahren um Bad Bellingen angebaut wird, kommt ursprünglich aus der Oase Fayun südlich von Kairo und wurde dort als Kurmittel entdeckt. Ihr Wein ist frisch und leicht und von mäßigem Alkoholgehalt. Die Gutedeltraube ist die einzige Traubensorte Deutschlands, die zur Kur geeignet ist. Zurzeit der Traubenlese im Herbst bietet Bad Bellingen jeden Morgen frisch geschnittene Trauben zur Kur an. Therapiert werden damit Vitaminmangelbeschwerden, Schwächezustände nach schweren Krankheiten und chronische Verstopfung. Das Ganze nennt sich „Umstimmungstherapie". Wer nicht zur Kur da ist, der trinkt einfach die Trauben in Form eines Gutedelweins – und macht eben eine Umstimmungstherapie der flüssigen Art.

Bad Bellingen

- **Vorwahl:** 07635
- **PLZ:** 79415
- **Einw.:** 3300
- **Höhe:** 225-385 m
- **Ortsteile:** Hertingen (4 km), Rheinweiler (3 km), Bamlach (2 km)

Die Zeiten, als die Bad Bellinger Kurgäste noch im mit Brettern ausgeschlagenen Ortstümpel kurten, sind gar nicht so lange her. Damals im Jahre 1956 suchte man eigentlich nicht nach schnödem Wasser, sondern nach dem heißbegehrten Erdöl. Was man fand, war heiß und heilsam und im Laufe der Jahre auch noch gewinnbringend. Die ersten offiziellen Kurgäste badeten noch in einem alten Weinbottich und zogen sich hinter Schilfmatten um; 1967 eröffneten dann die Bad Bellinger ihr erstes Hallen-Bewegungsbad. Die Metamorphose zum modernen Kurort hat Bad Bellingen glücklicherweise noch nicht ganz abgeschlossen, denn noch immer existiert der alte, noch recht dörfliche Ortsteil erhöht über dem Dorfgestade. Zu Fuß gehen muss keiner – von den Kuranlagen unten schwebt ein Lift ins obere Dorf.

Sehenswertes

Wer im Bad Bellinger Ortsteil Bamlach im **oberrheinischen Bäder- und Heimatmuseum** war, weiß die heutigen Bäder mit all ihren Annehmlichkeiten erst so richtig zu schätzen. Und ein bisschen schlauer ist man auch. Oder wissen Sie, wie die Römer in der Region gebadet haben? Wo und wie im Mittelalter zur Ader gelassen und geschröpft wurde? Warum im 17. Jh. Menschen „beyderley" Geschlechts stundenlang gemeinsam im Bad saßen? Wo im 19. Jh. die besten „Fressbädle" gestanden haben? Wo die Konfessionsgrenze zwischen katholischen und evangelischen Dörfern verlief? All diese Fragen und viele mehr werden im Bäder- und Heimatmuseum beantwortet.

■ Bad Bellingen-Bamlach, Weinstr. 25, Tel. 822160, mittwochs und sonntags von 14 bis 17 Uhr.

Praktische Tipps

Info

■ **Bade- und Kurverwaltung GmbH,** Badstraße 14, 79415 Bad Bellingen, Tel. (07635) 808-0, Fax 808-290, www.bad-bellingen.de.

Unterkunft mit Gastronomie

■ **Landgasthof Schwanen**€€€, Rheinstr. 50, Tel. 1314, www.schwanen-bad-bellingen.de (liebevoll renoviertes Traditionshaus mit französisch angehauchter Küche. Im historischer Gewölbekeller aus dem Jahre 1717 werden erlesene Weine gelagert.)

■ **Landhaus Ettenbühl**€€€€, Ortsteil Hertingen, direkt an der B 3, Tel. 827970, www.Landhaus-Ettenbuehl.de. (ein Stück England mitten im Markgräflerland. Die fünf Hektar große Parkanlage im englischen Stil mit verschiedenen Themengärten ist auch für Nichthotelgäste gegen Eintritt zugänglich. Täglich „English Teatime". Themenzimmer im typisch englischen B & B-Stil.)

Gastronomie

■ **Historischer Landgasthof Rössle,** Hertingen, Tel. 9180, Di. geschl., Nov.–Febr. und Juni/Juli Mo. und Di. geschl. (heimelige Gaststube mit Kachelofen, Spezialitäten: Röstis, Kalbshaxe „Oma", Zwiebelfleisch, Kuchen.)

Aktivitäten

■ **Angeln:** Weißfische, Hecht, Aal, Barbe, Zander und Karpfen im Rhein, Angelkarten im Rathaus.

■ **Baden:** *Balinea Thermen,* für Gäste ohne Kurkarte tgl. 10–21 Uhr (Mo., Mi., Fr.) bzw. 22 Uhr (Di., Do.) geöffnet. Sa., So. und Fei. bis 19 Uhr.

Badenweiler

■ **Vorwahl:** 07632
■ **PLZ:** 79410
■ **Einw.:** 3800
■ **Höhe:** 360–580 m
■ **Ortsteile:** Lipburg/Sehringen (2 km), Schweighof (2 km), Oberweiler (1 km)

„Badenweiler ist ein sehr origineller Kurort – aber worin seine Originalität besteht, ist mir noch nicht klar geworden" – *Anton Tschechow,* der am 15. Juli 1904 in Badenweiler verstorben ist.

Der schwäbische Dichterarzt *Justinus Kerner* (1786–1862) nannte Badenweiler „ein Stück Italiens auf deutschem Grund". Im Markgräflerland gelegen, gehört der **Kurort** Badenweiler zu den wärmsten Gegenden des Schwarzwaldes. Im Kurpark gedeiht eine üppige, fast mediterrane Vegetation mit Zedern, Pinien, Lorbeerbäumen, indischen Rosskastanien und schönen Mammutbäumen. Der Ort weiß sich seinen gepflegt-mondänen Nimbus gut zu erhalten. Als Überbleibsel aus raueren, längst vergangenen Zeiten trutzt über allem die Ruine der im 11. Jahrhundert von den Herzögen von Zähringen erbauten und 1678 von den Franzosen zerstörten Burg.

Sehenswertes

Das **Römische Bad** im Osten des Kurparks wurde 75 n. Chr. vermutlich von Kaiser Vespasian erbaut und geriet unter den Alemannen in Vergessenheit, erst 1784 wurde es durch Zufall wiederentdeckt. Eine Besonderheit der Ruine ist die Aufteilung in zwei völlig symmetrische Hälften, vermutlich badeten Männer und Frauen getrennt voneinander. Die Ruine gilt als das am besten erhaltene Römische Bad Deutschlands.

■ Geöffnet April bis Okt. 10–19 Uhr, Nov. bis März 10–17 Uhr.

Die römischen Badruinen können auch ganz gemütlich von den Liegezonen der **Cassiopeia-Therme** begutachtet werden. Das 1875 im klassizistischen Stil erbaute Markgrafenbad wurde in den letzten Jahren renoviert und erweitert; herausgekommen ist eine hoch gewölbte, Kuppel, die im abendlichen Lichterglanz so eindrucksvoll aussieht, dass am modern-kubischen, schwarzen Empfangsschalter manch einen die Schwellenangst überfallen könnte. Innen bietet die Therme modernsten Badekomfort: 2004 wurde die Therme mit einer über 1500 m² großen Sauna- und Wellnesslandschaft erweitert.

■ Geöffnet tgl. 9–22 Uhr, Sauna tgl. 11–22 Uhr, gemischt, außer Mittwoch (Damentag). Römisch-Irisches Bad tgl. 11–22 Uhr, Wellnessoase tgl. 11–22 Uhr.

Praktische Tipps

Info

■ **Badenweiler Tourist-Information,** Ernst-Eisenlohr-Straße 4, 79410 Badenweiler, Tel. (07632) 799300, Fax 799 399, www.badenweiler.de.

■ Im Badenweilener Kurhaus ist 1998 ein **Tschechow-Salon** eingerichtet worden. Mit Originalzwicker, Fotos und Karten aus Badenweiler („In einer Woche bin ich gesund") sowie Rezepten für den todkranken Dichter.

Unterkunft mit Gastronomie

■ **Villa Hedwig**€€€, Römerstr. 10, Tel. 220 u. 82000, Fax 820031, Appt. ab 70 € (helles Haus, in Jugendstil und Art Deco; im Zentrum, gegenüber Cassiopeia Therme, in kleinem Park; À-la-carte-Restaurant mit mediterran inspirierten Speisen. Die Besitzer sind Kunstliebhaber, wie man an den Wändern sieht. Für stilvolle Genießer! Hier waren schon *Hermann Hesse, Elly Heuss-Knapp* und *Max Ernst* zu Gast.)

■ **Hotel Am Park**€€€€, Römerstr. 8, Tel. 7632, www.hotel-am-park-badenweiler.de (in einem Tropengarten, am Kurpark gelegen; Leihfahrräder, Hallenbad, Sauna, Solarium, ayurvedische Ölmassage.)

■ **Romantik Hotel Zur Sonne**€€€€, Moltkestr. 4, 79410 Badenweiler, Tel. 75080, www.zur-sonne.de (auserlesenes Haus mit Tradition und Atmosphäre; ausgewählte Fischangebote, täglich zwei italienische Menüs.)

■ **Hotel Römerbad**€€€€€, Schlossplatz 1, Tel. 7632-700, Fax 70200, www.hotel-roemerbad.de (ein nostalgischer Traum von einem Hotel. Es gehört zu den führenden der Welt, in der Bar waren schon *Friedrich Nietzsche, Thomas Mann* und *Andy Warhol* zu Gast.)

■ **Hotel Schwarzmatt**€€€€€, Schwarzmattstr. 6a, Tel. 82010, www.schwarzmatt.de (eleganter, komf. Landhausstil; Leitung: Frau *Mast-Bareiss* aus der legendären Bareiss-Gastronomenfamilie; üppige Kaffeetafel, Obstkuchen und Schwarzwälder Kirschtorte; Feinschmeckerrestaurant.)

■ **Hotel & Kaffeehaus Siegle**€€€, Römerstraße 4, Tel. 82240, Fax 822450, www.hotelgarnisiegle.de (familiär geführte Jugendstilvilla direkt am Kurpark. 13 nach Themen eingerichtete Zimmer wie Barock oder Kolonial. Garten mit mediterranen Pflanzen. Stilvolles Café, Kaminzimmer.)

Camping

■ **Kur- und Feriencampingplatz,** Weilertalstr. 73, Tel. 1550, Fax 5268 (ruhig, nahe dem Ortszentrum am Südhang mit Blick auf die Burgruine gelegen, kein Schatten.)

Gastronomie

■ **Markgräfler Winzerstube,** Luisenstr. 6, Tel. 254, Mitte Dez. bis Anf. März geschl. (Vesperspezialitäten; eine der genütlichsten badischen Weinstuben.)

■ **Klemmbachmühle,** am Klemmbach, Ortsteil Niederweiler, Tel. (07632) 2800 (Unter Denkmalschutz stehende Mühle am Klemmbach. Mit Kunst und Krempel ausgestattete Räume, mit Witz dekoriert: z.B. eine am gedeckten Tisch sitzende Ritterrüstung. Kleine, aber feine Vesperkarte. Täglich frisch gebackener Kuchen. Idyllische Terrasse am Bach.)

Aktivitäten

■ **Angeln:** Forelle und Seibling in der Klemmbach, Angelkarten bei der Tourist-Information.

■ **Forellenzucht:** *Forellenzucht Günther,* Badenweiler-Schweighof, Tel. 234 (Verkauf von in Buchen- und Wacholderrauch geräucherten Forellenfilets.)

■ **Gleitschirm-/Drachenfliegen:** Drachenfliegen am Hochblauen, Gleitschirmfliegen am Kreuzweg, Info: *Fritz Diringer,* Tel. 82290, Fax 82999.

■ **Golf:** bei Neuenburg-Chalampe (westl. von Badenweiler), franz.-deut. Golfplatz, 18-Loch, Par und SSS 72, Länge 6134 m, Driving Range, Tel. (003389) 26076. Zufahrt v. Badenweiler (14 km) über Autobahnzubringer zur Rheinbrücke bei Neuenburg. Clubmitgliedschaft mit Platzreife erforderlich.

■ **Führungen:** *Altstadt-Bummel,* ganzjährig Di. 14.30 Uhr (nach Anmeldung) kostenlos ab Schlossplatz-Brunnen. *Hildegard von Bingen Kräutergarten,* 1. Apr. bis Okt. Jeweils Di. 10 Uhr, kostenlos, ab Kurhaus. *Römische Badruine,* Ende März bis Ende Okt. Di. 11 Uhr, So. 11 Uhr ab Kurgarten, Nov. bis März So. 11 Uhr.

Im Umland von Badenweiler

Nonnenmattweiher

Der auf einem ehemaligen Moor künstlich aufgestaute See, zu Füßen steiler Felswände, gehört mit seiner Hochmoorvegetation aus Wollgras, Farnen und Sonnentaurasen zu den botanischen Raritäten des Südschwarzwaldes. Die seit 1987 unter Naturschutz stehende Idylle ist auf der einen Seite des Sees ein künstlich angelegtes umtriebiges Bade- und Picknickparadies, auf der anderen

Seite ein mehr oder weniger stilles Refugium für erholungssuchende Naturliebhaber. Mittendrin schwimmt einsam die Torfinsel, ein botanisches Kleinod, das von keiner Seite betreten werden darf. Seinen Namen soll der See den Nonnen verdanken, die einst auf dem Grunde des Sees ein Kloster bewohnten. Diese sündigen Damen sollen, um ihre Liebschaften zu vertuschen, ihren Pferden die Hufeisen verkehrt herum aufgezogen haben. Profanerweise aber stammt der Name des Sees vermutlich von der Nonnenmatt = Rinderweide („Nunne" ist ein alemannisches Wort für ein weibliches Mastvieh).

Das Sträßchen, das östlich von Badenweiler ins Todtnauer Ferienland führt, wurde von jeglicher Erweiterung verschont und zwingt zum Langsamfahren durch die herrliche Landschaft. Nach ca. 15 km zweigt kurz vor Neuenweg ein Sträßchen in Richtung „Fischerhütte, Nonnenmattweiher" ab.

Gastronomie

■ **Berggasthof Hotel Sonnhalde**€€€, 79683 Bürchau, Kleines Wiesental, Tel. (07629) 260, Fax 1737, www.sonnhalde-buerchau.de (südlich vom Belchen lockt dieser über 300 Jahre alte Gasthof, der im schönsten Dorf Deutschlands und im viertschönsten Dorf Europas liegt!)

Blauen

Die größte „Sehenswürdigkeit“ Badenweilers ist der kegelförmige, 1165 m hohe Blauen, der weniger überlaufene „kleine Bruder“ des Belchen, 8 km südöstlich von Badenweiler gelegen. Vom **Aussichtsturm** des Blauen hat man an klaren Tagen einen Blick auf die Vogesen und die Schweizer Alpen mit Eiger, Mönch, Jungfrau und sogar dem Montblanc. Legendär ist die Sicht auf das frühmorgendliche Nebelmeer im Rheintal. Oben auf dem Berg stehen die Reste einer urzeitlich wirkenden **Burg** mit Steinwällen die vielleicht einmal eine keltische Befestigungsanlage war.

Der Nonnenmattweiher

049ssw cz

Sulzburg

- **Vorwahl:** 07634
- **PLZ:** 79295
- **Einw.:** 2500
- **Höhe:** 375–1114 m
- **Ortsteile:** Laufen (2 km)

Das alte Bergbau- und markgräfliche Residenzstädtchen Sulzburg hat sich einen ländlichen Charme bewahrt. Vom einst blühenden jüdischen Gemeindeleben im Ort – im Jahre 1864 lebten 416 Juden (30% der Bevölkerung) in Sulzburg – sind nur noch der Friedhof und die ehemalige Synagoge erhalten geblieben.

Sehenswertes

Nordöstlich vom Marktplatz steht die 993 erstmals erwähnte, romanische **Kirche St. Cyriak,** eine der ältesten Kirchen Süddeutschlands. In der Krypta und an den Wänden zum Altarraum hin sind noch Reste von Fresken aus den Jahren 1510–1520 zu sehen. Nur noch in Konturen erhalten ist ein Fresko im Altarraum, das die sieben törichten Jungfrauen zeigt, wie sie gerade die Treppe hinabsteigen. Der kleine Kirchturm von St. Cyriak wurde bereits im 11. Jh. erbaut und gilt als der älteste erhaltene Kirchturm in Südwestdeutschland. Teile seines Balkenholzes stammen von einem Baum, der im Winter 996 gefällt wurde.

Die ehemalige evangelische Kirche auf dem Marktplatz beherbergt heute das **Landesbergbaumuseum Baden-Württemberg.** Der Sulzburger Silbererzbergbau wurde schon vor über 950 Jahren in einer Urkunde erwähnt, er erreichte im frühen Mittelalter mit über 500 Beschäftigten seinen Höhepunkt, um dann 1835 wegen mangelnder Rentabilität aufgegeben zu werden. Im Museum wird Baden-Württembergs Bergbaugeschichte und ihre Auswirkung auf Kunst und Kultur gezeigt.

■ Geöffnet: Di.–So. 14–17 Uhr und nach Vereinbarung.

Am Museum beginnt der **Bergbaugeschichtliche Wanderweg** (5 km), der zu ehemaligen Stollen u.a. bergbaugeschichtlichen Plätzen führt.

In der Gustav-Weil-Straße, im Volksmund einst „Judengässle“ genannt, ist die ehemalige **Synagoge** erhalten geblieben. Sie überstand, wenn auch schwer beschädigt, die Brandstiftungen und Zerstörungen der Nazizeit. Heute wird die sorgsam restaurierte Synagoge für Ausstellungen und andere kulturelle Veranstaltungen genutzt und ist für Besichtigungen geöffnet.

■ Geöffnet: am ersten und letzten Sonntag im Monat 16–18 Uhr sowie nach Vereinbarung.

☒ Jüdischer Friedhof: Auf dem mit Efeu und Moos überwachsenen Grabsteinen stehen kaum noch leserlich die verwitterten hebräischen Inschriften. Auf fast alle Grabsteine haben Besucher nach jüdischer Sitte Steine gelegt

Brauchtum

Ein eindrucksvolles Erlebnis ist in Sulzburg und im Sulzbachtal die **Burefasnet** (Bauernfasnacht). Die findet statt, wenn andernorts schon wieder alle Masken und Fasnetkostüme im Schrank verstaut sind, nämlich eine Woche nach der üblichen Fasnet. Am Sonntag um 14.11 Uhr zieht der historische Sulzbachtal-Narrenumzug durch das alte Tor in den Sulzburger Stadtkern ein. Bei Einbruch der Dunkelheit endet die Fasnet mit dem eindrucksvollsten Teil, dem „Schiibefier“.

Praktische Tipps

Info

■ **Tourist-Informtion,** Am Marktplatz, 79295 Sulzburg, Tel. (07634) 560040, Fax 560050, www.sulzburg.de. Kostenlose Stadtführungen ab Mai bis Ende Okt. Jeweils freitags 14.30 Uhr ab dem Marktplatz.

Unterkunft mit Gastronomie

■ **La maison Eric**€€€, Im Brühl 7, Tel. 6110, Fax 69228, www.la-maison-eric.de, Mo./Di. geschl. (liebenswerte Mischung aus Hotel (1 Appartement und 2 Zimmer), Restaurant (nur am Wochenende geöffnet und nur 15 Plätze), Weinladen und Kunstausstellung.)

■ **Waldhotel Bad Sulzburg**€€€€, Badstr. 67, Tel. 50549-0, Fax 50549-15, www.waldhotel4you.de (im wildromantischen Sulzbachtal gelegen, ruhig mit Quellenhallenbad mit Gegenstromanlage, Tecaldarium, Fitnessbereich, Solarium, Fahrradverleih. Rauchfreies Haus.)

■ **Hirschen**€€€€–€€€€€, Hauptstr. 69, Tel. 8208, Fax 6717, www.douce-steiner.de. Mo./Di. geschl. (schon in zweiter Generation wird hier auf Michelin- und Gault Millau-Niveau gekocht. *Douce Steiner* stammt aus Frankreich, unschlagbar ihre Bouillabaisse Facon Douce. Ein kulinarischer Traum: Ihre Schnepfe an Trüffelsauce. Mit charmantem französischen Akzent empfiehlt sie dazu edle Tropfen aus der hervorragenden Weinkarte. Und weit fahren muss man nach dem Mahl in dem gemütlich eingerichteten Restaurant auch nicht, denn es gibt neun Gästezimmer und ein Gästeapartment.)

Unterkunft

■ **Pension Haus am Wald**€€, Schlossbergstr. 6, Tel. 8577, Fax 592087, www.haus-amwald.de (liebenswertes Haus in Südhanglage, Kinderspielplatz am Haus, großer Garten mit Liegewiese.)

Camping

■ **Terrassen-Camping Alte Sägemühle,** Tel. 551181, Fax 551182 (1,5 km vom Ort beim jüdischen Friedhof, am rauschenden Bach, mehrfach prämiert, wintergeeignet.)

■ **Camping Sulzbachtal GmbH,** Tel. 592568, Fax 592569, www.camping-sulzbachtal.de (neuer, leicht terrassierter Platz inmitten von Weinbergen; Spielplatz, Grillabend, Speckseminare u.a.)

080ssw cz

Gastronomie

- **La Vigna,** Weinstr. 7, Laufen, Tel. 8014, Mo. und Di. geschlossen (nur sieben Tische hat das Lokal in einem Hofgebäude aus dem Jahr 1837. In diesem eleganten Restaurant wird gehobene italienische Küche zelebriert.)
- **Landgasthof Rebstock,** Hauptstr. 77, Tel. 503140, www.kellers-rebstock.de, Mi. geschl. (vorzügliche bürgerliche regionale Küche.)

Aktivitäten

- **Gärtnern:** Weithin bekannt ist die Staudengärtnerei der *Gräfin von Zeppelin* mit einer riesigen Auswahl an ausgefallenen winterharten Stauden und Gräsern. Ein preisgekrönter Gartenbesitzer an der Loire meinte übrigens, diese Staudengärtnerei sei wirklich *magnifique*! *Staudengärtnerei Gräfin von Zeppelin,* Sulzburg-Laufen, Tel. 69716.
- **Weinproben:** Winzerkeller Laufen, Tel. 56050, Fax 560520, Mo.–Fr. 8–12 und 13.30–17.30 Uhr, Sa. 9–12 Uhr.
- **Naturbad Sulzburg:** Gleich hinter dem bergwärts gelegenen Campingplatz in angenehmen 380 Metern über dem Meer gelegen. Kein „Spaßbad", sondern ein ruhiges und beschauliches Gewässer mit ungechlortem, durch den Sulzbach gereinigtem Wasser. Allergiker und manches Federvieh wissen das zu schätzen. Der Kiosk gilt unter Kennern als Lakritz-Paradies mit der üppigsten Auswahl von ganz Baden-Württemberg.

Der jüdische Friedhof von Sulzburg

Südöstlich von Sulzburg, taleinwärts in Richtung Bad Sulzburg, liegt der Jüdische Friedhof, dessen Ursprünge sich bis ins 16. Jh. zurückverfolgen lassen. Für diejenigen, die nach dem Holocaust geboren wurden, verdeutlicht dieser Friedhof besser als jedes Geschichtsbuch, dass ein bei uns einst blühendes Gemeindeleben mit seiner Kultur ausgelöscht wurde.

Der deutsche Lyriker und Hörspielautor *Peter Huchel* äußerte sich im Jahre 1974 über den Friedhof wie folgt:

„Kaum anzunehmen, dass der jüdische Friedhof in Sulzburg einmal mit einem Stern im Baedecker verzeichnet sein wird, obwohl er eine der ältesten israelitischen Begräbnisstätten ist und seit Mitte des siebzehnten Jahrhunderts urkundlich erwähnt wird.

Seit Generationen haben Juden hier in Sulzburg gelebt, Viehhändler, sie kannten jeden Bauern in der Umgebung, seinen Viehbestand, Weinhändler, sie fuhren schon im Sommer zu den Weinbergen, um die Ernte zu kaufen, Brotbäcker, sie holten das Wasser vom Brunnen, das man zum Anrühren des Teiges brauchte, Holz und Reisig aus dem Wald, um die richtige Backwärme im Ofen zu haben. Hausierer, die Tragekiepe auf dem Rücken mit allerlei Kleinkram bepackt: Schnürsenkeln, Nähgarn und Bändern, Kräutertee, Streichhölzern und Kerzen, Mäusefallen und Filzpantoffeln. Von Haus zu Haus zogen sie durch die Dörfer, meist waren sie sechs Tage unterwegs, um dann zum Sabbat zurückzukehren.

Fünf Rabbiner sind auf dem Sulzburger Friedhof bestattet. Auf ihren Grabsteinen, über den Inschriften, sind die Zeichen ihres Priestertums eingemeißelt: die segnenden Hände der Hohepriester in der typischen Haltung, die inneren Handflächen sind nebeneinander gestellt, die Daumen berühren sich, die übrigen Finger schweben darüber. Aber auch eine Hand mit der Kanne, die das Wappen der Leviten darstellt, die dem Priester bei der Reinigung der Hände halfen, ist in einigen Steinen eingraviert. Viele Steine krönt eine Rosette; auf Kindergräbern, mit nur halbhohen Steinen, sieht man das Halbrelief einer kleinen Rose."

Peter Huchel 1974 (siehe Literaturverzeichnis).

■ Der Friedhof ist täglich geöffnet, außer Freitag- und Samstagabend sowie an jüdischen Feiertagen. Jüdischem Glauben nach werden geweihte Stätten wie Synagogen und jüdische Friedhöfe nur mit einer Kopfbedeckung betreten.

081ssw cz

Bad Säckingen | 209
Bernau im Schwarzwald | 204
Hotzenwald | 206
St. Blasien | 214
Todtmoos | 205
Todtnau | 197

7 Tour 7

TODTNAUER FERIENLAND UND HOTZENWALD

Eine Tour vom Tourismuszentrum Todtnauer Ferienland in die Stille und Einsamkeit des Hotzenwaldes. Von dem sommers wie winters herrlichen Freizeitparadies geht es in die archaische Gegend des Hotzenwaldes mit einer von Ängsten und Nöten erzählenden Kirche in Rickenbach, nach Bad Säckingen mit einem Trompeten- und einem Müllmuseum und zum monumentalen Dom von St. Blasien

< Blick vom Aussichtsturm bei Todtmoos

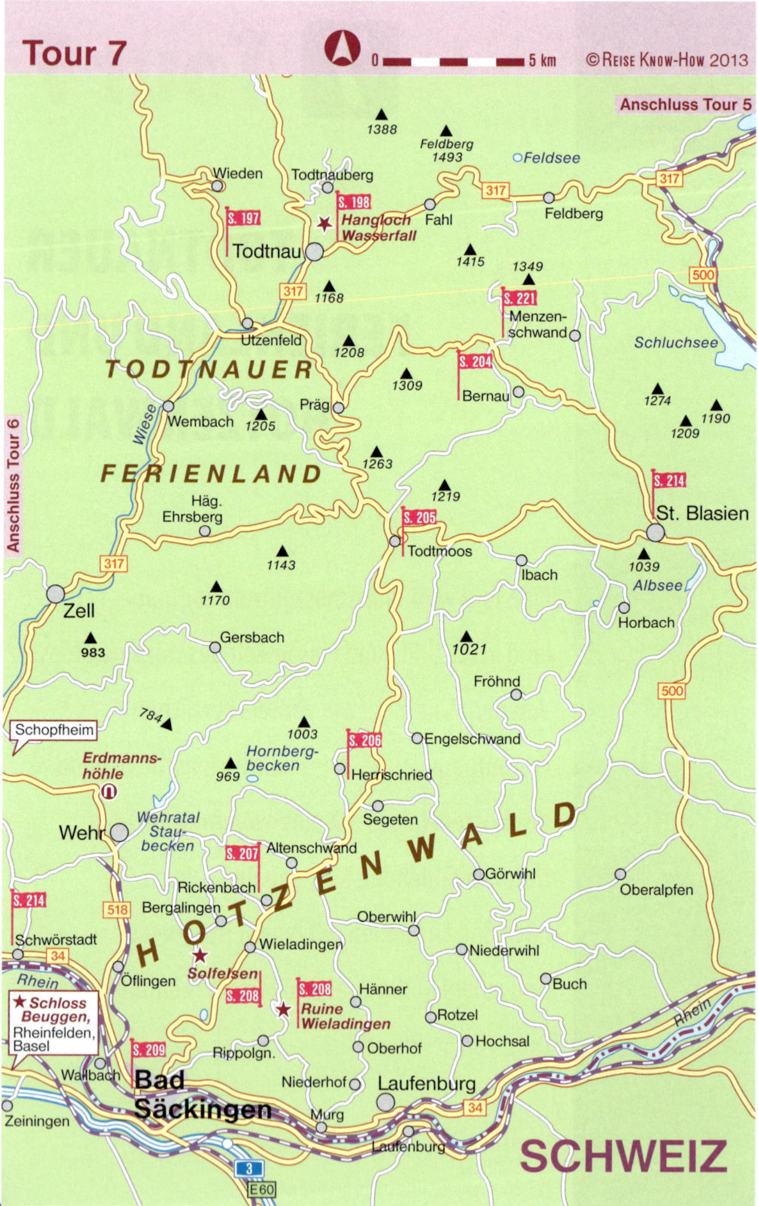

Tour 7
0 5 km
© Reise Know-How 2013
Anschluss Tour 5
Anschluss Tour 6
1388
Feldberg 1493
Feldsee
Wieden
Todtnauberg
S. 198
Hangloch Wasserfall
S. 197
Todtnau
Fahl
317
Feldberg
1415
1349
S. 221
Menzen-schwand
1168
Utzenfeld
1208
TODTNAUER
FERIENLAND
Schluchsee
S. 204
Bernau
1309
Präg
Wembach
1205
Wiese
1274
1190
1209
500
1263
S. 214
St. Blasien
1219
Häg. Ehrsberg
S. 205
Todtmoos
1143
Ibach
1039
Albsee
Zell
1170
Horbach
Gersbach
983
1021
Fröhnd
784
1003
Schopfheim
Erdmanns-höhle
Hornberg-becken
S. 206
Engelschwand
969
Herrischried
Segeten
Wehr
Wehratal Staubecken
S. 207
Altenschwand
HOTZENWALD
Görwihl
Oberalpfen
S. 214
Rickenbach
518
Bergalingen
Oberwihl
Schwörstadt
Wieladingen
Niederwihl
34
Öflingen
Solfelsen
Rhein
S. 208
Buch
Hänner
Schloss Beuggen, Rheinfelden, Basel
Ruine Wieladingen
Rotzel
Hochsal
Rippolgn.
Oberhof
S. 209
Wallbach
Bad Säckingen
Niederhof
Laufenburg
Zeiningen
Murg
Laufenburg
3
E60
SCHWEIZ

TODTNAUER FERIENLAND UND HOTZENWALD

Tour 7
- Todtnau
- Bernau im Schwarzwald
- Todtmoos
- Hotzenwald
- Bad Säckingen
- St. Blasien

NICHT VERPASSEN!

- **Hangloch Wasserfall** in Todtnau, besonders schön im Winter | 198
- **Emil Wachters Wandmalereien** in der Rickenbacher Dorfkirche | 207
- Das **„Kleine Museum aus dem Müll"** in Bad Säckingen | 210
- Groß und majestätisch: der **Dom von St. Blasien** | 214
- Wo Sisis Maler geboren wurde: **Le Petit Salon** in Menzenschwand | 221

Diese Tipps erkennt man an der gelben Hinterlegung.

Todtnau

- **Vorwahl:** 07671
- **PLZ:** 79674
- **Einw.:** 5100
- **Höhe:** 600–1490 m
- **Ortsteile:** Todtnau (geografisches Zentrum des Todtnauer Ferienlandes), Todtnauberg (7 km), Muggenbrunn (5 km), Brandenberg-Fahl (2–5 km), Präg-Herrenschwand (7 und 14 km), Aftersteg (2 km), Geschwend (3 km), Schlechtnau (1 km)

Doktor Tholus, Ortsarzt von Todtnau, hatte große Schwierigkeiten, in schneereichen Wintern zu seinen Patienten zu gelangen. In jungen Jahren war er als Schiffsarzt in Norwegen gewesen und hatte dort gehört, dass der Polarforscher *Fridtjof Nansen* Grönland auf Schneeschuhen durchquert hatte. Diese praktische Erfindung ließ er sich im Jahre 1888 auch schicken. Der Doktor kam mit den Schuhen nicht zurecht und bat Nansen höchstpersönlich um Hilfe. Der schickte 1891 die richtigen Schuhe; weil sie gar so praktisch waren, wurden auch noch gleich die Postboten damit ausgerüstet. Die Todtnauer gründeten den ersten Skiclub Deutschlands, und *Nansen* wurde Ehrenmitglied. Damit nicht genug des Todtnauer Tüftlertums: Vor hundert Jahren wurde hier die erste Dauerwelle erfunden. Heute ist das **Todtnauer Ferienland,** wie die Region genannt wird, nicht nur ein beliebtes Wintersportgebiet, sondern auch ein landschaftlich besonders abwechslungsreiches Wander- und Bike-Paradies.

Sehenswertes

Mitten im Todtnauer Ferienland, zwischen Todtnauberg und Aftersteg stürzt der beeindruckende **Hangloch Wasserfall** 97 Meter tief ins Aftersteger Tal. Aber auch die „Unterwelt" um den Wasserfall ist interessant. Bis ins 18. Jh. hinein war dieses Gebiet ein bedeutendes Abbaugebiet von Silbererz. Gleich den Löchern eines Schweizer Käse ist das Gebiet um den Wasserfall auch heute noch mit unterirdischen Stollen durchzogen.

Im Wald am oberen Drittel des Wasserfall gibt der so genannte **Schatzstein,** auf dem geheimnisvolle Zeichen eingraviert sind, manch ein Rätsel auf. Der Sage nach soll ein französischer Offizier in den Revolutionswirren des Jahres 1795 nahe des Steines einen Schatz vergraben haben. Auch wenn das Gebiet um den Felsen schon mehrmals umgegraben wurde – der Schatz wartet bis heute auf seinen Entdecker. Die 15 Zeichen auf dem Stein wirken auf den ersten Blick geheimnisvoll, es handelt sich aber wahrscheinlich eher um Bergwerkssymbole.

Brauchtum

Alle zwei Jahre (zuletzt im Mai 2012) dreht sich beim **Kirschtortenfestival** in Todtnauberg alles um die weltberühmte Kuchenköstlichkeit. Professionelle Zuckerbäcker und Hobbykonditoren stellen ihre Kreationen aus Sahne, Biskuit, Kirschen, Schokolade und Kirschwasser einem großen Publikum vor. Eine hochkarätige Jury prämiert die prachtvollsten und besten Kirschtorten. Infos unter www.kirschtorte.de.

Praktische Tipps

Info

- **Tourist Information Todtnau,** 79674 Todtnau, Tel. (07671) 969690, Fax 9220, www.todtnauer-ferienland.de (die Gemeinden des Todtnauer Ferienlandes geben einen Prospekt heraus.)

Unterkunft mit Gastronomie

Todtnau

Übernachtungsgäste im Todtnauer Ferienland erhalten ab der ersten Übernachtung die **All-Inclusive-Gästekarte,** mit der u.a. Busse und Bahnen, Hasenhornbahn, Museen und Freibäder, Barfußpfad, Nordic-Walking-Stöcke etc. kostenlos genutzt, besucht oder ausgeliehen werden können, www.todtnauer-ferienland.de.

- **Berggasthaus Gisiboden**€, Todtnau-Geschwend, in der Ortsmitte links die Gisibodenstr. vorbei an imposanten Schwarzwaldhöfen 7 km bergauf fahren, Tel. 999821, Do. Ruhetag (häufig großer Andrang – Busunternehmen kommen gerne hierher, einfaches Haus, einfache Küche, aber riesen Portionen, feiner selbstgebackener Kuchen.)
- **Gasthaus Hochkopfhaus,** auf dem Weißkopfsattel an der Verbindungsstraße von Todtnau nach Todtmoos, Tel. 437, Mo. Ruhetag (kinderfreundliches Haus, auch Übernachtung möglich.)
- **Hasenhorn-Hütte,** Tel. 521, auf 1000 m Höhe, erreichbar mit dem Hasenhorn-Lift ab Todtnau-Talstation (zünftige, hübsch dekorierte Stube. Leckereien wie Käse-Ananas-Salat, Hartkäse mit Cornflakeskruste und Knoblauchsauce.)

[>] Die Zeitschrift BUNTE kürte den Hangloch-Wasserfall zu den 10 schönsten Naturdenkmälern Deutschlands. Selten, aber um so eindrucksvoller ist das Naturschauspiel, wenn der Wasserfall in eisigen Winternächten zu großen Eiszapfen gefriert

089ssw ST

Mir saget nix ... über Martin Heidegger

Franzosen, Japaner, Amerikaner – aus der ganzen Welt kommen seine Anhänger hierher, um den Ort zu erleben, der dem Schöpfer von „Sein und Zeit" wohl Rückzugsort und Quelle der Inspiration für jenes philosophische Meisterwerk gewesen war. Und doch sind weder *Martin Heidegger* noch seine legendäre Hütte im offiziellen Fremdenverkehrsprospekt erwähnt. Es ist nicht seine umstrittene Nähe zu den Nazionalsozialisten, die die Todtnauberger schweigen lässt, sondern es ist der Respekt und die Achtung vor einem, den sie fernab von aller Berühmtheit als einen der ihren erlebten und dessen Nachkommen sich noch heute in diese Hütte zurückziehen. Die Bank vor dem Haus mit einem weiten Blick hinunter auf Todtnauberg und hinter der Hütte ein Brunnen: Das Bild im Kopf von der Philosophenhütte bestätigt sich voll und ganz im hier und jetzt. Mühsam war die Suche nach der Idylle und bindend ist ein Versprechen: *Martin Heideggers* Enkel war gerade mit seiner Familie zu Gast und bat uns, den Standort nicht preiszugeben. Und so schließt sich dieses Kapitel dem Todtnauberger Dorfältesten an, der einmal einem Journalisten der *Süddeutschen Zeitung* auf seine Nachfragen hin kurz und bündig beschied: „Mir saget nix". Aus welchen Gründen auch immer! *

*__Anmerkung der Autorin__ zum Exkurs „Mir saget nix ... über Martin Heidegger" aus dem Jahr 2000: „Damals war es noch mit Fragerei verbunden, die Hütte zu finden. Seit 2002 führt ein 6,4 km langer, fast eben verlaufender Panoramaweg rund um die Hütte des Philosophen. Sie kann nur von außen besichtigt werden, fünf Bild- und Texttafeln geben aber Auskunft über sein Leben. Nun sagen die Todtnauberger doch etwas über Martin Heidegger!

082ssw TTF

Todtnauberg

■ **Wellness- und Vitalhotel Mangler**€€€€, Ennerbachstr. 28, Tel. 96930, Fax 8693, kein Ruhetag (ein persönlich geführtes Wellness-Hotel im Landhausstil, sonnige Hanglage; zu empfehlen: Schlemmerpfanne „Sporthotel", hausgemachte Kuchen und die Vollwertgerichte.)

■ **Jugendherberge Todtnauberg Fleinerhaus,** Radschertstr. 12, Tel. 275, Fax 721 (auf dem „Radschert" in 1150 m Höhe mit Blick auf die Alpenkette, nahe Skilift.)

Todtnau-Präg

■ **Berggasthaus Präger Böden**€, zwischen Bernau u. Präg links der Beschilderung „Präger Böden" folgen, Tel. 517, Mo. Ruhetag (Schwarzwaldtypisches und Saisonalgerichte; Spezialität: Alpkäse und Heidelbeerwein.)

■ **Landhaus Sonnenhof**€€€, Hochkopfstr. 1, Tel. 538, Fax 1765, Mo. Ruhetag (alle Zimmer mit handbemalten Bauernmöbeln ausgestattet, Hallenbad.)

Muggenbrunn

■ **Feriencamping Hochschwarzwald,** Tel. 1288, Fax 95190, (auch Wintercamping, direkt an Liften und Loipen, Einkaufsmöglichkeit, Restaurant, Chemietoilettenentsorgung.)

Fahl

■ **Gasthof-Pension Lawine**€€–€€€, Tel. (07676) 93330, Fax 933319, Do. geschlossen (Haus im Schwarzwaldstil am Fuße des Feldberg, 300 m von den Fahler Liften, Sauna.)

◁ Blick auf Todtnauberg, Quelle der Inspiration für den Philosophen Martin Heidegger, der 1966 mit dem damaligen SPIEGEL-Chef Rudolf Augstein zu seiner Hütte wanderte – im Rucksack Obst aus Heideggers Garten in Freiburg

Aktivitäten

■ **Angeln:** Forelle in der Wiese (Todtnau); Angelkarten bei der Tourist-Information.

■ **Glasbläserhof:** *Glasbläserhof Todtnau-Aftersteg,* Tel. 8050, Fax 8478, tgl. 9–18 Uhr geöffnet.

■ **Klettern:** *Vertikal Reisen,* Tel. 8300 und 8304, Fax 8937 (Kletterkurse, Canyoning). *Klettergarten:* 3 Teilbereiche mit vielen Touren. Höhe der Felsen 15 bis max. 35 Meter. Ein fest eingerichteter Klettersteig mit 300 Meter verlegtem Stahlseil und einer Reißfestigkeit von 6500 KN. *Sporthaus Lehr,* Friedrichstr. 7, Todtnau, Tel. 317.

■ **Mountainbike-Park:** In Todtnau – ein Lift führt 370 m hinauf zum Startpunkt zweier Mountainbike-Abfahrten: *Downhill-Parcous* für Profis, technisch u. konditionell sehr anspruchsvoll; *Freeride* mit 8–9% Gefälle für Hobbyfahrer. *Bike-Shop* mit großer Teststation, Mountainbikeverleih, tägl. 9.30–17.30 Uhr.

■ **Nordic Walking:** Nordic-Aktiv-Zentrum in Todtnauberg-Notschrei mit vier ausgeschilderten Strekken mit Pulsmessstationen und Trainingsinformationen.

■ **Einkaufen:** Auf der Südseite: *Ludwig Hämmerle,* sehr gute Schwarzwälder Wurstspezialitäten aus eigener Metzgerei.

Wintersport

■ **Loipen:** nördl. v. Todtnau am „Notschrei". Landschaftlich großartige Strecken in 1100–1385 m Höhe. *Stübenwasenspur* (24 km), *Schauinslandspur* (18 km), *Leuchtspur* (5 km, Gebühr). Drei der schönsten Loipen Deutschlands.

■ **Rodeln:** vom Hasenhorn auf 1158 m nach Todtnau (die mit 3,5 km längste gewalzte Rodelbahn Deutschlands)

■ **Alpin:** insgesamt 19 Lifte mit unterschiedlichen Schwierigkeitsgraden.

■ **Winterwandern:** Es gibt ca. 60 km Winterwanderwege.

Lifteverbund Südschwarzwald

Ortschaft	Liftname	Länge/m	Höhendifferenz/m
Aftersteg	Langmatt	565	162
Belchen	Kaltwasser	300	150
Breitnau/Turner	Wirbstein	450	100
	Turner	750	150
Feldberg/Ort	Sesselbahn	875	150
	Seebuck I+II	635	120
	Baby-Lift I+II	150	30
Altglashütten	Schwarzenbach	650	135
Bärental	Bärental	340	80
Falkau	Haslachtal	220	50
Freiburg	Schauinslandbahn	3600	750
Hinterzarten	Windeckkopf	900	200
	Familienlift	700	95
	Georg-Thoma-Lift	350	75
Muggenbrunn	Franzosenberg	650	170
	Winkel I+II	800	150
	Köpflelift	400	125
	Wasen I+II	550	80
	Trainingslift	200	30
Notschrei	Notschrei I+II	480	101
Oberried Hofsgr.	Rotlache	900	230
	Poche	500	120
	Rosshang	500	120
	Anfänger-Lift I	200	50
	Anfänger-Lift II	180	40
St. Blasien	Grafenmatt	990	140
Feldberg-Ort	Zeller I	650	135
	Zeller II	610	110
	Zeiger	550	90

Ortschaft	Liftname	Länge/m	Höhendifferenz/m
Menzenschwand	Mösle	605	177
	Rehbach	295	36
	Schwinbach	700	180
Haldenlifte	Haldenköpfle	500	80
	Haldenköpfle I+II	400	60
Todtmoos	Prägerlift	500	180
	Herrenschwand	750	120
	Hochkopf I	500	200
	Hochkopf II	500	150
	Kirchberg	450	120
	Todtmoos Weg-	400	140
	Schweinlekopflift	400	130
Todtnau	Sesselbahn Hasenhorn mit Allwetter Rodelbahn	970	370
Todtnau-Fahl (Beschneiungsanlage	Rothausbahn	1480	435
	Hebelwiese	900	190
	Silberwiese I+II	920	245
Todtnauberg (Teilbeschneiung)	Radschert I+II	550/200	125
	Baby-Lift		
	Stübenwasen	980	250
	Kapellen (Flutlicht)	500	125
	Bucklift	450	70
	Scheuermatt	540	145
Münstertal-Wied.	Rollpsitz	950	260
	Wiednereck	400	150
	Warbachlift	200	80
	Scheuermattkopflift	540	100
	Heidstein	1300	370
	Neuhof	800	220
	Eichbühl	400	120
	Weiherkopf I	750	300
	Weiherkopf II	350	150
	Hohtannlift	500	150

50 Lifte und Seilbahnen von Anfänger- bis zu Weltcup-Pisten können im Südschwarzwald mit einer Liftekarte (Punkteblock) benutzt werden.

Bernau im Schwarzwald

- **Vorwahl:** 07675
- **PLZ:** 79872
- **Einw.:** 1900
- **Höhe:** 900–1415 m
- **Ortsteile:** Poche, Hof, Goldbach, Innerlehen, Dorf, Hof, Riggenbach, Altenrond, Kaiserhaus, Weierle, Unterlehen, Gass, Oberlehen

„Da vergesse ich alle Sorgen und der Friede der Natur umschließt auch meine Seele“ schrieb einst *Hans Thoma* über sein Heimatdorf Bernau, gelegen in einem der landschaftlich abwechslungsreichsten Hochtäler des Schwarzwaldes. Über 8 km verstreut liegen die zehn Ortsteile von Bernau. Wer **typische alte Schwarzwaldhöfe** sucht, der wird hier fündig, nicht nur im mittlerweile musealen Resenhof. Da die Berglandschaft des Bernauer Hochtals seine Bevölkerung nicht ausreichend ernähren konnte und die Winter lang und einsam waren, entwickelte sich hier besonders das Schneflergewerbe („schnefeln“ = Holz bearbeiten).

Sehenswertes

In Bernau arbeitet einer der letzten **Kunstdrechsler** Deutschlands: *Alexander Ortlieb*, der das klassiche Material Holz modern interpretiert. Seine Drechslerei ist in der Todtmooser Straße 6, Infos unter www.ortlieb-bernau.de.

Unmittelbarer als alle anderen musealen Schwarzwaldhöfe vermittelt der 200 Jahre alte und noch bis 1976 bewohnte **Resenhof** die einstige Lebens-, Wohn-, und Arbeitswelt früherer Zeiten. Mit mehr als 120.000 Schindeln ist das mächtige Dach des Resenhofs gedeckt.

- Geöffnet 25.12.–6.1. täglich 14–17 Uhr, 7. Jan.–Pfingsten Mi. und So. 14–17 Uhr, Pfingsten–1. November Mi. bis So. 14–17 Uhr.

Im **Hans-Thoma-Kunstmuseum** sind Werke von *Hans Thoma* (1839–1924), einem der bekanntesten deutschen Maler des 19. Jh., ausgestellt.

- Geöffnet Mi.–Fr. 10.30–12 Uhr und 14–17 Uhr. Sa./So. und feiertags 11.30–17 Uhr.

Praktische Tipps

Info

- **Tourist-Information,** Bernau-Innerlehen, Rathausstr. 18, Tel. (07675) 160030, Fax 160090, www.bernau-schwarzwald.de.

Unterkunft mit Gastronomie

- **Krunkelbachhütte**€, Bernau-Dorf, Krunkelbachweg 10, Tel. 338, bis 19 Uhr geöffnet, Di. geschl., auch Mehrbettzimmer (sehr schöne Almhütte, auf 1294 m am Fuße des Herzogenhorn.)
- **Privatzimmer Gregorihof**€, Bernau-Dorf, Dorfstr. 31, Tel./Fax 1331 (altes Schwarzwaldhaus, Urlaub auf dem Bauernhof, Scharzwaldstube mit Kachelofen.)
- **Gasthaus Bernauer Hof**€€, Ortsteil Hof, Hofstr. 11, Tel. 361, Fax 929296 (original Bauernstube anno 1622.)
- **Gasthof Schwarzwaldhaus**€€–€€€, im Ortsteil Innerlehen, Am Kurpark 26, Tel. 365, www.sbo.de/

schwarzwaldhaus (ein weiterer uriger Schwarzwaldhof. Auch gute vegetarische Küche. Spazier- und Wanderwege ab dem Haus.)

Camping

- **Wintercampingplatz Spitzenberg,** zwischen Ortsteil Innerlehen und Dorf. Okt.–April (Voranmeldung). Info: Tourist-Information Bernau, Tel. 160030.
- **Wohnmobil-Stellplatz Spitzenberg,** in zentraler, aber ruhiger Lage zwischen Ortsteil Innerlehen und Dorf. 16. April–30. Sept. Wasserentnahmestelle, sowie Ver-/Entsorgungsmöglichkeit. Info: Tourist-Information Bernau.

Todtmoos

- **Vorwahl:** 07674
- **PLZ:** 79682
- **Einw.:** 2100
- **Höhe:** 663–1263 m

Dem Leutpriester *Dietrich von Rickenbach* erschien im Jahre 1255 die Gottesmutter. Sie befahl ihm, eine Tanne auf dem Schönbühl zu fällen, denn diese soll für die giftigen Dämpfe über dem Waldsumpf „Totes Moos“ verantwortlich gewesen sein. Wie befohlen, so getan: Die Tanne wurde gefällt, die Dämpfe verschwanden, und der Priester errichtete zum Dank eine kleine Kapelle mit Marienbild, worauf sich dann im folgenden Jahrhundert Todtmoos zu einem **Wallfahrtsort** entwickelte. Von giftigen Dämpfen kann heute nicht mehr die Rede sein; zum touristisch umtriebigen, heilklimatischen **Kurort** Todtmoos pilgern nicht nur Marienwallfahrer, sondern auch Erholungssuchende und Wintersportler. Alljährlich im Januar trifft sich hier die internationale Elite des Schlittenhunderennens – Alaska-Feeling mitten im Schwarzwald.

Es sieht aus wie das Wohnhaus des *Professor Brinkmann* aus der TV-Serie „Schwarzwaldklinik“. Das weit ausladende Dach des über 250 Jahre alten „Heimethus“ – einem für den südlichen Schwarzwald typischen alten Schwarzwaldhaus – beherbergt nicht nur ein **Heimatmuseum,** sondern auch ein Standesamt in der romantischen „guten Stube“.

Der **Hoffnungsstollen,** die ehemalige Magnetkies- und Nickelerzgrube, ist von Mai bis Okt. Do., Sa., So., Fe 14–17 Uhr, Nov. bis April Sa., So., Fe 14–17 Uhr geöffnet.

Praktische Tipps

Info

- **Tourist-Information,** Wehratalstr. 19, 79682 Todtmoos, Tel. (07674) 90600, Fax 906025, www.todtmoos.de. Geführte Themenwanderungen.

Unterkunft mit Gastronomie

- **Gersbacher Hof**€€, Hochkopfstr. 8, Todtmoos-Weg, Tel. 444, Fax 1040, Mi. geschl. (urgemütliches, mit viel Liebe fürs Detail außen und innen dekoriertes Schwarzwaldhaus inmitten eines Wander- und Skigebietes.)
- **Schwarzwaldgasthof Rössle**€€€€, Kapellenweg 2, Strick, Tel. 90660, Fax 8838, Di. geschl. (im Jahre 1670 als Gasthof und Pferdewechselstation erbaut, seither in Familienbesitz, besondere Spezia-

lität: Schwarzwälder Schinken, Rehschäufele, Williamsbirne, Salatbuffet.)

Aktivitäten

- **Hochseilgarten Schwarzwald,** Tel. 921055, Fax 8933, www.hochseilgarten-schwarzwald.de (ausgestattet mit Helm, Klettergurt und Sicherungsseil bewegen sich die Teilnehmer in einer Höhe von 12–15 m über Seil- und Balkenkstruktionen.)

Der Hotzenwald

Von Todtmoos bis nach Bad Säckingen erstreckt sich zwischen den schluchtartigen Tälern von Wehra und Murg der westliche Hotzenwald in einer Höhenlage zwischen 700 und 1050 m ü.d.M. Es ist eine noch heute einsam anmutende, herbe Landschaft ohne Städte, deren Bewohner in hoch gelegenen, weit verstreuten Siedlungen leben. Wenn im Spätherbst und im Vorfrühling die Täler im Nebel versinken, ragt der Hotzenwald – eines des sonnenscheinreichsten Gebiete Südwestdeutschlands – wie eine Insel aus dem Nebelmeer heraus.

Die Bauern, die den Hotzenwald (*Hotzen* = grobes Tuch aus Schafwolle), den Südschwarzwald zwischen Säckingen und Waldshut, urbar machten, besaßen zum Ausgleich für ihre harten Lebens- und Arbeitsbedingungen besondere **Rechte und Privilegien.** Ihre Freiheit und Selbstverwaltung legten sie schon 1433 urkundlich fest:

„Wir, die Einigungsmeister und das ganze Land vor und hinter Hag mitsammt den Tälern Todtnau und Schönau tun kund und zu wissen: Da jeweils einig Gewohnheit und altes Herkommen bei uns gewesen, in allen Dingen einig zusammen z halten (...) so haben wir uns neuerdings vereint, verpflichtet und verbunden, dass Alle auf dem Wald hinfür in allen Sachen mit Tun und mit Lassen, ssonderlich in Kriegen und Feindschafte, eins zusammen sein und gehören wollen wie vorher."

Die Freiheitsliebe der Hotzen gipfelte im 18. Jh. in den Salpetereraufständen (siehe „Geschichte des Schwarzwaldes"), als ihnen der Klerus von St. Blasien ihre Rechte empfindlich beschneiden wollte.

Die größte Sehenswürdigkeit des Hotzenwaldes ist seine Landschaft, und die erschließt sich am besten auf **Wanderwegen** oder auf den kleinen Sträßchen abseits der Hauptstraße.

Herrischried

- **Vorwahl:** 07764
- **PLZ:** 79737
- **Einw.:** 2500
- **Höhe:** 850–1050 m
- **Ortsteile:** Großherrischwand (3 km), Hogschür (3 km), Hornberg (5 km), Niedergebisbach (3 km), Rütte (1 km), Wehrhalden (4 km)

Der **Klausenhof in Großherrischwand** aus dem Jahre 1424 sollte zu den Vogtsbauernhöfen versetzt werden, blieb aber dann doch an Ort und Stelle. Heute ist er ein Heimatmuseum. Die Einrichtung des Klausenhofes zeigt, dass der Besitzer im Gegensatz zum Vogtsbauern in Gutach alles andere als wohlhabend war.

■ Geöffnet Jan. bis April sonn- und feiertags 14.30–17.30 Uhr. Mai bis Okt. Mi./Sa. sonn- und feiertags 14.30–17.30 Uhr.

Info

■ **Hotzenwald Tourist-Info,** Hauptstr. 28, 79737 Herrischried, Tel. (07764) 920040, Fax 6191. Geöffnet Mo. bis Fr. 9–12.30 und 14.30–16.30 Uhr.

Rickenbach

■ **Vorwahl:** 07765
■ **PLZ:** 79734
■ **Einw.:** 3950
■ **Höhe:** 700–1000 m
■ **Ortsteile:** Altenschwand (2 km), Bergalingen (2 km), Hottingen (2 km), Hütten (3 km), Rüttehof (4 km), Willaringen (3 km)

Unbedingt besuchen sollten Sie die einfache **Pfarrkirche,** deren Inneres aufsehenerregend ist. Die Wände hinter dem Altar zeigen unter anderem ein Atomkraftwerk und die Glasfenster U-Bahnen, Ampeln und einen Campingplatz. Die in den Jahren 1838–41 erbaute Kirche wurde von 1971 bis 1986 vollkommen restauriert und sah danach wie eine Wartehalle aus. Bunte Glasfenster und farbige Gemälde an den Wändern, das gab es nicht mehr. Die Rickenbacher aber wollten wieder was fürs Auge in ihrer Kirche. Der Karlsruher **Künstler Emil Wachter** stellte an Wänden und Glasfenstern den Szenen aus der Bibel Szenen aus der Neuzeit gegenüber; zum Beispiel beim Turmbau zu Babel, wo er diverse Unternehmer, Gewerkschaftsbosse, Emanzen, Gastarbeiter, Karriere und Medien-Macht darstellte. Auch wer sich nicht für Kirchenkunst interessiert, wird von diesem Werk beeindruckt sein.

Etwas außerhalb des Rickenbacher Ortsteiles Hottingen ist ein **Minimuseum dem Thema Energie gewidmet,** sonntags 14–16 Uhr geöffnet, Eintritt frei. Außerhalb der Öffnungszeiten ist ein Blick durch die vielen Fenster ins Museumsinnere möglich.

Hotzenwälder Wanderwege

■ **Hotzenwald-Höhenweg** (15 km, ab Wanderparkplatz Strick, Rickenbach)
■ **Murgtalpfad** (22,5 km, ab Quelle der Murg, Herrischried/Lochhäuser oder Mündung in den Rhein, Murg)
■ **Natur- und Vogellehrpfad** (3,6 km, ab Grillplatz Sägmooshütte zwischen Görwihl und Strittmatt)
■ **Solfelsenweg** (5 km, ab Wanderparkplatz Solfelsen, Bergalingen)
■ **7 Moore-Pfad** (11,5 km, ab Steinernes Kreuz, Wehrhalden)
■ **ÖkoRegio Tour** (10 km, ab Marktplatz Görwihl oder Eichrüttehof in Görwihl-Hartschwand)
■ **Banater Schicksalsweg** (3 km, ab Pfarrkirche St. Zeno, Herrischried)
■ **Höllbachwanderung** (3,5 km, steiler Ab- und Aufstieg, ab Autohaus Stoll-Kirchgrund)

Info

■ **Hotzenwald Tourist Info,** 79734 Rickenbach, Tel. (07765) 920017, Fax 920030, www.rickenbach.de.

Unterkunft mit Gastronomie

■ **Alemannenhof Hotel Engel**€€, Hauptstr. 6, Rickenbach, Tel. 92010, Fax 920188 (herrliches Salatbuffet; Sauna, Solarium; Streichelzoo für Kinder.)

Aktivitäten

■ **Golf:** 18-Loch-Golfanlage, Rickenbach, Tel. 777 oder 920017 ~~(Par 7~~0, Länge ca. 6000 m, anspruchsvoller Platz mit Höhenunterschieden im Gelände bis zu 50 m, Driving Range, Pro Shop, Restaurant, ein Mitgliedsausweis ist erforderlich.)

Im Umland von Rickenbach

Solfelsen

Südwestlich von Rickenbach lohnt eine Wanderung zum Solfelsen, einem 230 Tonnen schweren **eiförmigen Felsblock** am Rande eines Felsenmeeres. Einst soll der Solfelsen als Wackelstein zu Orakelzwecken benutzt worden sein. Auch wenn der Stein heute nicht mehr wackelt, so beeindruckt doch die fast mystische Stimmung dieses Waldfleckens, der einst eine prähistorische Kultstelle gewesen sein soll.

Von Wehr kommend, 1 km vor Bergalingen rechts abbiegen und beim Fernsehturm parken. Zum Solfesen sind es 2 km Fußweg, empfehlenswert ist der 6 km lange beschilderte **Rundweg** über Solfelsen, Großer Stein, Klingenfelsen, Wallmauer, Pirschweg, Spatzenhof, Solfelsen.

Murgtal

Südöstlich von Rickenbach verläuft das Murgtal, das mit Recht als eines der urwüchsigsten Schwarzwaldtäler bezeichnet werden kann. Eine schmale Schotterstraße (unscheinbar im Wald bei Hottingen) führt vorbei an Abgründen und durch mehrere Felsentunnel. Über der Schlucht thront die **Ruine Wieladingen.** Man erreicht sie vom Murgtal aus über einen einsamen, 350 m steil ansteigenden romantischen Pfad oder weniger anstrengend, aber auch weniger romantisch, ab dem kleinen Verbindungssträßchen zwischen Murg und Willaringen. Vom Burgfried hat man eine Aussicht bis zum Schweizer Jura und den Alpen.

[>] Im „Kleinen Museum aus dem Müll" in Bad Säckingen: Neben unzähligen Teddybären hat Erich Thomann auch ein komplettes Messgewand eines katholischen Priesters im Müll gefunden

Bad Säckingen

- **Vorwahl:** 07761
- **PLZ:** 79713
- **Einw.:** 17.000
- **Höhe:** 292–600 m
- **Ortsteile:** Harpolingen (7 km), Rippolingen (5 km), Wallbach (3 km)

Von Bad Säckingen, das mit gleich zwei originellen Museen aufwarten kann, dem Trompetenmuseum und dem „Kleinen Museum aus dem Müll", braucht man nur wenige hundert Meter nach Süden über die alte Holzbrücke zu gehen, und schon steht man in der Schweiz, in Richtung Norden umgibt einen der Hotzenwald. Das Städtchen selbst lohnt durchaus einen Rundgang, nicht nur wegen der Lage am Rhein, sondern auch wegen seiner romantischen Altstadt, die als Musterbeispiel einer gelungenen Sanierung gilt.

Sehenswertes

Die Geschichte des armen Trompeters (siehe Exkurs) spielt im Schloss Schönau, im Volksmund kurz **Trompeterschlössle** genannt, wo heute eine bedeutende Trompetensammlung aus drei Jahrhunderten untergebracht ist. Weiterhin sind im Schlössle eine umfangreiche Uhrensammlung und das Hochrhein-Museum mit seltenen Funden aus der Vor- und Frühgeschichte zu besichtigen.

- Geöffnet Di., Do., So. 14–17 Uhr

Beim Schlosspark führt die berühmte **Holzbrücke** über den Rhein ins benachbarte Stein im Schweizer Kanton Aargau. Die Brücke aus dem Jahre 1571 ist

052ssw cz

Der Trompeter von Säckingen

Als *Viktor von Scheffel* in den Jahren 1850 bis 1851 als Amtsrevisor in Säckingen arbeitete, kam ihm die legendäre Liebesgeschichte des Bürgersohns Franz Werner Kirchhofer zu der Adligen Maria Ursula von Schönau zu Ohren. Selbst schwer von Liebeskummer geplagt, ging von Scheffel nach Italien, um Maler zu werden. Auf Capri schrieb er sich seine Sehnsucht nach der Geliebten und der Heimat in der volkstümlich-romantischen Verserzählung *„Der Trompeter von Säckingen"* von der Seele. In dem rührenden Herz-Schmerz-Stück geht es um die Liebe des adligen Fräuleins zum armen, bürgerlichen Trompeter. Soviel Standesunterschied ist natürlich nicht akzeptabel, das Fräulein wird an den kaiserlichen Hof nach Wien geschickt, der Trompeter folgt ihr und wird Domkapellmeister zu Wien. Ende gut, alles gut, der Trompeter wird geadelt, und die beiden können heiraten. Vom wirklichen *Franz Werner Kirchhofer* und seiner Frau kündet heute noch ein Grabstein an der Außenwand des Münsterchores, dessen Inschrift an das „in gegenseitiger Liebe unvergleichliche" Paar erinnert.

mit ihren 200 m die längste gedeckte Holzbrücke Europas.

Unweit der Brücke ragt das doppeltürmige **Fridolinsmünster** auf. Die gotische Basilika aus dem 13./14. Jh. brannte 1678 ab und wurde im 17. Jh. im Barockstil wiederaufgebaut. Die Deckengemälde zeigen Stationen aus dem Leben des *Hl. Fridolin,* der hier im 7. Jh. eine Missionszelle gründete. Hinter dem Münster krümmt auf einem modernen Brunnen *Viktor von Scheffels* „epischer Charakterkater" *Hiddigeigei* aus dem „Trompeter" seinen Katzenbuckel.

Im Stadtteil Wallbach steht das **„Kleine Museum aus dem Müll".** Gut 25 Jahre ist es her, dass *Erich Thomann,* wie jeden Tag, mit seiner Planierraupe über die Mülldeponie Lachen-Graben ratterte, als ihn aus dem Müll ein kleiner, arg zerzauster Teddybär anstarrte. *Erich Thomann* brachte es nicht übers Herz, den kleinen Bären zusammenzufahren. Dieser Teddybär war es, der *Erich Thomann* zum Sammler werden ließ und im Laufe der Jahre seine ganze Familie mit ihm. Vom Nähfaden über diverse Lorgnons, eine dreibeinige „Miele Extra Waschmaschine", ein Grammophon, handgewebte Nachthemden, Ohrlochstecher, verschiedenen Schmuck, diverse Bücher bis hin zum Sattlerwerkzeug – zu vielen Themenbereichen könnte die Familie eine eigene Abteilung machen, so zahlreich sind die Ausstellungsstücke. *Erich Thomann* oder seine Frau *Agnes* führen nicht durchs Museum, sie unterhalten durchs Museum. Von Zwischenboden zu Zwischenboden der hölzernen Scheune, von einem Fundstück zum anderen, werden nicht nur bei Frau *Thomann* Erinnerungen wach, sondern auch bei ihren Besuchern, bei denen

nostalgische Gefühle hochkommen bei seinerzeit hochmodernen Vierfarbkulis, Strickliesen, Stickrahmen, Fleischwölfen – altbekannt aus der Kindheit und doch vergessen. Auch wenn das kostbarste Stück der Sammlung eine Bibel aus dem Jahre 1743 ist, so lieben doch die *Thomanns* alle Stücke gleichermaßen, sie wollen kein einziges Ausstellungsstück mehr missen.

Nach dem Museumsbesuch kann man sich in der Belzle-Beiz bei Kaffee und Kuchen stärken.

■ Hauptstr. 162, Bad Säckingen-Wallbach, Tel. 4325, ganzjährig geöffnet Do. 15–17 Uhr und So. 14–17 Uhr. Wohnmobilpauschale.

Übrigens: es lohnt auch ein **Rundgang durch den Stadtteil Wallbach,** 1991 errang er beim Wettbewerb „Unser Dorf soll schöner werden“ eine Goldmedaille.

Praktische Tipps

Info

- **Tourismus GmbH Bad Säckingen,** Waldshuter Str. 20, 79713 Bad Säckingen, Tel. (07761) 56830, Fax 568317, www.bad-saeckingen.de. Bei der Holzbrücke gibt es eine zweite Tourist-Information (Hallwyler Hof).

Unterkunft mit Gastronomie

- **Hotel-Restaurant Schneider**€, Gießenstr. 21, Tel. 7017, Fax 7019, Ruhetag: Samstag (badisch-schweizerische Küche)
- **Hotel Am Hochrhein**€€, Rheinuferstr. 30, Tel. 92420, Fax 924287, www.hotel-am-hochrhein.de.
- **Hotel-Restaurant Kater Hiddigeigei**€€, Tanzenplatz 1, Tel. 405556, Fax 1066, www.hiddigeigei.com (badische Spezialitäten)
- **Hotel-Restaurant Zur Flüh**€€€, Weihermatten 40, Tel. 924480, Fax 9244824, www.hotel-flueh.de, Ruhetag: Sonntagabend (internationale Spezialitäten)

Neue Erkenntnisse im Mordfall Kaspar Hauser?

Immer mal wieder wurde das abgelegene und überaus romantische Schloss Beuggen, heute eine Tagungs- und Begegnungsstätte, mit dem Kriminalfall Kaspar Hauser in Verbindung gebracht. Anlässlich eines Dokumentarfilms wurde hier im Dezember 2002 eine tatsächlich sensationelle Entdeckung gemacht: Man öffnete damals einen Raum, der bis dato zugemauert und vergessen war. Dort fand man zur Überraschung aller eine Rötelzeichnung, die ein Pferd darstellen könnte. Da *Kaspar Hauser* seinerzeit erzählt hatte, er sei in einem Kerker bei Wasser und Brot und mit zwei Holzpferdchen zum Spielen gefangen gehalten worden, erregte dieser Fund natürlich Aufsehen. Kaspar-Hauser-Kenner wissen um jene Flaschenpost, die 1816 am elsässichen Rheinufer gefunden wurde und von einem Kind berichtete, das „in der Nähe von Laufenburg in einem Schloss gefangen gehalten würde und Thronfolgeransprüche habe“.

Schloss Beuggen bei Rheinfelden ist nicht nur wegen seiner Lage am Rhein und der geheimnisvollen Geschichte um Kaspar Hauser sehenswert, sondern auch wegen seines Parks mit einem großen Gingkobaum und einem Labyrinth. Das Schloss selbst ist ebenso wie *Hausers* Höhlenraum nicht öffentlich zugänglich, Führungen zum Thema finden aber gelegentlich statt, www.schloss-beuggen.de.

■ **Hotel Goldener Knopf**€€€€, Rathausplatz 9, Tel. 5650, Fax 565444, www.goldenerknopf.de (am Rheinufer gelegenes, historisches Haus, von der Terrasse Aussicht auf die Holzbrücke; Fisch-Spezialitäten.)

Gastronomie

■ **Fuchshöhle,** Rheinbrückstr. 7, Tel. 7313, So. und Mo. geschl. (hinter der Fassade mit Stuckaturen und einem Marienbildnis aus dem späten Rokoko aus dem Jahr 1760 wird Gourmetküche mit frischen Kräutern kredenzt.)

■ **Schlosspark-Café,** im Schlosspark, Tel. 4861, Mai–Sept. tgl. bis ca. 20.30 Uhr, bei Regen geschl. (auf der Freiterrasse unter Kastanienbäumen mit Blick auf den gemächlich dahingleitenden Rhein und die alte Holzbrücke vor sich hin träumen ... herrlich!)

Der Heidenstein in Schwörstadt

■ **Café-Restaurant Bergsee,** Bergseestr. 93, Tel. 7575, im Winter Di. geschl. (am Ufer des Bergsees gelegen)

Aktivitäten

■ **Angeln:** Hecht, Aal, Schleie, Barsch, Forelle, Karpfen, Brachse, Döbel und Rotauge im Rhein, Angelkarten bei der Touristen-Info. Hecht, Karpfen, Schleie, Zander und Forelle im Bergsee, Angelkarten ebenfalls bei der Touristen-Info.

■ **Fabrikverkauf:** Brennet, Bettwäsche, Basler Str. 65, Mo bis Fr 9–12 und 13–18 Uhr, Mi. und Sa. 9–13 Uhr.

■ **Grenzübertritt in die Schweiz:** Fußgänger und Radfahrer auf der Holzbrücke in der Altstadt, Autofahrer über die Fridolinsbrücke.

■ **Museen:** *Mineralien-Museum,* Villa-Berberich, Parkstr. 1, Tel. 7478, Mi., So. 15–17 Uhr. *Im Schlosspark*, Tel. 2217: Sammlung von Trompeten. *Schifffahrten:* Mit dem Fahrgastschiff „Trompeter" ab dem Schlosspark flussabwärts nach Schwörstadt.

Im Umland von Bad Säckingen

Schwörstadt

Nordwestlich von Bad Säckingen, in Schwörstadt in der Römerstr. 22 (nahe bei der Ortseinfahrt, von Dossenbach kommend), steht der viertausend Jahre alte **Heidenstein.** Er ist der Rest einer Grabanlage aus der Übergangszeit von der jüngeren Steinzeit zur Bronzezeit. Bei Grabungen wurden dort Reste von 19 Skeletten gefunden, in Rückenlage mit dem Gesicht nach oben, der auf gehenden Sonne zugewandt. Der Stein wiegt 60 Zentner, ist 3,30 m hoch und an der Basis 3,40 m breit. Er gehört zu den rätselhaften „Lochsteinen", von denen es unter anderem auch einen in Schottland, einen in Cornwall (der „Tolven-Stone") und einen im Bayrischen Wald gibt. Über das Loch in der Mitte des Steins gibt es unterschiedliche Theorien: Nach dem Glauben der Steinzeitmenschen sollen die Seelen der Verstorbenen durch dieses Loch das Grab verlassen haben. Einige Archäologen sehen das jedoch pragmatischer: ihrer Ansicht nach wurden an diesen Steinen einst die Schiffe festgebunden.

Westlich von Schwörstadt, unmittelbar am Hochrhein liegt die **Tschamberhöhle,** eine von nur drei im Muschelkalk verlaufenden Schauhöhlen Deutschlands, die Einblick ins Innere eines Karstgebirges gibt. Von den 1500 bis heute erforschten Höhlengängen sind 600 m zugänglich.

- Geöffnet vom April bis zum 31. Okt. jeweils an Sonn- und Feiertagen zwischen 13 und 17 Uhr.

St. Blasien

- **Vorwahl:** 07675
- **PLZ:** 79837
- **Einw.:** 3800
- **Höhe:** 760–1300 m
- **Ortsteile:** Albtal (8 km), Menzenschwand (8 km)

Das Ortsbild des kleinen umtriebigen Kneipp- und heilklimatischen Kurorts wird ganz und gar vom Dom des **Klosters** St. Blasien beherrscht, letzterem verdankt der Ort auch seine Gründung. Von hier aus ging einst die Besiedelung der ganzen Gegend aus, noch heute ist St. Blasien der Mittelpunkt des relativ dünn besiedelten Umlandes.

Sehenswertes

Dom St. Blasien

„Der Schwarzwald war noch ein unwegsames Gebirge, als die Benediktiner im engen verborgenen Waldtal dieses Rund von Riesensäulen auftürmten, das man sich von Paris oder Petersburg hierher versetzt glauben könnte, eine sehr ästhetische Kirche, ohne Blut, ohne Leidenschaft."

Udo von Alvensleben, 1934

Inmitten des tief eingeschnittenen und waldreichen Tals der oberen Alb erhebt sich die **drittgrößte Kuppelkirche Eu-**

[>] Dom St. Blasien

ropas, deren erster Anblick den Deutschlandreisenden *Friedrich Nicolai* anno 1781 ziemlich bewegte: „Erstaunen und Bewunderung ergreift den Wanderer (...) wenn plötzlich das große majestätische Gebäude dasteht. Der Eindruck ist unbeschreiblich, in dieser rauen Gegend ein so weitläufiges, so wohl geordnetes Gebäude zu erblicken". Gegründet wurde die Abtei im 9. Jahrhundert von Einsiedlern, die vom Kloster Rheinau Reliquien des heiligen *Blasius* (dem Schutzpatron gegen Halsweh, er hatte einem Knaben eine Gräte aus dem Hals gebetet) erhalten hatten und fortan das Kloster nach ihm benannten. Ritter *Reginbert von Seldenbürgen,* ein Feldherr aus dem Heer von *Kaiser Otto I.,* war beeindruckt und investierte fortan in die fromme Einsiedelei. Ihm folgten viele Männer aus den vornehmsten Geschlechtern, die sich hier zur Erringung ihres Seelenheils niederließen und ihren Besitz dem Kloster überschrieben. Die adligen Klosterbrüder waren sich für keine Arbeit zu fein: *Ritter Arnold von Uehlingen* hütete die Schweine, *Lambert von Fahrnau* diente als Packträger und *Ulrich von Sulz* als Ofenheizer, der nebenher jede Nacht fünf Stunden zum Schluchsee lief, um fangfrische Fische für die Mönchstafel herbeizuschaffen. Auf solche Weise gewann das Kloster zunehmend an Macht und Besitz.

Zwischen 1322 und 1768 wurde das Kloster von einer Katastrophe nach der anderen – Brand, Sprengung, Pest und Plünderung – heimgesucht, 1768 legte ein erneutes Feuer den Bau mit seiner wertvollen Bibliothek in Schutt und Asche. Mit dem Wiederaufbau wurde sofort begonnen, es entstand die heutige Kuppelkirche im frühklassizistischen Stil. Der neue Dom diente allerdings nur 25 Jahre als Kirche, schon 1806 wurde das Kloster im Zuge der Säkularisierung aufgelöst. In den Folgejahren wurden in den Klostergebäuden nacheinander eine mechanische Fabrik, eine Gewehrfabrik und eine Baumwollspinnerei eingerichtet. Seit 1947 ist auf dem Klostergelände ein renommiertes Jesuiten-Internat untergebracht, in dem auch der frühere CDU-Generalsekretär *Heiner Geißler* zur Schule ging. Zurückblickend sagte er

Die dem römischen Pantheon ähnliche Rotunde des Doms von St. Blasien hat einen Durchmesser von 46 Metern

heute über seine vierjährige Lehrzeit bei den Jesuiten: „Ich hatte keinen Sex, ich hatte keinen Alkohol, keine Zigaretten. Dafür habe ich Disziplin und Gehorsam gelernt".

Die Geschichte von St. Blasien ist eine Geschichte von Extremen, von großem Geist, großer Macht und sozialem Engagement, aber auch von Herrschsucht, Verschwendung und Unterdrückung. Hier flammten die blutigen Salpetereraufstände auf (s. Geschichte des Schwarzwaldes), aber hier gründete auch Fürstabt *Martin II.* im 18. Jh. ein Altersheim und eine Sparkasse für die Armen, eine soziale Pioniertat für damalige Zeiten.

Praktische Tipps

Info

■ **Tourist-Information,** 79837 St. Blasien, Am Kurgarten 1–3, Tel. (07672) 41430, Fax 41438, www.st-blasien.de.

Unterkunft mit Gastronomie

■ **Dom-Hotel**€€–€€€, Hauptstr. 4, Tel. 4686, Fax 4655, www.dom-hotel-st-blasien.de (zentral gelegen, badische Küche, am Nachmittag hausgemachte Kuchen.)

■ **Hotel Klosterhof**€€–€€€, Am Kurgarten 9, Tel. 523, Fax 2032, www.hotel-klosterhof.com (familiäres Traditionshaus)

■ **Sonnenhof**€€–€€€, Vorderdorfstr. 58, Tel. 501, Fax 504, Di. geschl. (kl. Hallenbad, Sauna, Solarium.)

■ **Gasthof Waldeck**€€€, Vorderdorfstr. 74, Menzenschwand, Tel. 90540, Fax 1476, Mo. geschl. (Hotelzimmer mit bemalten Bauernmöbeln, sehr gemütliches, rustikales Haus mit Kachelofen, Hirschgeweihen und Holzdecke, Sauna und Solarium.)

Der Sage nach: St. Blasiens Reichtum

Zu einem Mann, welcher im Kloster St. Blasien Stroh schnitt, kam eines Nachmittags der Fürstabt mit zweien seiner Mönche. Beim Anblick des vielen geschnittenen Strohs sprach der Fürst: „So viel Stroh dies auch ist, so haben wir doch noch mehr Gold und Silber". Der Mann erlaubte sich, dies zu bezweifeln, worauf die drei sagten, sie wollten ihm die Schätze zeigen, seine Augen verbanden, und ihn, wie er merkte, durch einen unterirdischen Gang führten, der unter einem rauschenden Wasser hinwegging. Als ihm die Binde abgenommen wurde, befand er sich in einem Gewölbe, worin Gold und Silber, gemünzt und in Stangen, klafterweis, aufgesetzt war. Die Geistlichen vergönnten ihm, sich soviel Silber zu nehmen, wie er mit beiden Händen fassen konnte, verbanden ihm dann wieder die Augen und führten ihn ins Kloster zurück.

Tatsächlich hatte St. Blasien so viele Besitzungen, dass seine Mönche, wenn sie nach Rom reisten, jede Nacht in ihrem Eigentum einkehren konnten.

■ **Hotel Klostermeisterhaus**€€€–€€€€, Im Süßen Winkel 2, Tel. 848, Fax 2846 (am Kurgarten gelegenes, ehemaliges Klostergebäude.)

Camping/Jugendherberge

■ **Wohnmobilstellplätze:** Kostenlose Wohnmobilstellplätze in St. Blasien und Menzenschwand. 30 Stellplätze beim Freibad St. Blasien (Entsorgung von Ab- und Grauwasser und Versorgung mit Frischwasser, an der seitl. Zufahrt des „Parkhaus Dom" oder „Stadtmitte-Busparkplatz". 20 Stellplätze beim „Skilift Rehbach", Menzenschwand (Ver-/Entsorgung vor Ort). Max. Aufenthaltsdauer: 4 Tage.)

■ **Jugendherberge** im Ortsteil Menzenschwand, Vorderdorfstr. 10, Tel. 326, Fax 1435 (malerischer, ehemaliger Bauernhof an der Straße von St. Blasien nach Menzenschwand.)

Aktivitäten

■ **Angeln:** Forellen in der Alb und im Albsee, Angelkarten bei der Tourist Information.

■ **Skiloipen:** 20 km – Albtal – Schwimmbad- und Kohlwaldloipe. Verbundloipe St. Blasien – Bernau. Gesamtlänge 50 km.

■ **Radon Revital Bad,** St. Blasien-Menzenschwand, In der Friedrichsruhe 13, Tel. 929104, Fax 929112, www.radonrevitalbad.de (2005 eröffnetes Bad, gespeist aus zwei radon- und fluorhaltigen Heilquellen vom nahen Krunkelbachtal, gartenartiger Grünbereich. Täglich von 10 bis 21 Uhr geöffnet.)

827ssw cz

▷ „Le Petit Salon" in Menzenschwand bei St. Blasien – das Museum widmet sich dem Maler Franz Xaver Winterhalter

Franz Xaver Winterhalter – ein Menzenschwander Maler „soweit die Crinoline reicht"

Geboren in Menzenschwand als Sohn einfacher Bauern, die noch in Leibeigenschaft lebten, aufgestiegen zum Maler, der die höchsten Majestäten seiner Zeit malte, der Bilder von einer Frau schuf, die einen Mythos begründeten. Den Mythos der Kaiserin *Elisabeth von Österreich,* deren Schönheit sich niemals in das kollektive Gedächtnis so eingebrannt hätte ohne die drei Gemälde *Winterhalters.* Ob Souvenir oder Buchumschlag, es ist das offizielle Porträt der Kaiserin *Sisi* mit den stilisierten Diamant-Edelweißblumen im Haar, das darauf abgebildet ist. Sein Name ist Kennern bekannt, aber nicht seine Herkunft aus dem Schwarzwald. Bezeichnend für Winterhalters Porträts war sein Talent, von den Dargestellten ein Idealbild zu schaffen. Er überhöhte ihr Bild ins Schmeichelhafte und kombinierte höfischen Glanz mit der jeweiligen Mode seiner Zeit. Wichtig für ihn war nicht sein eigener Stil, sondern die darzustellende Person. Seine offiziellen Hofporträts waren ein Vorläufer dessen, was man heute als PR-Arbeit kennt. Denn sie wurden gezielt für die Selbstdarstellung der Monarchien und somit zur Öffentlichkeitsarbeit eingesetzt. Und doch gab es bei den Bildnissen der Kaiserin zwei ganz private, das der Kaiserin mit dem offenen Haar und das mit den vor dem Oberkörper verschlungenen Haaren. Beide waren für ihren Mann, Kaiser *Franz Josef* bestimmt. Der hing sie in der Wiener Hofburg dort auf, wo sich sein gesamtes Leben abspielte: in seinem Arbeitszimmer. Und da wiederum verkehrten auch seine Untertanen und seine Bediensteten – ein Skandal seinerzeit.

Als „Groupie der Prominenz" bezeichnete sich lange nach dem Untergang der Monarchie der Pop-Art Künstler *Andy Warhol.* Auch er wurde durch seine Porträts von Prominenten bekannt. Auch seine Werke werden heute millionenfach auf Postkarten, T-Shirts und Kühlschrankmagneten vermarktet. Doch anders als bei *Winterhalter* ist *Warhols* Name untrennbar mit seinem Werk verbunden. Denn Warhol wusste sich selbst auch zu vermarkten.

Einst schrieb der Kunsthistoriker *Joseph August Beringer* über *Winterhalter:* „Der Meister von Menzenschwand war Ende der 1850er und während der 1860er Jahre ein Künstler, der mit dem Zauber seines taktvollen ungezwungenen Benehmens, mit feiner gesellschaftlicher und geistiger Bildung und einem phänomenalen Gedächtnis für Physiognomien eine rasche Arbeitsweise verband: der geborene Darsteller der Frauenschönheit und der dokumentarische Künstler für die höhere Gesellschaft seiner Zeit. Trotz seiner kosmopolitischen Beschäftigung und seines dreißigjährigen Aufenthaltes in Paris blieb er ein treuer Sohn seiner Heimat." Über den geografischen Wirkungskreis des Künstlers schrieb 1857 ein Zeitgenosse: „Winterhalter, der Hofmaler Europas vom Manzanares bis zum Niemen, gewissermaßen bis zur Newa, so weit die Crinoline reicht".

Winterhalter hat seine Heimat nie vergessen, viel Geld floß damals nach Menzenschwand. Eine von ihm gegründete Stiftung ermöglichte es unzähligen Menzenschwander Kindern, eine Lehre oder höhere Schule zu besuchen. *Elisa-*

beth Kaiser und andere Interessierte eröffneten 2008 den „Petit Salon" um dem Vergessen des Künstlers in seiner Heimat entgegenzuwirken. Der Name „Le Petit Salon" soll an den ersten großen künstlerischen Durchbruch von *Franz Xaver Winterhalter* im Jahre 1837 erinnern, den er im „Salon de Paris" erreichte, als er die Medaille 1. Klasse gewann. In Deutschland weitgehend vergessen, ist *Winterhalter* heute in Frankreich und England durchaus ein bekannter Maler. *Elisabeth Kaiser* und ihre Mitstreiter sehen es als ihre Mission, ihn in Deutschland den Ruf zu verschaffen, den er verdient: Als ein großer Porträtist einer untergegangenen Epoche.

■ **Le Petit Salon,** Hinterdorfstr. 49, 79837 Menzenschwand/St. Blasien, Tel. 1795, www.winterhalter-menzenschwand.de, geöffnet Mi.–So. und an Feiertagen 14.30–17 Uhr. Nov. bis Mitte Dez. geschlossen.

803ssw cz

Unterkünfte in Menzenschwand

■ **Hotel Waldeck**€€, Vorderdorfstr. 74, Tel. (07675) 9054-0, www.menzenschwand-waldeck.de (innen und außen rustikale Schwarzwaldgemütlichkeit. Rein in die Wanderschuhe und raus in die Natur! Abends dann im Restaurant fangfrische Schwarzwaldforellen oder Wildspezialitäten aus eigener Jagd speisen.)

■ **Pension Birkenhof**€, Hinterdorfstr. 25, Tel. (07675) 1079, www.schwarzwald-birkenhof.de (Pension mit großen Zimmern und Flachbildfernseher. Es gibt ein üppiges Frühstück, sehr gutes Preis-Leistungsverhältnis. Im Haus wird geraucht.)

◁ Sissi, prortätiert von Franz Xaver Winterhalter

Achkarren | 232
Bickensohl | 233
Bischoffingen | 236
Breisach | 227
Burkheim | 235
Endingen | 236
Ihringen | 230
Kaiserstuhl | 225
Oberbergen | 234
Niederrotweil | 234
Vogtsburg im Kaiserstuhl | 232

8 Abstecher zum Kaiserstuhl

Diese Tour führt in eine der wärmsten und sonnenreichsten Gegenden Deutschlands. Hier wurden schon Bodentemperaturen von 67 Grad Celsius gemessen. Für Genießer ist in dieser ländlich-bedächtigen Region zwischen der Rheinebene und dem Schwarzwald Schlemmen, „Schlotzen" und Schauen angesagt

700ssw ST

[<] Wanderpause

ABSTECHER ZUM KAISERSTUHL

Kaiserstuhl-Tour

- Breisach
- Ihringen
- Achkarren
- Niederrotweil
- Burkheim
- Endingen

Kaiserstuhl

- **Höchste Erhebung:** Totenkopf, 557 m
- **Nord-Süd-Ausdehnung:** 16 km
- **Ost-West-Ausdehnung:** 12 km

Vor rund 15 Millionen Jahren, unter viel Donner und Getöse, erhob sich im steten Wechsel von Lava und Ascheregen der Kaiserstuhl, der heute wie eine dem Schwarzwald vorgelagerte Insel aus der Oberrheinebene hervorragt. Zwei Gegensätze, wie sie größer kaum sein könnten: auf der einen Seite der erst seit dem Mittelalter besiedelte Schwarzwald mit kargen, wenig fruchtbaren Gebirgsböden und einem rauen, kühlen Mittelgebirgsklima, auf der anderen Seite der schon seit der Steinzeit besiedelte Kaiserstuhl mit einem fruchtbarem Lösslehmboden und einem fast schon mediterranen Klima. Und so heißt es nicht umsonst: „Badischer Wein, von der Sonne verwöhnt". Am Kaiserstuhl, der wärmsten und sonnenreichsten Rebfläche Deutschlands, wurden schon Bodentemperaturen von 67 Grad Celsius gemessen.

NICHT VERPASSEN!

- Im **Breisacher St. Stephansmünster** im Norden die Hölle, im Süden die Seligkeit | 227
- Horchen, was der **Burkheimer Nachtwächter** sagen will | 235
- **Vorderösterreich Museum:** Warum der Kaiserstuhl einst zu Österreich gehörte | 237

Diese Tipps erkennt man an der gelben Hinterlegung.

Flora und Fauna

Durch die außergewöhnlichen klimatischen Bedingungen wartet der Kaiserstuhl mit einer fast schon mediterranen Tier- und Pflanzenwelt auf. Rund 2700 Schmetterlingsarten, 700 Käferspezies und über 60 Schneckenarten sind hier zu finden, ebenso die seltene Smaragdeidechse und die Mauereidechse. Eine zoologische Rarität ist die „Gottesanbeterin" *(mantis religiosa)*, die wegen ihrer erhobenen, zusammengelegten Fangbeine ihren Namen trägt. Unter den Pflanzen sind unter anderem Küchenschellen, Kugelblumen, Frühlingsfingerkraut, Karthäusernelke oder ästige Graslilien zu finden, seinen botanischen Ruf aber verdankt der Kaiserstuhl den zahlreichen Orchideenarten, die hier in den Monaten Mai und Juni erblühen.

Rad fahren

Rund um den Kaiserstuhl und über den benachbarten Tuniberg führt der 64 km lange **Kaiserstuhl Radwanderweg** (s. Karte „Kaiserstuhl"). Der Weg verläuft durch eine fruchtbare und vielfältige Landschaft, 12 Ortschaften (u.a. Ihringen, Achkarren, Endingen), deren Namen Weinkennern wie Musik in den

Ohren klingen, werden dabei berührt. Die beste Jahreszeit für einen Radausflug am Kaiserstuhl sind das Frühjahr während der Obstblüte und der Herbst.

- **Streckenmarkierung:** Rechteckige weiße Schilder mit grüner Schrift (Richtungswegweiser) mit Zusatzschild Ka (rotes quadratisches Schild)
- **Streckenführung:** außerhalb der Ortschaften meist auf Rad- und landwirtschaftlichen Wegen
- Seit 2012 gibt es die ausgeschilderte **Kaiser-Tour für Mountainbiker.**
- Neu sind auch **vier Rundtouren für E-Bikes** mit einem entsprechenden Netz an Verleih- und Akkuwechselstationen.

Flammkuchen – Spezialität der Region

Breisach

- **Vorwahl:** 07667
- **PLZ:** 79206
- **Einw.:** 11.300
- **Höhe:** 191–225 m

Direkt am Rhein, in unmittelbarer Nähe zu Frankreich, liegt die charmante Stadt Breisach, die schon 1964 vom Europarat als zweite Gemeinde Baden-Württembergs für ihre Bemühungen um ein geeintes Europa als „Europastadt" geehrt wurde. Dass diese Bemühungen ein Erfolg sind, zeigt sich am Rheinübergang nach Frankreich, der heutzutage kaum noch als Grenze erkenntlich ist. Nicht nur das St. Stephansmünster, das gleich einer Festung das Stadtbild auf dessen höchstem Punkt beherrscht, lohnt einen Besuch, auch das Städtchen selbst, das sich noch in vielen Ecken und Winkeln mittelalterliches Flair bewahren konnte.

Sehenswertes

Das Anfang des 13. Jh. im romanischen Stil begonnene und in den folgenden zwei Jahrhunderten im gotischen Stil vollendete **St. Stephansmünster** birgt drei kunsthistorische Kostbarkeiten:

Bis zu seinem Tode im Jahre 1491 arbeitete *Martin Schongauer* an seinem großartigen **Wandgemälde des jüngsten Gerichtes.** Das sich über drei Wände erstreckende Monumentalgemälde zeigt an der Nordwand die Hölle, an der Südwand den Lohn der Seligen und an der Westwand den Richterspruch Christi.

Ein Meisterwerk der Spätgotik ist der aus hellem Sandstein gemeißelte **Lett-**

Wie der Kaiserstuhl zu seinem eigenartigen Namen kam, ist im „Verkehrsbuch für Baden" (um 1922) zu lesen: „Kaiserstuihl ist's genannt, wohl deshalb, weil ehemals, auf des Gebirges höchster Kuppe, Kaiser Rudolf von Habsburg „stühlte", nach altgermanischen Brauch zu Gericht saß."

ner, ein filigranes Maßwerk, das nach mittelalterlichem Brauch den Priester von der Kirchengemeinde trennte.

Das dritte Meisterwerk ist der 11 m hohe **Hochaltar** mit der Marienkrönung, ein hervorragendes Beispiel oberrheinischer Schnitzkunst der Spätgotik. Die Initialen des Künstlers, HL, sind noch nicht sicher entschlüsselt, sie deuten aber auf den Bildschnitzer *Hans Loi* hin. Bemerkenswerterweise ist der Altar um einen Meter größer als die Kirche selbst: Einst soll der Schöpfer des Altars um die Tochter eines Breisacher Ratsherren geworben haben. Der Vater lehnte ab und der unglückliche Verehrer begab sich auf Reisen, um zu vergessen. Bevor er aber die Stadt verließ, pflanzte er noch einen Rosenstrauß an die Hauswand des Mädchens und schwor ihr ewigliche Treue. Jahre später wollten die Breisacher ihr Münster mit einem Altar krönen, wie weit und breit kein prächtigerer zu finden war. *Albrecht Dürer* persönlich soll den jungen Bildschnitzer *Hans Loi* empfohlen haben. Dieser bewarb sich um den Auftrag und auf ein neues um die Tochter des Ratsherrn, der nun nicht mehr abgeneigt zu sein schien. Er stellte dem jungen Künstler nur eine Bedingung: der Altar sollte höher als die Kirche sein. Als nun der ratlose *Hans* im Garten saß und brütete, fiel sein Blick auf den von ihm gepflanzten Rosenstrauch. Er war mit seiner Spitze an einer Wölbung an der Hauswand gestoßen und krümmte sich daher unter der Mauer weiter. Nach diesem Vorbild schuf der junge Mann den Breisacher Altar, der sich unter der Kirchendecke windet. Nun konnte ihm der Ratsherr die Hand seiner Tochter nicht mehr verweigern.

Familiensause in der „Straußе"

Straußenwirtschaften verdanken wir Kaiser *Karl dem Großen,* welcher anno 800 in seinem Erlass „Capitulare de Villis vel Curtis imperatoris" verfügte, dass Weinbauern einen Teil ihres Weins direkt ausschenken dürfen. Ohne Kaiser Karl würden wir heute nicht so gemütlich in den Kaiserstühler Straußenwirtschaften sitzen. Wie in allen Straußenwirtschaften darf dort nur eigener Wein ausgeschenkt werden, es dürfen nicht mehr als 40 Sitzplätze vorhanden und die Speisen müssen einfach sein. Je nach der Region in Deutschland heißen die Straußenwirtschaften auch Besen-, Rädle- oder Heckenwirtschaften.

Praktische Tipps

Info

- **Breisach-Touristik,** Marktplatz 16, 79206 Breisach am Rhein, Tel. (07667) 940155, Fax 940158, www.breisach.de.

Unterkunft mit Gastronomie

- **Hotel Bären**€€, Kupfertorplatz 7, Tel. 281, Fax 7055, Mo. geschl. (schattige Terrasse, einheimische und internationale Küche.)
- **Hotel-Landgasthof Adler**€€, Hochstetterstr. 11, Breisach Hochstetten, Tel. 93930, Fax 939393

(mit Freibad für Hotelgäste, außerdem gehört zum Hotel ein Campingplatz.)

■ **Kaiserstühler Hof**€€€€, Richard-Müller-Str. 2, Tel. 83060, Fax 830666 (Kachelofengemütlichkeit, Gerichte der Saison, 40 Jahre im Familienbesitz.)

■ **Kapuzinergarten, Hotel & Restaurant**€€€€, Kapuzinergasse 26, Tel. 93000, Fax 930093 (teilweise mit klösterlichen Abteifenstern und antiken Bettgestellen ausgestattet; traumhafter Blick auf die Kaiserstühler Rebhänge.) Geldermannsekt – so gut wie Champagner. Ein Degustationsmenu gibt's im Hotel.

■ **Hotel am Münster**€€€€€, Münsterbergstr. 23, Tel. 8380, Fax 838100 (ruhig, auf den Festungsmauern des Münsters gelegen, herrlicher Blick auf den Rhein, Hallenbad. *Best Western-Hotel.*)

Es irrt der Mensch, solange er prophezeit

„Es gibt unbestritten, noch immer große Weine am Kaiserstuhl, aber die allgemeine Entmythologisierung des Weins als eines durch die Zeiten geheiligten Vehikels in geistig getönte, humane Räusche ist durch seine Industrialisierung auch hier weit fortgeschritten. Es kreißte seinetwegen unter dem Dröhnen ein uralter erdgeschichtsträchtiger Berg, verschlang dabei seine eigenen reich gegliederten Konturen, manche seiner evolutionsgeschichtlich bedeutsamen Pflanzen- und Tiergesellschaften und gebar – ja was? Zahlen, Zahlen, Zahlen."

Apokalyptische Visionen, zu lesen im Geoheft Nr. 10 aus dem Jahr 1979.

Unterkunft

■ **Hotel Breisacher Hof,** Neutorplatz 6, Tel. 392, (nettes Garnihotel in Nähe des Bahnhofs und dem Stadtzentrum.)

■ **Hotel Rheinblick,** Rheinuferstr. 2, Tel. 7172 (angenehmes Mittelklassehotel mit Gästezimmern und Ferienwohnungen. Unterhab des Münsterberges in Rheinnähe.)

■ **Jugendherberge,** Rheinuferstr. 12, Tel. 7665, Fax 1847 (erfüllt eine Sonderfunktion als deutsch-französische Jugendbegegnungsstätte.)

Aktivitäten

■ **Angeln:** Angelkarten bei der Breisach-Touristik, Tel. 940155.

■ **Kanufahren:** von August bis einschl. Februar auf den Altrheinarmen und der Möhlin.

■ **Kellereibesichtigung mit Weinprobe:** *Badischer Winzerkeller Breisach eG,* Zum Kaiserstuhl 16. Eine der größten Erzeuger-Weinkellereien Europas mit ausgedehnten Holzfass- und Archivkellern. Täglich, außer So., geöffnet. Führungen mit Weinprobe auf Anfrage auch sonntags unter Tel. 9000; *Geldermann Privatsektkellerei,* Am Schlossberg 1: Sehenswerte Gewölbekeller unter dem Breisacher Münsterberg. Mo. bis Sa. tgl. um 14 Uhr Führung durch die mittelalterlichen Keller inkl. einer kleinen Sektprobe. Von März bis Ende Okt. auch So.

■ **Präsentation und Verkauf von Sekt und Wein:** *Vinothek,* Marktplatz 16, Tel. 904952.

■ **Museum:** *Museum für Stadtgeschichte,* Rheintorplatz 1, Tel. 83265 und 66, geöffnet Di. bis Fr. 14–17 Uhr, Sa., So. und feiertags 11.30–17 Uhr (Exponate von der Steinzeit bis zur Gegenwart.)

■ **Museumseisenbahn:** *„Rebenbummler"* von Riegel nach Breisach und zurück. Termine: www.rebenbummler.de, oder Tel. (07642) 689990.

■ **Schiffsausflug:** *„Dampf im Elsass"* kombiniert mit einer Fahrt im historischen Dampfzug *„Train Touristique"*, Tel. 942010, www.bfs-info.de.

■ **Stadtführungen:** Von Ostern bis Ende Okt. jeden Di. (außer an Feiertagen) um 10.30 Uhr ab *Breisach-Touristik.* Führung über den Münsterberg. Zusätzlich an bestimmten Terminen „Stadtführungen mit Genuss" zu verschiedenen Themen inklusive kleinen kulinarischen Köstlichkeiten.

■ **Rad fahren:** Kaiserstuhl-Radwanderweg (64 km, der Rundweg berührt 12 Ortschaften um den Kaiserstuhl und den benachbarten Tuniberg, die schönste Jahreszeit für diese Tour ist das Frühjahr zurzeit der Obstblüte und der Herbst).

■ **Rheinfahrten:** Rund- und Schleusenfahrten, Themenfahrten und Tagesausflüge nach Basel/CH, Straßburg und Colmar, beide *Breisacher Fahrgast-Schifffahrt,* Rheinufer/Anlegestelle, Tel. 942010, Fax 942030, www.bfs-info.de.

Im Umland von Breisach

Neuf-Brisach

In unmittelbarer Nähe zu Breisach liegt auf der französischen Seite das Örtchen Neuf-Brisach, dessen Reiz sich erst so richtig aus der Vogelperspektive offenbart: alle Häuser liegen innerhalb einer sternförmigen **Festungsanlage.** Der Sonnenkönig *Ludwig XIV.* ließ von 1698–1702 die Festung 3 km vom Rhein entfernt erbauen, nachdem das auf der anderen Rheinseite gelegene alte Breisach 1697 von Frankreich wieder an Österreich abgegeben werden musste. Die Festungsanlage mit ihren Wällen, Kasematten, Gräben und Stadttoren ist noch vollständig erhalten geblieben und kann bequem zu Fuß umrundet werden. Im Örtchen selbst kommt – Europa hin oder her – schon viel französisches Flair auf. Seit 2008 gehört Neuf-Brisach zusammen mit elf weiteren Bauwerken von Vauban zum **UNESCO-Welterbe.**

Ihringen

■ **Vorwahl:** 07668
■ **PLZ:** 79241
■ **Einw.:** 4200
■ **Höhe:** 210 m

Ihringen kann neben seinem pittoresken Ortsbild gleich mit **mehreren Superlativen** aufwarten: mit seinen über 1850 Sonnenstunden pro Jahr ist es eine der sonnenreichsten Gemeinden der ganzen Bundesrepublik und mit ca. 600 Hektar Rebfläche die ehemals größte Weinbaugemeinde Badens. Der Winklerberg wurde 2010 mit dem Prädikat „Höhepunkt deutscher Weinkultur" ausgezeichnet. Damit gehört diese Weinlage zu einer der besten in Deutschland. Ihringen ist End- od. Startpunkt des zertifizierten Qualitätsweges Kaiserstuhlpfad der in den nördlichen Kaiserstuhl nach Endingen führt.

Brauchtum

Alljährlich bei den **Ihringer Weintagen** am **Wochenende nach Fronleichnam** wird von Freitagabend bis Montagmitternacht gefeiert, getafelt und gezecht, was das Zeug hält: überall in den Lauben und Gängen spielen und tanzen Kapellen, Tanzorchester und Trachtengruppen; in den Lauben, Höfen und Kellern werden Ihringer Spitzenweine und einheimische Köstlichkeiten wie Kesselfleisch, Forelle und Zwiebelkuchen aufgetischt.

Zum **Erntedank** immer am dritten Sonntag im Oktober findet der traditionelle Brauchtumsumzug statt, um den Einzug des letzten Erntewagens zu feiern. Von Samstag bis Sonntag wird in der herbstliche Festgasse und im offenen Winzerkeller gefeiert.

Praktische Tipps

Info

- **Tourist Information,** Bachenstr. 38–44, 79241 Ihringen, Tel. (07668) 9343, Fax 908168.

Unterkunft mit Gastronomie

- **Hotel-Restaurant Bräutigam's Weinstube,** Bahnhofstr. 1, Tel. 90350, Fax 903569, DZ auf Anfrage, Mi. geschl. (Gartenwirtschaft, Spezialiäten: Spargel, Wild und Fisch; sonntags Familienbrunch, dienstags Kaiserstühler Winzerbuffet.)
- **Gasthaus zur Sonne,** Ihringen-Wasenweiler, Fremdenzimmer, Tel. 229, www.sonne-wasenweiler.de (gute Leberle mit Brägele)

Camping

- **Camping und Freizeitpark Kaiserstuhl im Sport- und Freizeitzentrum**, Nachtwaid 5, Tel. 950065, Fax 950071, www.kaiserstuhlcamping.de (Platz mit 200 Stellplätzen neben dem Schwimmbad gelegen.)

Gastronomie

- **Goldener Engel,** Wasenweiler, Tel. 5028, Mo. und Di. ab 16 Uhr geschl. (guter Zwiebelkuchen.)
- **Restaurant Holzöfele,** www.holzoefele.de, Tel. 207, Do Ruhetag (für Gourmets.)
- **Wanderraststätte „Lilie",** zwischen Wasenweiler und Ihringen dem weißen Schild folgen, Tel. 7808, Fax 9270, www.lilie-ihringen.de, Di. geschl. (das 1860 erbaute Haus gehörte einst einem Verwandten des Reichskanzlers *Bismarck*. Sommerterrasse, Vesperkarte.)
- **Rasthaus Lenzenberg,** Ihringen, Tel. 284, www.lenzenberg.de (Ausflugslokal mit tollem Panoramablick.)
- **Weingut Dr. Heger,** Bachenstr. 19–21, www.heger-weine.de, geöffnet Mo.–Fr. 9–12 Uhr und 13.30–17.30 Uhr, Sa. 10–14 Uhr (edle Tropfen aus der Vulkangesteinslage Ihringer Winklerberg mit von Hand bearbeiteten kleinen Parzellen. Mineralische, kräftige, langlebige Weine.)
- **Winzergenossenschaft Ihringen,** Winzerstraße 6, Tel. 90360, www.winzergenossenschaft-ihringen.de (größter aktiv betriebener Holzfasskeller.)
- **Weingut Stigler, Bachenstraße 29,** Tel. 297, www.weingut-stigler.de (Prädikatsweingut.)
- **Weinstuben-Restaurant Zum Küfer,** Eisenbahnstr. 9, Tel. 996814, www.kuefer-ihringen.de (romantisches Weinstuben-Restaurant. Zurzeit eine der besten Adressen in der Region. Kreative Küche, auch deftig-rustikale Gerichte in großen Portionen. Sehr gutes Preis-Leistungsverhältnis.)

Aktivitäten

- Gleich hinter der Gaststätte *Lilienhof* beginnt der **Naturlehrpfad Liliental,** der durch ein einmaliges Reservat an seltenen Bäumen und Sträuchern führt. Im wärmsten Klima Deutschlands gedeihen hier Zypressenarten, Zedern, Lebens-, Amber-, Tulpen- und Schnurbäume und der schon als ausgestorben gewähnte und in China wiederentdeckte Mammutbaum. Im Juni wird das Liliental von zahlreichen Orchideenliebhabern aufgesucht. Als Tal der Orchideen macht es sich mit über 36 verschiedenen Wildorchideenarten einen Namen.

- **Nordic Walking:** In der Touristikinformation kann man Nordic-Walking-Stöcke ausleihen. Drei je 6, 9 und 12 km lange Walking-Routen führen durch idyllische Hohlwege, Rebanlagen und das idyllische Liliental.

Vogtsburg im Kaiserstuhl

- **Vorwahl:** 07662
- **PLZ:** 79235
- **Einw.:** 5800
- **Höhe:** 557 m
- **Ortsteile:** Achkarren, Bickensohl, Bischoffingen, Burkheim, Oberbergen, Oberrotweil, Schelingen

Die ehemals eigenständigen Winzerdörfer Achkarren, Bickensohl, Bischoffingen, Burkheim, Oberbergen, Oberrotweil und Schelingen bilden seit der baden-württembergischen Gemeindereform die Stadt Vogtsburg im Kaiserstuhl. Sie ist mit einer Rebfläche von 1450 ha die größte Weinbaugemeinde in Baden-Württemberg.

> Von Bickensohl führt eine 6,5 km lange Wanderung durch gleich zwei der seltenen Lösshohlgassen

Achkarren

Für die Kaiserstühler Winzer musste nicht erst das vor einigen Jahren so populäre Buch „Vom richtigen Zeitpunkt" von *Johanna Poungger* erscheinen, sie wussten schon immer von der richtigen Zeit. Eine alte Winzerregel, zu lesen im Kaiserstühler **Weinbaumuseum Achkarren,** besagt, dass „Pflanzen, Vergruben, Rebschnitt und Abstich" bei zunehmendem Mond und das „Lesen" bei abnehmendem Mond zu erfolgen habe. Und eine einheimische Besucherin des Museums wusste zu berichten, dass das schon immer so gewesen sei, bei zunehmendem und vollem Mond werde alles „über der Erde", bei abnehmendem Mond alles „unter der Erde" gepflanzt. Vom Weinbau der alten Römer bis hin zum Beruf des Winzers vermittelt die kleine Ausstellung in der alten **Zehntscheuer** nostalgisch-anschaulich den Weg von der Traube zum köstlichen „Traubensaft" – ein guter Einstieg für eine Weinschlotzer-Tour durch die Kaiserstühler Rebenlandschaft.

- Geöffnet Palmsonntag bis Allerheiligen Di.–Fr. 14–17 Uhr, Sa./So. 11–17 Uhr.

Gegenüber der Achkarrer Winzergenossenschaft beginnt der 2,4 km **geologische Weinlehrpfad,** der auf einem ca. 1-stündigen Spaziergang auf 30 Tafeln über Weinkunde, Landschaft, Geschichte und Kultur informiert. Ebenfalls bei der Winzergenossenschaft startet der 3,6 km lange **Schlossbergpfad.**

Info

■ **Touristik-Information Vogtsburg i.K.,** Bahnhofstraße 20 (Nebengebäude Rathaus), 79235 Vogtsburg-Oberrotweil, Tel. (07662) 94011, Fax 81262, www.vogtsburg-im-kaiserstuhl.de

Gastronomie

■ **Michels Straußwirtschaft,** Winzerweg 24, V.-Achkarren, Tel. (07662) 429, März/April und Sept./Okt. Mi.–Fr. ab 17 Uhr, Sa. ab 15 Uhr, Feiertage ab 15 Uhr, Ruhetage So., Mo., Di. (Spezialität: der hervorragende Flammkuchen, dazu gibt es einen wunderbaren Weißburgunder.)

Bickensohl

Aus Bickensohl stammt, nach Meinung mancher Weinexperten, die wichtigste Wein-Innovation in Deutschland nach dem 2. Weltkrieg. Manche sprechen gar von einer Wein-Revolution. Der „Vater" dieses Wundergetränks, des **„Grauen Burgunders"** ist *Christian Henninger* aus Bickensohl. Anfang der 1980er Jahre, als der Absatz der als zu schwer und zu „fett" empfundenen Traditionssorte Ruländer nachließ, empfahl er den Winzern, die Ruländer-Trauben vor der Flaschenabfüllung mindestens zwei Jahre im Holzfass zu lagern und den Wein

057ssw cz

stets trocken und durchgegoren auszubauen. Voilà, das Ergebnis lässt sich gut „schlotzen"!

In den Bickensohler Rebbergen hat sich ein unter Denkmalschutz stehender Lösshohlweg erhalten, der noch einen guten Eindruck davon vermittelt, wie der Kaiserstuhl vor der Flugbereinigung der 1970er Jahre ausgesehen hat.

Gastronomie mit Unterkunft

- **Hotel-Restaurant Rebstock**€€, Neunlindenstraße 23, V.-Bickensohl, Tel. 93330, www.rebstock-bickensohl.de, Ruhetag: Di. und Mi bis 17 Uhr (tgl. wechselnde Menüs, Spezialität: Kräuterküche und Fleisch aus dem Holzbackofen.)

Oberbergen

Das Ortsbild wird dominiert von Winzer- und Bauernhöfen aus dem 18. und 19. Jahrhundert mit Schmiede, Back- und Brennhäuschen, Mühlen und Scheunen. Oberbergen ist ein guter Ausgangspunkt für Wanderungen über den Badberg mit seiner südländischen Flora auf Trocken- und Halbtrockenrasen, wo im Frühling die Küchenschelle und im Frühsommer die Orchideen blühen. Eine ebenfalls empfehlenswerte Wanderung führt durch den alten Steinbruch „Teufelsburg" und durch einen der letzten noch existierenden Kaiserstühler Hohlwege nach Kiechlinsbergen.

Gastronomie mit Unterkunft

- **Gasthaus/Weingut „Schwarzer Adler"**€€€€€, Badbergstr. 23, Tel. (07662) 933 010, www.franz-keller.de, Mi. u. Do. geschl. (Chef Franz Keller und sein Haus – eine überaus renommierte, im Namen der Qualität stets streitbare Institution in der deutschen Wein- und Küchenlandschaft, klassisch französisch-badische Tafelfreuden. Franz Kellers Rotweinsammlung ist weit und breit unübertroffen.)
- **Weinhaus Rebstock,** Badbergstr. 22, Tel. 94066 (schlicht wirkende Gaststube mit bester französisch-badischer Küche.)

Niederrotweil

Die **Kirche St. Michael,** eine der bedeutendsten Kunstschätze des Kaiserstuhls, wurde vermutlich bereits im 8. Jahrhundert gegründet, erstmals urkundlich erwähnt wurde sie im Jahre 1157. Sie gilt als typisches Beispiel für eine Wehrkirche: Jahrtausendelang plünderten kriegerische Horden das Bauernland. So blieb den einfachen Bewohnern nichts anderes übrig, als sich zurückzuziehen und zwar in ihre befestigten Kirchen, von deren Mauern herab sie sich verteidigen konnten. Neben den Fresken (um 1350) und dem Sakramentshäuschen (1492) ist der um 1520 entstandene Choraltar des Meisters HL (vermutlich handelt es sich um *Hans Loi,* der auch den Breisacher Altar geschnitzt hat) sehr sehenswert.

Gastronomie

- **Gasthaus zum Kaiserstuhl,** Niederrotweil Haus 4, Tel. (07662) 237, www.Gasthaus-zum-Kaiserstuhl.de, Ruhetag: So. ab 15 Uhr und Mo., Spezialität: Brennesselspätzle, Bärlauchsüppchen oder Schlüsselblumensüppchen. Da das Gasthaus mit nur sechs Tischen ein gar nicht mehr geheimer

„Horche, was ich Eich will saga"

... schallt es im schönsten Alemannisch durch die engen Gässchen von Burkheim aus dem Munde des singenden und rufenden **Burkheimer Nachtwächters.** Von Ostersonntag bis Ende Oktober dreht er jeden Mittwoch und jeden Sonntag seine Runden durch den schlaftrunkenen Ort. Er ermahnt singend die Bürger, auf Feuer und Licht zu achten und lädt zur Nachtruhe ein. Start ist jeweils um 22 Uhr am Burkheimer Stadttor. Zuhören ist kostenlos. Passend zum singenden Nachtwächter gibt's den süffigen „Burkheimer Nachtwächter Spätburgunder" von der Winzergenossenschaft Burkheim, die auch den Nachtwächter organisiert.

- **Burkheimer Winzer a.K.,** Tel. (07762) 93930, info@burkheimerweine

714ssw ST

Geheimtipp ist, sollte man vorher reservieren! Auch Vermietung von Ferienwohnungen/Doppelzimmern.

Burkheim

Wie ein Bilderrahmen umgibt das barocke Stadttor die verträumte historische Burkheimer Mittelstadt, die sich beim Gang durch das Tor wie ein Gemälde der **Romantik** darbietet. Auf Kopfsteinpflastern schlendert man an guterhaltenenen Bürgerhäusern aus dem 16. bis 19. Jahrhundert vorbei. Über dem Städtchen thront eine Schlossruine, in der einst im 16. Jahrhundert Feldherr Lazarus von Schwendi residierte. Er brachte damals von seinen Tokajer Weingütern in Ostungarn neue Erkenntnisse über Weinbaumethoden und neue Rebsorten nach Baden.

Gastronomie

- **Burkheimer Kräuterhof,** Plonweg 2, Tel. 1583, Fax 1787, www.herbal-farm.com. Geöffnet Mo. bis Fr. 10–18.30 Uhr, Sa. 10–14 Uhr (1001 Düfte umwehen einen im Burkheimer Kräuterhof. Ob lokaltypisches wie das „Brägili"-Gewürz oder das Atlantik-Fisch-Gewürz-Öl aus Tabak oder Tongaboh-

Acht zwischen 12 und 31 km lange **Themenpfade** führen durch den Kaiserstuhl. Man wandert auf dem Bienenfresser-, Kirchbaum- oder Steinkauzpfad entlang Obstbaumwiesen, Heideflächen und steiler Rebberge oder durchquert lichte Wälder – und rastet dazwischen in idyllischen Winzerdörfern.

■ **Info:** www.kaiserstuhl.ccstuhl.cc

nen: die Auswahl an Tees, Gewürzen, ätherischen Ölen und Kräutern ist riesengroß.)

Unterkunft mit Gastronomie

■ **Gasthaus Zum Adler**€€, Am Kirchberg 2, Tel. 268, Fax 80259, Mi. geschl. (badische und italienische Küche)

■ **Appartements-Restaurant-Weingeschäft Siebter Himmel**€€, Mittelstadt 3, Tel. 949920, Fax 949921, www.siebterhimmel.org (vier nach Weinsorten benannte, überaus liebenswürdig ausgestattete Appartements. Zum Haus gehören ein historischer Weinkeller und ein „Weinlädle".)

Bischoffingen

Die Gemeinde Bischoffingen liegt herrlich inmitten von Weinbergen. Von hier aus hat man einen schönen Rundblick über den Kaiserstuhl. Gräberfunden zufolge war Bischoffingen schon vor der Jungsteinzeit besiedelt. Der heutige Ortsname leitet sich aus dem Jahre 1008 ab, als der Ort in den Besitz des Bischofs von Basel überging. In der evangelischen Pfarrkirche wurden 1909 im gotischen Chor Wandmalereien entdeckt, die unter anderem den Weltenbaum aus der *Baarlam-Joschaft-Legende* darstellen.

Gastronomie

■ **Gutsschenke „Zum Trotthisli",** Kaiserstuhlstraße 8, V.-Bischoffingen, Tel. 544, www.rieflin.de, März–Nov. Mo.–Fr. ab 17 Uhr, Ruhetag: Do (Weingut mit gemütlicher Straußenwirtschaft; Regionales vom Flammkuchen über den Ochsenmaulsalat bis zur Winzerpastete.)

Unterkunft mit Gastronomie

■ **Steinbuck**€€€, Steinbuckstr. 20, Tel. 911210, www.hotel-steinbuck.de (traumhaft gelegen auf dem höchsten Punkt in Bischoffingen. Gekocht wird nach Saison mit Produkten aus der Region, woher auch die Weine stammen.)

Endingen

■ **Vorwahl:** 07642
■ **PLZ:** 79346
■ **Einw.:** 8200
■ **Höhe:** 187–210 m
■ **Ortsteile:** Königschaffhausen (4 km), Kiechlinsbergen (4 km)

Endingen am Rand des Kaiserstuhls mit seinem noch relativ geschlossenen, mittelalterlichen Stadtbild ist neben Burkheim eine der schönsten Ortschaften des Kaiserstuhls. Neben dem Ortsbild mit

⊡ Der Adler der Habsburger

Fachwerkhäusern aus dem 16. und 17. Jahrhundert will manch einer hier den Charme eines kleines österreichischen Städtchens entdeckt haben, immerhin befand sich die Stadt von 1379 bis 1805 unter vorderösterreichischer Herrschaft. Die Geschichte dieser Zeit ist im **Vorderösterreich Museum** dokumentiert.

■ Geöffnet Mo.–Fr. 9–12 Uhr, Mo., Di. und Fr. 15–17 Uhr, So. 10.30–12.30 Uhr.

Praktische Tipps

Info

- **Kaiserstühler Verkehrsbüro,** Adelshof 20, 79346 Endingen, Tel. (07642) 689990, Fax 689999.

Gastronomie

- **Schindler's Ratsstube,** Marktplatz 10, Tel. 3458, Sonntag ab 14 Uhr und Montag geschlossen (klein, intime Atmosphäre, rustikale sowie exquisite Küche.)
- **Straußenwirtschaft Rebhisli-Straussi,** Roestehof, Tel. 6628, Mitte August bis Anfang Okt. u. Anfang März bis Anfang Mai tgl. geöffnet von 18–24 Uhr, Sa., sonn- und feiertags ab 15 Uhr (*Lössmännli,* Rebä-Schaffer-Platte und Co. auf der Speisekarte bedürfen für Auswärtige durchaus der Übersetzung des freundlichen Wirtes!)
- **Winzerstube Rebstock,** Hauptstr. 2, Tel. 7900, Mi. abends und Do. geschlossen (außen unscheinbar, aber tolle Küche.)
- **Mangels Straußwirtschaft,** an der Badischen Weinstraße, Endingen-Kiechlinsbergen, Tel. 3363, geöffnet Mitte Okt. bis 1. Advent und Ende April bis Ende Mai tgl. 18–24 Uhr, am Wochenende und feiertags ab 15 Uhr.

Aktivitäten

- **Geführte Radtouren:** April–Sept. jeden Mi. 18 Uhr ab Bahnhof Endingen, Dauer ca. 2 Std.
- **Exkursionen:** Heilpraktikerin *Petra Stunz* führt einmal im Monat durch die Pflanzenwelt der Wiesen und Weinberge rund um den malerisch im Kaiserstuhl gelegenen Ort Amoltern bei Endingen. Rund drei Kilometer lang sind diese Wanderexkursionen. Die Teilnehmer erfahren viel Wissenswertes über die Heilkräfte der jeweiligen Pflanze und ihre Verwendung in der Küche. Nebenbei erzählt sie unterhaltsame Märchen und Legenden aus der Kräuterwelt. Tel. 930969, www.alchemilla-seminare.de.
- **Museum:** Neu in Endingen ist das Museum *„Alemannische Käseküche"* mit noch vorhandenen Geräten der Käserei Risch und Exponaten aus dem 19. Jh. bis Mitte 20. Jh. (Öffnungszeiten beim Verkehrsbüro erfragen.)
- **Unimog-Fahrten:** Mit dem Unimog geht es durch die Endinger Lösshohlgassen zum Naturschutzgebiet „Amolterer Heide" mit Führung durch die Weinberge und anschließender Sekt und Weinprobe. Info: *Weingut Knab,* Hennengärtle 1A, Tel./Fax 6155, Tel. 50144.
- **Einkaufen:** *Metzgerei Dirr,* Königsschaffhauser Str. 17, Tel. 1627 (feine Extrawürste wie Blutwurst mit wildem Majoran, Wintersalami und Tovarer mit Fenchel.)

[>] Unterwegs mit dem E-Bike

813ssw ST

Der Schwarzwald im Winter | 254

Familienferien | 245

Feste und Veranstaltungen | 252

Geschichte des Schwarzwaldes | 259

Im Schwarzwald unterwegs | 247

Informationen | 243

Naturraum Schwarzwald | 244

Schlemmerparadies
Schwarzwald | 264

Unterkunft | 244

001ssw cz

9 Allgemeine Reisetipps

Schwarzwälder Superlative

Weltweit

- Die **umfangreichste und wertvollste Trompetensammlung**: im Trompetenmuseum in Bad Säckingen.
- Die **größten Kuckucksuhren:** Die größte Kuckucksuhr steht in Schonach im Schwarzwald und nicht in Gernrode in Sachsen-Anhalt. Sollten sich die Gernroder noch einmal unterstehen, ihre Uhr die größte zu nennen, droht eine Ordnungsstrafe bis zu 250.000 €.
- Die **meisten Schnapsbrennereien:** Es gibt rund 14.000 in Südbaden.
- Der **größte Doppeldecker der Welt:** Die russische Antonov II mit 19 m Spannweite kann im Internationalen Luftfahrtmuseum in Schwenningen besucht werden.
- Die **größte Orgel** hat 125 Tonstufen und steht in Waldkirch.
- Der **weltweit größte und sicher auch schönste Adventskalender** leuchtet alljährlich in den Fenstern des Gengenbacher Rathauses. Die Erleuchtung kam einem vom badischen Wein beseelten Gengenbacher, als er sich auf seinem nächtlichen Torkelheimweg zwischendurch an einem Laternenpfahl festhielt und dabei die Fenster des Rathauses zählte.

In Europa

- Die überall gültige **KONUS-Gästekarte** gibt es nur im Schwarzwald: Über 180 Gemeinden akzeptieren gegenseitig ihre Kur- und Gästekarten, bieten auf Sehenswürdigkeiten, Schwimmbäder, Sport- und Freizeitanlagen Ermäßigung.
- Die **größte Kellerei** steht in Breisach am Rhein.
- Der **einzige nur von Zeit zu Zeit auftauchende See:** der Eichener See bei Schopfheim.
- Das **einzige Vorkommen des Tanymastix Lacunae:** Das krebsartige Lebewesen lebt im Eichener See.
- Die **längste gedeckte Holzbrücke Europas:** die Brücke von Bad Säckingen (200 m lang).

In Deutschland

- Der **schönste Jazzkeller:** das Jazzhaus in Freiburg, das in einem ehemaligen Weinkeller untergebracht ist.
- Die **größte Auswahl an Kräuterprodukten:** auf dem Burkheimer Kräuterhof im Kaiserstuhl.
- Die **kleinste Uni:** 30 Studenten können an der Gustav-Siewerth-Akademie im abgeschiedenen Dörfchen Bierbronnen (ca. 10 km nördlich von Waldshut) im Hauptfach Philosophie und Soziologie, im Nebenfach Journalistik und Philosophie der Naturwissenschaften studieren.
- Die **spektakulärste Rodelbahn Deutschlands** führt auf einer 2,9 km langen Strecke vom 1158 m hohen Hasenhorn nach Todtnau.
- Die **meisten ungeöffneten Briefe** lagern im Boden vor der Kapellenkirche in Rottweil. Silvester 1999 wurden sie hier eingelagert und sollen im Jahre 2099 ihren Empfängern (z.B. Enkel, Amtsnachfolger) zugestellt werden.
- Der **kleinste Kirchturm:** der Kirchturm von Marbach bei Villingen-Schwenningen (3,80 m).
- Die **erste Stadt mit elektrischer Straßenbeleuchtung** war Triberg, das die benötigte Energie den Triberger Wasserfällen verdankte.
- Der **höchste Wasserfall:** die Triberger Wasserfälle (mit 163 m Fallhöhe).
- **Noch ein hoher Wasserfall:** auch die Todtnauberger beanspruchen für sich, den höchsten Wasserfall zu haben. Ihr „Fall" ist zwar nur 97 Meter hoch, dafür fällt er aber steiler ab als der Triberger.

- Der **einzige Lehrstuhl für „Grenzgebiete der Psychologie" (Parapsychologie)** befindet sich in Freiburg.
- **Größtes geschlossenes Waldgebiet:** der Schwarzwald.
- Die **größte historische Uhrensammlung:** im Uhrenmuseum in Furtwangen.
- Die **größte Glocke:** die 100 Ztr. schwere, 1258 gegossene Hosanna im Freiburger Münster.
- Das **älteste Gasthaus:** Zum Bären in Freiburg. Es tauchte zwar erst 1387 urkundlich als „Schenke" auf, wurde aber laut dem Freiburger Verkehrsamt schon 1327 als „Biengershus" erwähnt. Hier soll auch Bier ausgeschenkt worden sein, womit es eine Gaststätte war und daher doch der älteste Gasthof Deutschlands.
- Der **ökologischste Fußballclub der Bundesliga:** der SC Freiburg (Stadiondach mit Solarzellen).
- Die **meisten Solaranlagen:** auf Freiburgs Dächern (mehr als 2000 m^2).
- Der **sonnigste Ort:** Ihringen am Kaiserstuhl mit durchschnittlich 1850 Sonnenstunden/Jahr.
- Das **erste Wegenetz für Mountainbiker:** Es verläuft in der Ökohauptstadt Freiburg.
- Der **beliebteste Bike-Marathon** startet jeden Juni in Kirchzarten.

Im Schwarzwald

- Die **höchste Erhebung:** der Feldberg misst 1493 m.
- Der **höchstgelegene Bahnhof** (967m Höhe) steht in Bärental zwischen Titisee und Feldberg.
- Die **älteste Ansiedlung:** Kloster St. Trudpert im Münstertal (643 n. Chr. gegründet).
- Das **einzige Rosendorf:** Nöggenschwiel mit über 200 Rosensorten auf 20.000 Rosenstöcken.
- Die **beste Kirschtorte:** Der äußerst schnapshaltige, auf der Zunge zergehende Kuchentraum wird im Restaurant-Café Schuler in St. Peter-Sägendobel serviert.

Informationen

Tipps auf einen Blick

Reisezeit

Den einen ist der pittoreske Sommerschwarzwald ihr Paradies, den anderen der nebelverhangene düstere Winterschwarzwald. Die einen wollen surfen (z.B. am Schluchsee) und sind bereit, den See mit vielen anderen Surfern zu teilen. Andere wollen gar nichts tun und nichts, nichts anderes als ihre Ruhe. Eine beste Schwarzwaldreisezeit für alle gibt es nicht; jeder muss seine eigene für sich selbst herausfinden.

Gastronomie

Zwischen ca. 14 und 18 Uhr ist kalte Küche angesagt – wenn es zu diesen Zeiten überhaupt etwas zu essen gibt, denn die meisten Gaststätten und Restaurants sind dann geschlossen. Sehr viele Betriebe fallen von November bis kurz vor Weihnachten in einen gastronomischen Winterschlaf.

Schuhwerk

Trittfeste Schuhe oder Wanderschuhe sind unerlässlich, der Schwarzwald besteht nun mal – wie sein Name schon sagt – zum größten Teil aus Wäldern, und darin verbergen sich die schönsten Sehenswürdigkeiten.

Informationen im Internet

- **www.schwarzwald-tourismus.info:** Die offizielle Seite des Schwarzwald-Tourismusverbandes.
- **www.konus-schwarzwald.info:** Welche Orte bieten eine Gästekarte, mit der man kostenlos die öffentlichen Verkehrsmittel benutzen kann.
- **www.schwarzwald.net:** Nett und redaktionell unabhäng geschriebene Seite.
- **www.schwarzwald-travel.de:** Große Auswahl an Ferienwohnungen.
- **www.schwarzwaelder-bote.de:** Die Seite der Schwarzwälder Regionalzeitung.

Unterkunft

Im mit Unterkünften aller Kategorien reich gesegneten Schwarzwald finden Spontanurlauber in aller Regel leicht eine ihrem Geldbeutel gemäße Herberge fürs müde Haupt – selbst der **Vierbeiner** darf in vielen Häusern mit aufs Zimmer.

Viele **Tourist-Informationen** informieren per Infoboard. Wer allerdings zu Ferienzeiten mit der Familie Urlaub auf dem Bauernhof oder im Ferienhaus verbringen möchte, sollte möglichst schon einige Wochen oder Monate vorher über das örtliche Verkehrsamt oder beim Vermieter direkt buchen. Es lohnt ein Blick in die **Unterkunftsverzeichnisse,** denn viele Orte bieten Pauschalangebote bzw. Nachsaisonermäßigungen an.

Hotels

Der Schwarzwald ist **reich an Hotels jeder Kategorie,** die schönsten sind bei den Ortsbeschreibungen aufgeführt.

Pensionen

Fast alle Fremdenverkehrsorte bieten private Pensionen, in denen man schon ab 20 € pro Person übernachten kann. Erfahrungsgemäß haben gerade diese kleinen Häuser die treuesten Gäste. Es ist keine Seltenheit, dass ein Gast 20 und mehr Jahre seinen Urlaub in ein und demselben Haus verbringt. Der Grund ist naheliegend: Fast immer kümmern sich die Vermieter selbst um ihre Gäste, das Frühstück ist meist im Preis eingeschlossen und oft üppig mit Köstlichkeiten wie selbstgemachter Marmelade oder selbstgebackenem Kuchen angereichert. Diese Form der Unterkünfte gilt vielen als veraltet und zieht wenig junge Gäste an. Schade, denn kein gehobenes Hotel kann diesen **engen Kontakt zu Land und Leuten** bieten.

Unterkünfte, die so **stark „menscheln“,** können nicht in ein Schema gepresst werden. Da sich erfahrungsgemäß oft in einem Haus der eine ausgesprochen wohl fühlt und der andere überhaupt nicht, können für solche Häuser keine Empfehlungen ausgesprochen werden. Daher sind sie in diesem Buch auch nicht aufgeführt. Hier gilt die Devise, hinfahren, dableiben oder nichts wie weiter zur nächsten Privatpension. Die Tourist-Informationen sind einem bei der Suche immer gerne behilflich.

Camping

Unter der Rubrik Unterkunft werden die im jeweiligen Ort oder in dessen Nähe liegenden Campingplätze stichwortartig aufgeführt. Ein **Campingplatzverzeichnis** mit genauen Angaben von Einrich-

Preiskategorien Hotels

€	30–50 €
€€	50–70 €
€€€	70–90 €
€€€€	90–130 €
€€€€€	über 130 €

tungen und Ausstattung erhält man vom Schwarzwald Tourismusverband (siehe „Informationstellen").

■ Eine detaillierte Aufstellung von Wohnmobilstellplätzen findet man im Internet unter www.touring24.info.

Jugendherbergen

Auch die einzelnen Jugendherbergen werden in den Ortskapiteln in Stichworten beschrieben. Das Verzeichnis **„Jugendherbergen in Baden"**, in der jede Einrichtung beschrieben wird, erhält man beim Deutschen Jugendherbergswerk, Landesverband Baden e.V., Weinweg 43, 76137 Karlsruhe, Tel. (0721) 962100, Fax 613470, www.djh.de.

Voraussetzung für die Aufnahme in Jugendherbergen ist die **Mitgliedschaft** im Deutschen Jugendherbergswerk. Der Mitgliedsausweis ist in jeder Jugendherberge erhältlich.

Urlaub auf dem Bauernhof

Sicherlich eine der besten Methoden, um Land und Leute richtig kennen zu lernen. Einen Katalog mit über 500 Bauernhöfen im gesamten Schwarzwald gibt es beim Verein **„Urlaub auf dem Bauernhof"** in Baden Württemberg, www.urlaub-bauernhof.de.

■ Eine gute Adresse im Internet ist: www.schwarzwald.com/gastgeber/bauernhofurlaub.html.

Familienferien

Von den **familienfreundlichen Orten,** die Sieger im Landeswettbewerb „Ferien für die Familie" und im Bundeswettbewerb „Familienferien in Deutschland" wurden, liegen fünf Orte im Südschwarzwald: Feldberg, Grafenhausen, Loßburg, Schluchsee und Schönwald.

Die Orte bieten außer Kinderprogrammen und Kinderbetreuung auch familienfreundliche Gastgeber, die kindgerechte Einrichtungen anbieten und verkehrsberuhigt liegen müssen. Die Sieger haben sich zusammengeschlossen und geben einen **Prospekt** heraus, zu bestellen unter Tel. (07748) 52040.

Letzter **Preisträger im Landeswettbewerb für Familienferien** wurde der *Walter Hof* in Loßburg nahe Freudenstadt: *Walterhof Hinterrötenberg,* 72290 Loßburg im Schwarzwald, Tel. (07446) 1241, Fax 916230, www.walterhof.de. (Dieser Waldbauernhof mit Federvieh, Schafen, Hund und Katz ist so groß wie

Schwarzwälder Gastgeber, die sich speziell **auf Familien eingestellt** haben, findet man im Katalog „familien-ferien", zu bestellen unter Tel. (01805) 661224 sowie www.schwarzwald-tourismus.info und www.familien-ferien.de.

2/3 der Fläche Monacos. Zwei Nichtraucher-Ferienwohnungen, Exkursionen mit dem Waldbauern in den Forst – der Hof ist ein Traum für Kinder.)

Folgende Orte wurden zwar nicht prämiert, bieten aber ebenfalls **familienfreundlichen Urlaub** an: Hinterzarten, Schonach, Schopfheim, St. Blasien, Todtnauer Ferienland, Todtmoos, Villingen-Schwenningen.

Abenteuerferien für die ganze Familie gibt es in Hinterzarten, wo im Zelt übernachtet und am Lagerfeuer gekocht wird. Und Todtmoos „macht für Kids was los" mit einem Veranstaltungsprogramm von April bis Ende Dezember (dazu gibt es einen sehr netten Prospekt unter Tel. (07447) 91140).

Ponyreiten in Tannenwäldern

Sich über verwegene Pfade zur Ritterburg durchschlagen, mit Pferdekutschen fahren, Ponyreiten, Minigolf spielen, der Märchenfrau zuhören – im Kinzigtal gibt es viele Angebote für Familien. Einen Prospekt verschickt die Loßburg Information, Tel. (07446) 950460, www.stadt-land-fluss-kinzigtal.com.

Bunte Erlebniswelt im Fachwerkstädtchen

Das Schwarzwaldstädtchen Gengenbach verspricht eine „bunte Erlebniswelt" mit Outdoorklettern, Freibad, Kinder-Olympiaden oder Bungee-Trampolin. Infos zu den preiswerten Pauschalen gibt's bei Gengenbach Kultur- und Tourismus, Tel. (07803) 930143, www.gengenbach.info.

Weitere Ausflugsziele für die ganze Familie

Europa-Park Rust (siehe Kap. Rust, Tour 1), **Vogtsbauernhöfe** in Gutach (siehe Exkurs „Alles unter einem Dach"), **Park mit allen Sinnen** in Gutach (siehe Tour 1), Die kostenlos begehbaren sommerlichen **Wasserspiele von Freudenstadt** (siehe Tour 2), **Museumsbergwerk Schauinsland** (siehe Kap. Freiburg Umgebung, Tour 4), **Erlebnispark-Steinwasen** (siehe Kap. Kirchzarten, Tour 4), **Straußenfarm** auf dem Steppacher Hof (s. Kap. Blumberg, Tour 5), **Sauschwänzlebahn Blumberg** (siehe Tour 5), **Schaubergwerk „Teufelsgrund"** im Münstertal (siehe Tour 6), **Vogelpark Wiesental** (s. Kap. Schopfheim Umgebung, Tour 6), **Burg Rötteln** (siehe Lörrach Umgebung, Tour 6), **„Unser kleines Museum aus dem Müll"** in Bad Säckingen (siehe Tour 7).

Wasserfall bei Menzenschwand

801ssw cz

Im Schwarzwald unterwegs

Zu Fuß

„Die Landschaften und Dinge, an denen ich vorübergefahren bin, sind fast vergessen, nur die Gegenden und Menschen, zu denen mich die Füße geführt haben, habe ich noch als Eigentum im Kopf."
Peter Rosegger

Wanderwege

Mit der Gründung des **Schwarzwaldvereins** vor über 100 Jahren sollen die Schwarzwälder das Wandern „erfunden" haben. Einige Gastwirte und Industrielle waren damals daran interessiert, das Wandern einer breiteren Öffentlichkeit zugänglich zu machen. Heute gibt es über 30.000 Kilometer Wanderwege, von denen 23.000 vom Schwarzwaldverein (ehrenamtlich!) betreut werden. Die 7000 Kilometer Hauptwanderwege sind in sechs Höhen- und neun Querwege unterteilt.

Der mittlerweile über 100 Jahre alte **Westweg** von Pforzheim nach Basel ist vom Deutschen Wanderverband als erster „Qualitätsweg" im Südwesten eingestuft worden. Grund waren die abwechslungsreichen Landschaften, die naturbelassenen Wege, die Aussichten sowie die Einkehr- und Übernachtungsmöglichkeiten. Man braucht mindestens 11 Tage für die 280 km lange Tour, bei der mehrere tausend Höhenmeter überwunden werden. Tiefster Punkt der Tour ist Hausach mit 238 Metern über dem Meer, höchster ist Feldberg mit 1439 Metern. Sechs Türme bieten auf der Strecke zusätzliche Aussichtsmöglichkeiten.

Seit 2009 stehen entlang der Strecke **zwölf Westweg-Portale,** die an markanten Stellen des Weges mit Bild-Text-Tafeln auf die Sehenswürdigkeiten der näheren Umgebung hinweisen. Auf einer Bodenkarte ist der Verlauf des gesamten Westweges abgebildet. Die Portale sind mit landschaftstypischen Materialien veredelt: Tanne, Lärche, Granit, Kiesel, Gneis oder Mauerbruch.

Der „Schluchtensteig": Der 118 Kilometer lange Weg führt durch den Naturpark Südschwarzwald. Einstieg ist in Stühlingen am Unterlauf der Wutach, Ende des Weges in Wehr am Ausgang des Wehratales. www.schluchtensteig schwarzwald.de

Lesetipp: Im Krimi „Höhenschwindel" ermittelt Kommissar Hummel finstere Geheimnisse entlang des Westwegs.

Der Westweg braucht keinen Vergleich mit Trails in Amerika oder Australien zu scheuen, denn traumhafte Aussichten, steile Ansteige und menschenleere Abschnitte bietet er mehr als genug. Weitere Infos unter www.westweg.de.

Die *Schwarzwald Tourismus GmbH* bietet für die gesamte Strecke „Wandern ohne Gepäck" an. Infos unter (0761) 8964644 und www.wandernschwarzwald.info, siehe auch folgendes Kapitel.

Fernwege
0 20 km
©Reise Know-How 2013
Der Westweg
Schwarzwald-Radfernweg
Übernachtung
1 Gasthaus Thurner
Karlsruhe
Karlsbad
Pforzheim
Bad Herrenalb
Dobel
Gernsbach
Haguenau
Baden-Baden
F
Forbach
ORTENAU
Mummelsee
Straßburg
Baiersbronn-Obertal
Herrenberg
Baiersbronn
Kniebis
Offenburg
Rhein
Freudenstadt
Bad Rippoldsau-Schapbach
Hausach
Haslach
Wolfach
Balingen
Schonach
Kaiserstuhl
Villingen-Schwenningen
Furtwangen
Freiburg i. Breisgau
Baar
Tuttlingen
1
Schauinsland
Titisee-Neustadt
Titisee
Feldberg
Feldberg
Wutachschlucht
Wieden
Belchen
Schluchsee
Neuenweg
Markgräfler Land
Hotzenwald
Kandern
Lörrach
Basel
CH
Rhein
D 52
5
8
81
98
N3

Mit dem Fahrrad/ Mountainbike/E-Bike

Seit einigen Jahren gibt es nun endlich auch den **Schwarzwald-Radfernweg,** auf dass sich die Wanderer und die Mountainbiker auf dem Westweg nicht mehr gegenseitig in die Speiche geraten. Ein schwarzes Rad auf weißem Grund mit rotem Rahmen weist dem Zweiradfahrer den 400 km langen Weg von Karlsruhe nach Lörrach. Die landschaftlich reizvolle Wegführung tangiert zahlreiche Städte und Gemeinden, die mit der Bahn erreicht werden können. Weiterhin lassen sich Einzeletappen „ohne Rückweg“ fahren. Radler, die zum Beispiel in Neustadt aus dem Zug steigen, radeln 67 km nach Haslach und fahren mit dem Zug wieder zurück. Bei guter Kondition kann die gesamte Strecke in sechs Tagesetappen zwischen 43 und 67 km bewältigt werden. Die Strecke ist nicht nur für Mountainbikecracks befahrbar, mit Trekking- oder Tourenrad können viele Streckenabschnitte auch von Durchschnittsradlern gefahren werden. Info: Schwarzwaldverein.

Alljährlich lassen es sich an die 3000 begeisterte Biker aus dem In- und Ausland nicht nehmen, am **Black Forest Ultra Bike Marathon** teilzunehmen. Die äußerst reizvolle Strecke verläuft von Kirchzarten über Hinterzarten, Titisee-Neustadt, Feldberg, St. Blasien-Menzenschwand, Bernau nach Todtnau (Ultra: 116 km, ca. 3350 Höhenmeter; Marathon: 79 km, ca. 2100 Höhenmeter).

Die 450 Kilometer lange, durchgehend beschilderte Strecke, MTB-Route **„Bike Crossing Schwarzwald“** führt von Pforzheim im Norden quer durch den Schwarzwald nach Bad Säckingen an der Schweizer Grenze. Gut 10.000 Höhenmeter sind zu bewältigen. GPS-Daten unter www.bikecrossing-schwarzwald.info.

Nach dem Motto **„viel Schwarzwald - möglichst wenige Steigungen“** führt der neue **Panorama-Radweg** über die schönsten Höhen auf der Ostseite des Mittelgebirges. Von Pforzheim im Norden bis Waldshut-Tiengen im Süden geht es auf befestigten Radwegen etwa 280 Kilometer durch Täler und über aussichtsreiche Hochflächen. Eingebunden sind Teilstrecken des Enztal-Radweges, der Höhen-Radwege West und Mitte, des Kinzigtal-Radweges und des Südschwarzwald-Radweges.

Wo könnten die neuen **Elektrobikes** besser zum Einsatz kommen als im Schwarzwald mit seinen Höhenunterschieden? Über den gesamten Südschwarzwald ist **ein Netz aus 900 km speziellen E-Bike-Strecken** mit Radverleih, Reparatur- und Akkuwechselstationen gespannt. Am Wege liegen viele Sehenswürdigkeiten wie der Berg Belchen oder der Titisee oder das Besucherbergwerk „Finstergrund“. Weitere Infos unter www.ebike-schwarzwald.de, www.elektrofahrrad-schwarzwald.de, www.bergwelt-suedschwarzwald.de.

Die Leihgebühr für die Elektrofahrräder beträgt pro Tag ca. 20 und 1 Euro. Ein Euro kommt Naturschutzprojekten zu. Eine Übersicht über **Verleih- und Akkustationen** sowie einen Tourenvorschlag für die Umrundung des Kaiserstuhls bietet die von *movelo* herausgegebene Broschüre „Leichter treten durch E-Power“. Sie ist erhältlich in allen Tourismusbüros am Kaiserstuhl und in Freiburg, www.endingen.de, www.breisach.de, www.naturgarten-kaiserstuhl.de, www.freiburg.de, www.kaiserstuhl.cc.

In den Sommermonaten steuern an Wochenenden und Feiertagen mehrere **Schwarzwälder Radbus-Linien** die Hochplateaus und hochgelegenen Orte im Schwarzwald an. Von dort kann man auf aussichtsreichen Panoramastrecken oder durch romantische Täler wieder gen Heimat radeln.

Infos: *Südbadenbus:* Tel. (0761) 3680381 oder 36803186, Fax 3680349, www.suedbadenbus.de; *Südwestbus:* Tel. (07231) 958833, Fax 958843, www.sued westbus.de. Weitere Broschüren zu Rad- und Mountainbike-Ausflügen auf Anfrage bei: *Schwarzwald Tourismus GmbH,* Ludwigstr. 23, 79104 Freiburg, Tel. (0805) 661224, Fax 661225 (jeweils 12 Cent pro Minute), www.schwarzwald tourismus.info und www.rad-schwarz wald.info.

Mit dem Auto

Offizielle Routen

- **Badische Weinstraße (160 km):** Die bekannteste der Touren – einst von geschäftstüchtigen Winzern ersonnen – beginnt im Rebland um Baden-Baden, führt durch die zauberhafte Ortenau, erreicht im Süden den Kaiserstuhl mit dem Markgräfler Land und endet in Lörrach.
- **Schwarzwald-Panorama-Straße** (65 km): Von Waldkirch bis nach Hinterzarten trägt diese Straße ihren Namen „Panorama" zu Recht.
- **Deutsche Uhrenstraße** (310 km): Beginnend in Villingen-Schwenningen über Vöhrenbach nach Titisee-Neustadt, St. Peter, Waldkirch, Furtwangen, Triberg, Schramberg und St. Georgen zurück nach Villingen-Schwenningen führt diese Tour durch die schönsten Ferienlandschaften des Südschwarzwaldes und der Baar. An der Strecke liegen Museen und Sehenswürdigkeiten rund um das Thema Uhr, darunter auch einige Uhrenfabriken.
- **Käse-Route:** Bereits im Mittelalter wurden auf den Höfen des Südschwarzwaldes aus der Milch der „Wälderkuh" verschiedenste Käsesorten hergestellt. Diese Tradition ruhte über Jahrhunderte und wurde in den letzten Jahren von einer Reihe von Milchbauern neu zum Leben erweckt. In hofeigenen Käsereien entwickelten sie ein breites Sortiment aus traditionellen Käsesorten und verschiedenen Käse- und Milchprodukten. Im Jahr 2000 haben sich mehrere Hofkäsereien zur *Südschwarzwälder Hofkäserei-Route* zusammen geschlossen. Die Idee wurde innerhalb kürzester Zeit zu einem Erfolgsprojekt und so gründeten im Frühjahr 2003 16 Südschwarzwälder Käsereien ihren eigenen Verein, die „Käseroute im Naturpark Südschwarzwald e.V."

Mit dem Motorrad

- Im Biker-Himmel mag sich mancher im Todtnauer Ferienland wähnen, **Infos zu Touren,** Motorradtreffs und anderen Bikertipps unter www.motor rad-schwarzwald.de.

Mit der Eisenbahn

Hier geht es um **nostalgisch-schöne Strecken** durch den Schwarzwald und nicht um funktional-bequeme Anreisehinweise. Mit einer alten Eisenbahn durch den Schwarzwald zu zuckeln ist eine der schönsten Arten, ihn kennen zu lernen.

Regulärer Zugverkehr

- **Schwarzwaldbahn:** Offenburg – Kinzigtal – Hausach – Gutachtal – Hornberg – Triberg – St. Georgen – Villingen-Schweninngen – Konstanz.

066sw ST

Die Schwarzwaldbahn war einst eine Weltberühmtheit und diente als Vorbild für Bergstrecken in den peruanischen Anden, der Schweiz oder den USA. Die 1864–1873 erbaute Strecke von Offenburg bis nach Konstanz am Bodensee führt durch eine der schönsten Landschaften Deutschlands. Für Eisenbahnfreaks besonders interessant ist die Strecke von Hausach im Kinzigtal nach St. Georgen, wo sieben große und 136 kleinere Brücken sowie 36 Tunnel gebaut wurden, um auf 11 Kilometer Luftlinie einen Höhenunterschied von 448 Meter mit dem Zug zu bewältigen. Bau- und verkehrstechnisch wäre es damals sehr viel einfacher und billiger gewesen – Dreiviertel der Tunnel und die Hälfte der Kosten hätten gespart werden können – die Schwarzwaldstrecke auch über württembergisches Gebiet laufen zu lassen. Aber Württemberg war seinerzeit noch „Ausland", und so wurden all die Tunnels und Brücken nur deshalb gebaut, damit die Strecke im „Badischen" verlaufen konnte.

- **Höllentalbahn**: Freiburg – Himmelreich – Ravenna-Viadukt – Hinterzarten – Titisee-Neustadt.

Für Fotofreunde: Das berühmte Motiv, der „Hirschsprung" im Höllental, erscheint nach dem zweiten Tunnel rechts ab Bahnhof Himmelreich.

- **Dreiseenbahn**: Titisee – Feldberg-Bärental – Windgfällweiher – Schluchsee – Seebrugg.

Feldberg-Bärental ist übrigens mit 837 m Höhe der höchstgelegene Bahnhof des Schwarzwaldes, Info: www.3seenbahn.de.

Museumseisenbahnen

- **Wutachtalbahn „Sauschwänzlebahn":** die nostalgischste aller Museumseisenbahnen. Bahnhof Weizen – Bahnhof Zollhaus bei Blumberg, Info: Tel. (07702) 51200, Fax 51222, www.sauschwaenzlebahn.de.
- **Kaiserstuhl-Dampfzug „Rebenbummler":** 50 km Dampfzugfahrt von Riegel nach Breisach durch alte Städtchen, Dörfer, Weinberge und Obstplantagen. Info: Tel. (07642) 689990, www.rebenbummler.de.
- **Kandertalbahn:** Kandern – Haltingen, Normalspur, Info: Tel./Fax (07626) 89960, www.kandertalbahn.de.

Auf dem weiß gekalkten Strohhut sind 14 kreuzförmig angeordnete Bollen angebracht. Sichtbar sind aber nur 11 Bollen, die anderen drei liegen darunter. Bis zu zwei Kilogramm schwer kann ein solcher Prachthut sein.

Mit dem Bus

Eigentlich nichts Neues: Busfahrten sind oft billiger und meist **umweltfreundlicher** als Autofahrten – vor allem aber sind sie viel näher am „Volk".

Die *SBG (SüdbadenBus GmbH)* bietet zwei äußerst preisgünstige Pauschalen an, die auf dem gesamten SBG-Liniennetz und in Südbaden für beliebig viele Fahrten und beliebig weit gelten. Es gibt ein **Freizeit Ticket,** das an Samstagen, Sonntagen und Feiertagen gültig ist sowie einen 7-Tage-Südbaden-Bus-Pass, der für die ganze Woche gilt. Die Tickets können im Bus gekauft werden. Info: *SüdbadenBus GmbH,* SBG, Bismarckallee 1, 79098 Freiburg, Tel. (0761) 3680388. Infos zum Regio-Verkehrsverbund Freiburg (preiswerte und gute Verbindungen!) unter www.rvf.de.

■ Mit der **KONUS-Gästekarte** (erhältlich bei der Unterkunft) bieten 140 Gemeinden mit rund 10.000 Gastgebern ihren Urlaubern freie Fahrt mit Bus und Bahn. Infos: www.konus-schwarzwald.info.

Feste und Veranstaltungen

Als lebensfrohe Menschen lassen die Schwarzwälder keine Gelegenheit aus, Feste zu feiern und altes Brauchtum zu pflegen. Die vorliegenden Veranstaltungstipps können daher auch nur eine Auswahl darstellen. Der *Schwarzwald Tourismusverband* gibt zu den Festen und Veranstaltungen eine vierteljährlich aktualisierte Jahresübersicht heraus.

Januar

■ **Schlittenhunderennen** in Todtmoos

Februar

■ **Närrisches Skirennen** in Grafenhausen

■ **Schwäbisch-alemannische Fasnacht** in verschiedenen Orten des mittleren und südlichen Schwarzwald.

Die Ursprünge der schwäbisch-alemannischen *Fasnet* reichen bis in die vorchristliche Zeit zurück, als unsere Vorfahren böse Geister abwehren und nach der Sonnenwende den Winter austreiben wollten. Fasnacht heißt im Schwarzwald Fasnet und wird dort als die „fünfte Jahreszeit" bezeichnet. Sie wird ausgiebig gefeiert und beginnt am „Schmutzig Dunschdig" mit der Weiberfastnacht (am Donnerstag vor Fasnacht) und endet mit der Hexenverbrennung am Faschingsdienstag. Die Schwarzwälder Fasnet hat mit der Konfetti-Fröhlichkeit in anderen deutschen Faschingshochburgen wenig gemein; kein rheinischer Kappenabend erreicht die Faszination, die von den uralten alemannischen Ritualen ausgeht. Im Schwarzwald bedeutet die Fasnet Brauchtumspflege, über deren korrektes Einhalten strenge Narrenverbände wachen. Hochburgen der schwäbisch-alemannischen Fasnet im Südschwarzwald sind Rottweil (Gschellnarren mit Glöckchen) und Villingen.

Mit einwöchiger Verspätung zur Fasnacht wird die Burefasnacht u.a. begangen in Hasel, Lörrach-Havingen, Sulzburg, Schopfheim und Weil am Rhein.

Ein paar **Tipps** am Rande:

1. Damit Sie sich nicht so unsäglich blamieren wie eine ortsunkundige Besucherin: Der alemannische Fasnachtsschlachtruf lautet nicht etwa „Halli, Hallo", sondern vielmehr „Narri, Narro!".

2. Bei Fastnachtsumzügen immer rechtzeitig (ca. eine Stunde vorher) einen guten Steh- bzw. Aussichtsplatz am Rande des Umzugs, sichern. Und dann gilt es, standzuhalten, seinen Stehplatz zu

verteidigen und etwaige Vordrängler zu vertreiben! 3. Warme Socken an den Füßen, eine dicke Jacke um den Leib und viel, viel Fotomaterial gehören zur unerlässlichen Standardausrüstung. Narri, Narro!

- **Feste in St. Märgen rund ums Schwarzwälder Kaltblutpferd mit „Tag des Schwarzwälder Pferdes":** Prämierung, Pferdesegung und großer Festumzug, www.st-maergen.de.

April

- **Jazz-Festival** in Villingen mit Auftritten amerikanischer und europäischer Künstler

Mai

- **Sektfestival** in Breisach
- **Woche der alten Musik** in Rottweil

Juni

- **Fronleichnam** in Hüfingen (mit bunten Blumenteppichen)
- **Zeltmusikfestival** in Freiburg
- Schwarzwälder **Jazzfest** am Titisee
- **Deutscher Mühlentag,** Müllers Lust rund um die Mühlen, z.B. in St. Georgen, St. Peter, Furtwangen oder Simonswald. Info unter www.muehlen-dgm-ev.de

Juli

- **Freiburger Weinfest** (Einst ein kollektiv-rustikales Besäufnis, heute ein „spectale des gourmets" (auf badisch: „sürpfle, nit suffe") mit über 400 Weinen und Sekten!)
- **Freilichtspiele „Hornberger Schießen"** in Hornberg

008ssw cz

- **Q-Stall-Gaudi** in Kirnbach mit Kuhfladenlotterie und Blasmusik

Juli

- **Großes Feuerwerk** am Triberger Wasserfall

September

- **Rossfest** in St. Märgen (beim sonntäglichen Umzug wird vorgeführt, wie die Schwarzwaldbauern früher lebten)

Oktober

- Die **Donaueschinger Musiktage** sind das älteste und traditionsreichste Festival für Neue Musik weltweit
- **Musiktage** in St. Peter (Anfang Oktober)
- **Erntedankumzug** in Hornberg (mit Bollenhut-Trachten)
- **Staufener Zeitreise** in die Geschichte Staufens

Dezember

- **Krippenwettbewerb** in Schenkenzell
- In fast allen Orten **Weihnachtsmärkte,** einer der schönsten ist der beim Freiburger Münster
- **Kindertrödelmarkt** in Freiburg

Der **Veranstaltungskalender** der Badischen Zeitung informiert auf www.bz-online.de/ticket über 1000 Veranstaltungen täglich aus allen Sparten von Offenburg bis Waldshut und dem Elsass.

Der Schwarzwald im Winter

Wenn es auch Schwarzwälder waren, die Ende des 20. Jahrhunderts als erste deutsche Skiläufer die Südschwarzwälder Pisten hinuntersausten und wenn auch Anfang des 21. Jahrhunderts bei Titisee-Neustadt der erste patentierte Skilift der Welt den Hang hinaufsurrte, so kann der Schwarzwald dennoch nicht als Wintersportgebiet par excellence bezeichnet werden. Dafür ist er nicht schneesicher genug. Erst Höhenlagen über 1000 Meter gelten im Schwarzwald als schneesicher. Folgende Höhen weisen an ca. 100 Tagen von Dezember bis März **Schneehöhen** von mindestens 20 cm auf: Feldberg-Herzogenhorn, Schauinsland, Belchen, Hochfirst, Hochblauen, Kandel und Brend-Rohrhardsberg.

- Infos zum Winter im Schwarzwald enthält die Broschüre „Winterzauber" von Schwarzwald Tourismus, Ludwigstr. 23, 79104 Freiburg, Tel. (01805) 661224, Fax -25. www.schwarzwald-tourismus.info und www.winter-schwarzwald.info.

Naturraum Schwarzwald

Mit einer Fläche von 6000 km², wovon zwei Drittel bewaldet sind, ist der Schwarzwald Deutschlands **größtes Waldgebiet** und gleichzeitig **höchstes Mittelgebirge.** Seine Nord-Süd-Ausdehnung beträgt ca. 160 km, seine Ost-West-Ausdehnung im Norden 25 km und im Süden bis 60 km.

Naturräumlich wird er in den **Nordschwarzwald** bis zur Linie Oberkirch – Alpirsbach (Buntsandsteinareale), in den **Mittelschwarzwald** bis zur Linie Freiburg – Bonndorf und in den **Südschwarzwald** gegliedert.

Geologie

Das Grundgebirge besteht aus Granit und Gneis, die im gesamten zentralen Schwarzwald zutage treten. Der West- und Südrand des Schwarzwaldes ist durch zerklüftete Täler gekennzeichnet, die das Mittelgebirge direkt zum tief gelegenen Rheintal (300–100 m.ü.M.) hin entwässern. Im Norden und Osten ist das Grundgebirge von ausgedehnten Buntsandsteinschichten bedeckt, die sanfter abfallend in das Süddeutsche Schichtstufenland überleiten. Dieses Gebiet, zu dem auch die Schwäbische und Fränkische Alb gehören, läuft am Ostrand des Schwarzwaldes wie ein Fächer zusammen. Genau im Scheitelpunkt dieses Fächers hat sich die **Wutachschlucht** (siehe Tour 3) tief ins Gestein gegraben. Daher sind hier bei einer

Tageswanderung so viele Erdformationen zu sehen, wie sonst nur auf einer ausgedehnten Reise. Bei kundiger Führung kann man, von Titisee-Neustadt kommend, vom Erdaltertum (Gneis, Granit; älter als 270 Mio. Jahre) durchs ganze Erdmittelalter bis in die Erdneuzeit (Beginn vor 65 Mio. Jahren) wandern und die verschiedenen Gesteinsschichten kennen lernen.

Klima

„Wie das Wetter um Sankt Urban (25. Mai) bestellt, so ist's noch viele Tage bestellt." Eine der Schwarzwälder Wetterregeln, die sich schon oft bewahrheitet haben. Aus wissenschaftlicher Sicht lässt sich sagen, dass die Jahreszeiten Frühjahr, Sommer und Herbst im Vergleich zum Oberrheingraben sehr verspätet auftreten, der Winter hingegen früher kommt. Wo die Vegetationszeit in der warmen Rheinebene im Durchschnitt 245 Tage beträgt, kommt sie in höherem Schwarzwald gerade mal auf 180 Tage.

Der Wald

2000 Jahre lang, von etwa 1000 v. Chr. bis etwa 1000 n. Chr. war der Schwarzwald fast vollständig bewaldet. Bis der Mensch kam.

Wenn es nach dem Spiegel ginge, dann wäre der Schwarzwald heute gar nicht mehr vorhanden. Anno 1984 prophezeite er in einem berühmt gewordenen Leitartikel: „Der Schwarzwald stirbt" und schuf damit das neue Schlagwort vom **„Waldsterben"**, das weit über Deutschlands Grenzen hinaus bekannt werden sollte. Damals kamen Japaner in den Schwarzwald, um vor Ort „Waldsterben" zu besichtigen und fanden es unter anderem in seiner schaurigsten Form am Katzenkopf am Mummelsee (Nordschwarzwald). Aber so neu ist die Sache mit dem sterbenden schwarzen Wald gar nicht, wenn auch aus anderen Gründen. Schon vor 150 Jahren war der Schwarzwald so gut wie weggerodet, er bestand fast nur noch aus Busch- und Grünland. Damals waren es die Technik und der Fortschritt, die ihn retteten: viele Schwarzwälder wanderten nach Amerika aus, somit sank der Nutzungsdruck, die neu entwickelte Eisenbahn brachte die Energiequelle Kohle in den Schwarzwald und machte als neues Verkehrsmittel die Flösserei überflüssig. Die holzverbrauchenden Glashütten konnten mit dem durch die industrielle Revolution wachsenden Wettbewerb europäischer

Tanne: Graue Rinde. Die Nadeln haben auf ihrer Unterseite zwei weißliche Wachsstreifen. Tannen haben nur rechts und links der Äste Nadeln, die flauschig weich sind. Die Zapfen sitzen aufrecht, zerfallen auf dem Baum in einzelne Schuppen und werden vom Wind verbreitet. Sie keimen in Schatten anderer Bäume. Tannen wachsen langsam und können bis zu 600 Jahre alt werden.

Fichte: Rötliche Rinde. Die stachligen Nadeln sind olivgrün und rings um den Zweig angeordnet. Zapfen hängen nach unten und fallen als Ganzes ab. Fichten keimen im Licht, sie sind Flachwurzler. Ursprünglich waren Fichten auf die höheren Lagen begrenzt. Heute finden man sie fast überall wegen ihres schnellwachsenden Holzes. Alter: bis ca. 300 Jahre.

Glashütten nicht mehr konkurrieren und schlossen ihre Pforten. In einer Gemeinschaftsleistung der Schwarzwälder wurde damals der Wald wieder aufgeforstet. Heute sind von insgesamt 6000 km² Gesamtfläche wieder zwei Drittel bewaldet. Der Wald setzt sich im Wesentlichen zusammen aus ca. 48% Fichten Douglasien, 22% Tannen, 10% Kiefern-Lärchen, 13% Buchen, 2% Eichen und 5% anderen Laubhölzern. Insgesamt stehen 80% Nadelhölzern 20% Laubholz gegenüber. Im Nordschwarzwald sind es mehr Nadelhölze (87%) bei 13% Laubhölzern als im Südschwarzwald, wo auf 73% Nadelwald 27% Laubwald kommen.

Die Ironie der Geschichte will es, dass gerade dieser Fortschritt, der den Wald damals rettete, ihm heute zur Gefahr wird. So ganz genau weiß keiner die **Ursache** für das Sterben der Wälder, zu komplex ist das Thema. Einig ist man sich über eine große Schädigung durch Autoabgase und zu einem kleineren Teil durch Industrieabgase und die Landwirtschaft. Ca. 40% der Bäume gelten als schwer geschädigt, zuerst erkrankten die Tannen, dann die Fichten und später die Kiefern. Heutzutage sind zudem auch viele Laubbäume sowie Beerengehölze geschädigt.

Wurzeln greifen Männer im Schwarzwald an

Folgender Artikel war in einer Zeitschrift Mitte der 1990er Jahre in Trinidad zu lesen: „Verängstigte Holzfäller im Schwarzwald, Deutschland, haben einen Streik begonnen, nachdem sich riesige Baumwurzeln aus der Erde gewunden und sechs Arbeiter erdrosselt hatten! Alle Toten wurden mit dicht um die Kehle geschlungenen Wurzeln gefunden. In allen Fällen war offenbar ein gewaltsamer Kampf vorausgegangen."

„Wir haben unseren Männern gesagt, wenn sie in Gruppen beieinander blieben, würde das die Gefahr deutlich verringern", sagte Heinrich Blekstandt, der eine Holzfirma im nahegelegenen Freilburg (!) besitzt.

„Alle übrigen Todesfälle ereigneten sich, wenn jemand alleine war".

Legenden von Bäumen, die sich gegen Holzarbeiter wehren, haben die Gegend schon lange heimgesucht. Diese Gerüchte gehen zurück auf das Jahr 1911, als ein noch nicht gefällter Baum unerklärlicherweise auf ein Zelt voller Holzfäller fiel – und dann unglaubliche 60 Meter hangaufwärts rollte, um weitere neun Männer zu zermalmen.

Naturschutz

Im gesamten Schwarzwald kommt man in Natur- oder Landschaftsschutzgebiete sowie Bannwälder, die vom Besucher verschiedene Verhaltensmaßnahmen erfordern.

In den **ca. 75 Naturschutzgebieten** (zum Beispiel am Feldberg, Schliffkopf, Belchen oder in der Wutachschlucht) werden die Natur und die Landschaft:
1. aus wissenschaftlichen, ökologischen, naturgeschichtlichen, landesgeschichtlichen oder kulturellen Günden;
2. zur Erhaltung von Lebensgemeinschaften oder Lebensstätten bestimmter Tier- und Pflanzenarten oder

3. wegen der Vielfalt, Eigenart oder Schönheit ihrer naturhaften Ausstattung

besonders geschützt, das heißt die wirtschaftliche Nutzung, der Gemeingebrauch an oberirdischen Gewässern und das Betreten des Geländes können untersagt werden. Handlungen, die zu einer Zerstörung oder Veränderung des Schutzgebietes, seines Naturhaushaltes oder zu einer Beeinträchtigung der wissenschaftlichen Forschung führen, sind untersagt.

In den Naturschutzgebieten Feldberg und Schliffkopf sorgen seit einigen Jahren sogenannte *Ranger* für Information und Aufklärung der Besucherströme.

Landschaftschutzgebiete sollen:
1. die Leistungsfähigkeit eines ausgewogenen Naturhaushaltes gewährleisten oder wiederherstellen;
2. die Nutzungsfähigkeit der Naturgüter erhalten oder verbessern;
3. die Vielfalt, Eigenart oder Schönheit der Natur und Landschaft erhalten.

Handlungen, die den Charakter des Gebietes verändern oder dem Schutzzweck zuwiderlaufen, sind verboten. Im Gegensatz zu den Naturschutzgebieten werden Wanderer oder Besucher der Landschaftsschutzgebiete v on den Verordnungen selten berührt.

1970, im „Jahr des Naturschutzes" wurden zahlreiche **Bannwälder** zwischen Pforzheim und Basel eingerichtet, heute gibt es etwa ein Dutzend dieser bis zu 150 Hektar großen Areale (zum Beispiel nördlich von St. Peter bei den Zweribachwasserfällen). In den Bannwäldern werden Pflanzen und Tiere sich selbst überlassen, der Wald soll so wachsen wie er es „von Natur aus" tun würde.

Der Wald stirbt ...

„DER SPIEGEL" brachte 1981 einen großen Artikel über das „Waldsterben" und machte den Begriff weltweit bekannt. Seither gehört es zu den deutschen Wörtern, die in die englische Sprache übernommen wurden. Auch andere Zeitungen prophezeiten seinerzeit das Ende des deutschen Waldes.

„Die ersten großen Wälder werden schon in den nächsten fünf Jahren sterben. Sie sind nicht mehr zu retten."
Professor Bernhard Ullrich, deutscher Forstwissenschaftler, 1981, Der Spiegel Nr. 47/1981

„Der deutsche Wald stirbt. Wissenschaftler zweifeln, ob auch nur fünf Jahre Zeit bleibt, dies zu verhindern."
Süddeutsche Zeitung, 23.12.1982

„Noch zwanzig Jahre deutscher Wald?"
Die Zeit, 7.1.1983

„Wir haben damals alle ein bisschen im Nebel gestochert."
Reinhard Hüttel in Die Zeit 31.12.2003

„Silvester 1978 gab es einen dramatischen Temperatursturz, und wenige Jahre zuvor, 1976, herrschte ein sehr trockener Sommer. Diese Witterungsextreme hatten sicherlich Auswirkungen auf die Bäume und deren Belaubung."
Der Forstwissenschaftler Roland Wagner im Juli 2012 im FOCUS

Lotharlehrpfad

Am zweiten Weihnachtstag 1999 wütete der **Orkan Lothar** im Schwarzwald und hinterließ riesige Flächen voller bizarrer, umgestürzter Baumriesen. An der Schwarzwaldhochstraße nahe beim Schliffkopf (im nördlichen Schwarzwald) gibt es seit Sommer 2003 den Lothar-Lehrpfad. Im betroffenen Gebiet bleibt alles so, wie es der Orkan hinterlassen hat: Chaotisch! Und dann abwarten, wie sich alles entwickelt. Der Lothar-Lehrpfad ist ein spannendes Stück Schwarzwald, wenn auch nicht so, wie ihn die Postkarten zeigen ... „Es schreien die Wälder vor Kummer/Von Frost und Ostwind zerstört/" schrieb Bertold Brecht in seinem Gedicht „Die schwarzen Wälder".

Ein wundersamer schwarzer Vogel

Der römische Historiker Plinius Secundus weiß in seiner „Naturalis historia" von gar seltsamen Vögeln des Schwarzwaldes zu berichten: „In dem Hercynischen Wald in Deutschland (= Schwarzwald) soll es, wie ich erfahren habe, ungewöhnliche Gattungen von Vögeln geben, deren Gefieder des Nachts wie Feuer glänzt: im Übrigen aber ist mir außer dem Rufe, den sie durch die Entfernung erlangt haben, nichts Bemerkenswertes an ihnen kund geworden". Der Schweizer Natur- und Sprachforscher Conrad Gesner schreibt 1552: „In dem Schwartzwald deß Teutschen lands soellend gar saeltzame Voegel seyn, welche faedern wie das fheür scheynend". Das Geheimnis dieser leuchtenden Vögel, von denen sogar einst in Rom gesprochen wurde, ist bis heute nicht gelüftet ...

Fauna

Die Tierwelt des Schwarzwaldes ist so **artenreich,** dass sie hier nur in groben Zügen beschrieben werden kann. Unter den Insekten sind die bekanntesten die Waldameise und die Bienen, deren Produkte allerorten verkauft werden. Für Insektenkenner interessant sind die **Glazialrelikte,** also Überbleibsel aus der Eiszeit, die in trittempfindlichen Gebieten wie den Karseen und Hochmooren noch anzutreffen sind. Unter der akustisch überall präsenten Vogelwelt finden sich unter anderem Kohl- und Blaumeisen, Tannen- und Haubenmeise, Goldhähnchen, Baumläufer, Buchfink, Singdrossel, Schwarzspecht und Ringeltaube, wobei der dunkelbraune Tannenhäher und der Zitronengirlitz als Besonderheiten zu nennen sind. Zugenommen haben der Bestand der Kolkrabe und der Wacholderdrossel. Reh, Dachs, Wildschwein sind die wichtigsten der größeren Säugetiere und auch Fuchs und Hase sagen sich hier Gutnacht. Der letzte Wolf wurde 1819 im Hornigsrindegebiet erschossen, der letzte Bär um 1750 und der letzte Luchs im Jahre 1780 gesichtet. Letzterer gibt Anlass zum Rätselraten: denn es gibt mind. 8 beglaubigte Beobachtungen von Luchsen. Ob es sich hier um ein und denselben Luchs oder mehrere Exemplare handelt, ist noch ungeklärt.

Geschichte des Schwarzwaldes

3000–1800 v. Chr.

Auf der Höhe des heutigen Bad Säckingen **erste Siedungen.**

ab 800 v. Chr.

Kelten dringen in die unteren Schwarzwaldtäler vor. Der Begriff „Kelten" steht für das von *Herodot* erstmals beschriebene „kriegerische und zu Trunkenheit neigende" Volk, das aus zahlreichen Stämmen und Stammesgruppen bestand. Obwohl sie weder Schriftkultur noch eine übergreifende staatliche Ordnung kannten, standen sie an der Schwelle zu einer Hochkultur. Die Kelten waren meisterhafte Handwerker von archaischer Religiosität, ein Kontrast, den wir laut Ritusforscher *Haffner* nur von den Mayas und den Azteken kennen. Ihre gemeinsame Sprache war das Keltisch, das sich von Westeuropa bis nach Kleinasien erstreckte. Die Kelten hatten zwar nachweislich Kontakt zu den antiken Hochkulturen, schriftliche Quellen existieren jedoch keine. Als zuverlässigste Beschreibung gilt noch *Caesars* „De bello Gallico".

um 100 v. Chr.

Die **Römer** überschreiten den Rhein.

70 n. Chr.

Die Römer schaffen eine **Schwarzwaldquerverbindung** vom heutigen Straßburg über Offenburg durchs Kinzigtal nach Rottweil. Der Wald erhält zu dieser Zeit auch seinen Namen *Silva nigra.*

3. Jh. n. Chr.

Die **Alemannen** stoßen über den Limes nach Westen und Südwesten vor.

375 n. Chr.

Die Alemannen werden **von den Römern geschlagen.**

„Was mir hier vor die Augen trat, war ganz ungewöhnlich und ungeheuerlich. Ich verbürge mich jedenfalls ohne weiteres dafür, dass, soweit wir wissen, zu keiner Zeit im römischen Reich derartiges zu sehen war. Wenn einer meint, das Tempetal in Thessalien oder das Gelände bei den Thermopylen oder das riesige, weit ausgedehnte Taurusgebirge seien unwegsam, so soll er wissen, dass dies alles, was die Unzugänglichkeit betrifft, neben dem hercynischen Wald kaum Erwähnung verdient."

Soweit Kaiser *Julian* im Jahre 375 n. Chr. über den Schwarzwald, dessen Bewohner „Schöntun und Schmeichelei" nicht gekannt hätten und deren Sprache so ziemlich „dem Gekrächze der Vögel" geglichen hätte.

8.–10. Jh. n. Chr.

Missionare christlichen Glaubens, die meisten von ihnen irische Mönche, beginnen, den Schwarzwald am Süd- und Westrand und in wenigen Fällen auch in Tälern zu besiedeln – noch aber kann der Schwarzwald als menschenleer bezeichnet werden.

„Dem Großvater den Tod, dem Sohn die Not, dem Enkel das Brot" lautet ein Sprichwort über die ersten Schwarzwaldsiedler.

11.–14. Jh.

Der Schwarzwald wird von allen Seiten besiedelt. Die Gründe sind ein besseres

Klima sowie der allgemeine technische Fortschritt (u. a. Hufeisen, Wendepflug, schweres Eisengerät), der Adel versucht, durch Rodungen sein Eigentum zu vergrößern. Mit der Entdeckung von Silber-, Eisen-, Bleiglanz- und Kobaltvorkommen beginnt der **Bergbau** – und dadurch die eigentliche Besiedelung des Schwarzwaldes.

Bei vielen Ortsnamen kann man auf den Ursprung der Orte zurückschließen: Orte wie St. Märgen, Oberkirch oder Mönchweiler weisen auf eine klösterliche Herkunft hin. Orte mit den Endungen -ach, -bach, -berg und -au stammen meist aus dem 11.–14. Jh. Bei den Orten mit Endung -schwand wurde der Wald gerodet, indem man die Rinde der Bäume abschälte, die dadurch abstarben; Orte mit der Endung -brand entstanden nach Feuerrodung. Ortsnamen mit der Endung -ingen deuten auf Alemannensiedlungen am Süd- und Südwestrand des Schwarzwaldes hin.

um 1525

Zwar werden im Zuge der **Reformation** kleinere Regionen protestantisch, doch der größte Teil des Schwarzwaldes bleibt – bis heute – katholisch.

1618–48

Im **Dreißigjährigen Krieg,** der schwersten Zeit in der Geschichte des Schwarzwaldes, werden die Felder verwüstet, der Bergbau kommt völlig zum Erliegen, Städte und Dörfer sterben aus.

1726–48

Die **Hotzen** („Hotzenwald") verteidigen ihr Freiheitsrecht in den „Salpetererkriegen" gegen die Klosterherren St. Blasiens.

Die **Salpeterer** waren „Freie, keiner Obrigkeit untertane Leut", so bezeichnete sie der habsburgische Waldvogt im Jahre 1738. Sie waren nach *Johann Fridolin Albiez,* ihrem ersten Führer, benannt, der vom Abkratzen des Salpeters von den Wänden der Ställe lebte. Das Salpeter wurde damals für die Herstellung von Schießpulver verwendet. Ähnlich wie die Schweizer Eidgenossen besaßen die Salpeterer für ihr Leben und Arbeiten im damals unwirtlichen Schwarzwald besondere Rechte, sie hatten u.a. eine eigene Gerichtsbarkeit und wählten alljährlich selbst ihren Gemeindevorsteher. Im Jahre 1719 wollte ihnen der Abt von St. Blasien dieses Sonderrecht streitig machen und sie zu Leibeigenen degradieren. Nach drei Aufständen, die allesamt blutig niedergeschlagen wurden, mussten sie 1775 endgültig kapitulieren.

1806

Bei der **Säkularisation,** also der Einziehung oder Nutzung kirchlichen Besitzes durch den Staat, werden alle Klöster aufgehoben und die Kirche enteignet. Unersetzliche Schätze gehen verloren, u.a. die Bibliothek von St. Blasien.

1816/17

Während der großen **Hungersnot** in Südwestdeutschland wandern viele Schwarzwälder nach Nordamerika aus.

„Im Südwesten verschärft sich in diesen Jahren die Agrarkrise dramatisch, als

▷ Wie hier auf dem Gemälde „Die Karfulkelstadt" in Fischerbach bei Haslach (1906) war der Schwarzwald im frühen 20. Jahrhundert beinahe abgeholzt. Erst nach dem Zweiten Weltkrieg wurde er großflächig wieder aufgeholzt.

das Ende des Napoleonischen Krieges mit einer globalen Umweltkatastrophe zusammenfällt, woraus eine Hungersnot resultiert. 1816 war im indonesischen Archipel der Vulkan Tambora ausgebrochen mit der bislang gewaltigsten Stauberuption von 200 Kubikkilometern Vulkanasche, die sich im Laufe des Jahres auch in der Atmosphäre der nördlichen Halbkugel verteilte und in London außerordentlich schöne Sonnenuntergänge beobachten ließ. Die Staubkörner als Kondensationskeime führten aber meteorologisch zu einer Art „vulkanischem Winter" mit Dauerregen und Schneefällen mitten im Sommer. Die daraus folgende Mißernte traf die Bevölkerung im Südwesten besonders hart, da die Vorräte von den durchziehenden Truppen der Freiheitskriege aufgebraucht waren. Die Hungersnot war verheerend. Mehr als 40.000 Einwohner Badens und Württembergs wanderten deshalb 1817 aus." (entnommen aus *Große Badener*, Deutsche Verlags-Anstalt, Stuttgart, 1994)

ab 1817 bis nach 1970

Beginn der **Oberrheinbegradigung** durch den Bauingenieur und Oberst *Johann Gottfried Tulla* (1770–1828).

„Die möglichst gerade Lenkung der Flüße, die Abschneidung ihrer Nebenarme, die Demolierung der schädlichen Dämme usw., oder mit einem Wort, die Rektifikation der Flüße ist diejenige Operation, durch welche ihren Zerstörungen Einhalt getan und ihr Wasserspiegel so gesenkt wird, dass die Nachteile der Überschwemmungen und die der Eisgänge vermindert oder vollkommen beseitigt werden", schreibt Oberst *Tulla*.

„Wer die Natur mit Füßen tritt, braucht verdammt hohe Gummistiefel. Wenn immer mehr Flüße begradigt, Ufer betoniert, Auen zerstört werden und Überschwemmungen bald zur Tagesordnung gehören, dürfen wir nicht tatenlos zusehen." (aus einer Zeitungsanzeige des *World Wildlife Fund* im Februar 1995 nach den verheerenden Überschwemmungen am Niederrhein)

1848/49

Die **deutsche Revolution** beginnt, als *Friedrich Hecker* am 12. April 1848 in Baden die deutsche Republik ausruft. Im Mai 1849 erheben sich die Demokraten des Landes und übernehmen die Regierungsgeschäfte nach der Flucht des Großherzogs. Der Aufstand wird am 27.7.1849 in der Festung Rastatt niedergeschlagen, 51 Revolutionäre werden hingerichtet. Der Volksheld *Hecker*, ein „prachtvoller, männlich-gewaltiger Mann", war zu dieser Zeit schon über den Atlantik nach Amerika geflohen.

„Hecker, Hecker, spring über den Neckar, spring über den Rhein, fall aber nicht hinein", rät ein alter badischer Spruch, der nach dreimaligem Aufsagen gegen Schluckauf helfen soll.

Friedrich Hecker

„Ganz anders (als Struve) ist Hecker, und dem Volke, dem sinnlichen, näher. Das ist ein Fleischesser und ein vollsaftiger, gesunder Mensch. Hier ist Unmittelbarkeit, wenn er auftritt und sein langes braunes Haar aus dem Gesicht schüttelt und mit einer kräftigen Baritonstimme zu reden beginnt. Man spürt es sofort, dass hier einer redet, der nicht aus der Schreibstube, nicht vom Studium des Contrat social herkommt, sondern aus dem Kreise rüstiger Leute, welche eine tüchtige Veränderung wollen im Staatsleben. So steht er, einsam, ein Vertreter der natürlichen Revolution." so der Schriftsteller und Paulskirchen-Abgeordnete Heinrich Laube über den **Revolutionär Hecker.** Der hatte von sich selbst gesagt: „Wir zogen aus mit dem Banner der deutschen Republik; wir wollten vertilgen die despotischen Reste des Mittelalters und gründeten den freien Volksstaat"

1864

Der **Schwarzwaldverein** wird gegründet. Im Zuge der Industrialisierung und der dadurch immer größer werdenden Verstädterung zieht es immer mehr Menschen in der Freizeit hinaus ins Grüne. Der Schwarzwald wird als Wandergebiet erschlossen.

Aus der Satzung des Schwarzwaldvereins:

§ 2.1. In Zusammenwirken mit den Ortsgruppen nimmt der Schwarzwaldverein die folgenden wesentlichen Aufgaben wahr:

a) Pflege des Wanderns

b) Schutz der Natur und Landschaft, insbesondere Landschaftspflegemaßnahmen und Streifendienste

c) Unterhaltung und Markierung der Wanderwege

d) Heimatpflege

2. Der Jugend gilt seine besondere Fürsorge

3. Der Schwarzwaldverein dient den Menschen ohne Ansehen von Herkunft, Geschlecht, Weltanschauung oder Religion. Er ist parteipolitisch nicht gebunden.

1918

Baden wird **Freistaat.**

1945

Im **Zweiten Weltkrieg** werden Freiburg, Freudenstadt, Pforzheim und Karlsruhe stark bombardiert und nach Ende des Krieges durch Amerikaner und Franzosen besetzt. Die Franzosen demontieren eine Reihe wichtiger Industriebetriebe und holzen große Flächen ab.

1952

Durch Volksabstimmung wird aus den Ländern Württemberg (Hauptstadt Stuttgart) und Baden (Hauptstadt Freiburg), Württemberg Hohenzollern (Hauptstadt Tübingen) das flächenmäßig drittgrößte Bundesland – **Baden-Württemberg** – gebildet.

1971–74

Durch die baden-württembergische **Gebietsreform** werden ganze Landkreise neu gegliedert, viele kleine Dörfer werden eingemeindet. Verwaltungswege sollen abgekürzt, Kosten gespart werden.

1974

Erstmals in der Geschichte gelang es einer deutschen Bürgerinitiative, den **Bau eines Atomkraftwerks** zu verhindern.

„Am 18. Februar 1974 hatten dreihundert Winzer und Bauern den Bauplatz für das geplante **Atomkraftwerk Wyhl** besetzt. Freiburger Studenten, die hinzugeeilt waren, um der Sache den ideologischen Schliff zu geben, bekamen ein paar Schluck schwarzgebrannter Hefe, damit sie ruhiggestellt waren, und wurden dann eingereiht. Anschließend trugen 800 Polizisten die Besetzer fort, riegelten die einzige Zugangsstraße mit Gittern und Panzerspähwagen ab, starrten martialisch auf die mittlerweile vieltausendköpfige Wut-Menge vor dem Platz – und wunderten sich sehr, als die Besetzer plötzlich in ihrem Rücken auftauchten: Sie waren, hübsch verteilt auf zwei Dutzend kleiner Stoßtrupps, durch den Auwald geschlichen. Wie es weiterging? Schlecht für die Polizei, schlecht für die Atomindustrie und schlecht für einen Ministerpräsidenten namens Filbinger, der damals die Republik mit dem Satz entzückte: Wenn das AKW Wyhl nicht gebaut würde, gingen im Jahre 2000 in Deutschland die Lichter aus“, schreibt im Rückblick das „Streiflicht“ der Süddeutschen Zeitung vom 19. Februar 1995.

Weniger eine literarische Erkundung des Schwarzwaldes als ein sozialhistorischer Streifzug ist das **Buch „Schwarzwaldgeschichten“** von Jürgen Lodemann, das auch einige wütende Gesänge des ehemaligen Whyl-Aktivisten Walter Mossmann enthält

1991

Beginn der **Auflösung französischer und kanadischer Streitkräfte.**

1991

Am zweiten Weihnachtsfeiertag des Jahres richtet der **Orkan Lothar** im Schwarzwald verheerende Verwüstungen an. „Zu keiner Zeit ist auf der Erde schneller und vielfältiger Leben entstanden als nach gewaltigen Feuersbrünsten, Meteoriteneinschlägen, Orkanen ... Die für ein Gebirge typische, sprunghafte Naturdynamik erlebt lediglich der Mensch als Katastrophe“, sagt *Werner Bätzing,* Alpenexperte an der Universität Erlangen über Naturkatastrophen in einem Zeit-Artikel vom 10. Februar 2000.

2005

Eröffnung des Naturparks Schwarzwald Mitte/Nord, zu dem unter anderem die Gemeinden Offenburg, Freudenstadt, Schiltach und Hornberg gehören. Mit einer Fläche von 375.000 Hektar ist er der **größte Naturpark Deutschlands** (www.naturparkschwarzwald.de).

2009
Bei der **Wahl der neuen sieben Welt-Naturwunder** ist der Schwarzwald unter die 28 Finalisten gewählt worden.

Mai 2012
An der Freiburger Uni startet das erste **Esoterik-Studium** Deutschlands.

Lesetipp: Die Geister die mich riefen, Walter von Lucadou und Peter Wagner. Lucadou berichtet aus seinem Alltag als Leiter der parapsychologischen Beratungsstelle in Freiburg.

Schlemmerparadies Schwarzwald

„Paradies: ein märchenhaftes Land, in dem es schmackhafte Nahrung im Überfluss gibt“ und das „wahrscheinlich eine Parodie auf die Vorstellung von den paradiesischen Zuständen der Urzeit“ ist. Irrtum, Meyers Großes Taschenlexikon! Dieses märchenhafte Land existiert ganz real im Südwesten unseres Landes. In keiner anderen deutschen Region rühren so viele mit Kochmützen, Sternen und Gabeln hochdekorierte Köche in ihren Töpfen, in nur wenigen deutschen Gegenden heimsen Winzer so viele Weinpreise ein. Im Schwarzwald muss der CSU-Politiker *Heiner Geißler,* der hier sein Abitur machte, seine Vision von einer multikulturellen Gesellschaft gehabt haben, denn hier hat sich auf wundersame Weise die einheimische Küche mit der elsässischen, schweizerischen und schwäbischen Küche zu einem delikaten Ganzen vereint. Hier gibt es keine kulinarische Zweiklassengesellschaft; ob in den legendären Feinschmeckertempeln oder im einfachen Gasthaus – einen richtigen Reinfall erlebt man selten. Auch die Spitzenlokale haben in den letzten Jahren die bodenständigen Gerichte der Einheimischen wieder entdeckt und passen diese einst schwere Küche den heutigen Ernährungsbedürfnissen an.

Ganz bodenständig geblieben sind bis heute auch die **Namen der traditionellen Gasthäuser.** Viele von ihnen heißen „Zum Ochsen“, „Engel“, „Adler“ oder „Zum Löwen“. Durch diese Namensgebung wurden sie unter den Schutz der Evangelisten gestellt. (Es handelt sich dabei um die seit Jahrhunderten üblichen Symbole der Evangelisten: Matthäus wurde als geflügelter Mensch, also als Engel, Markus als Löwe, Johannes als Adler und Lukas als Stier bzw. als Ochse dargestellt.)

Die alte Schwarzwälder Regel „fünfmal am Tag wird gegessen, dreimal warm und zweimal kalt“ schwindet mehr und mehr in einer Zeit, in der auch die Schwarzwälder ihren Lebensunterhalt größtenteils außer Haus verdienen. Geblieben aber ist der **Brauch des Ves-**

Ein wahres Feinschmeckerparadies ist das **Markgräfler Land südlich von Freiburg.** Manche der Speisekarten in den urigen Gasthöfen lesen sich wie Alemannisch für Anfänger: Burewürscht mit Brägel (Bauernwürste mit Bratkartoffeln), E gemischte Cheesdäller (eine gemischte Käseplatte), Saladbladde (Salatplatte), Zibelewaie (Zwiebelkuchen).

perns – nicht zu verwechseln mit der Vesper, dem Abendgottesdienst! Eigentlich stammt das Wort Vesper aus dem griechischen Wort *Hespera*, zu deutsch „Abend". Aber nur eigentlich, denn heute nimmt man im Schwarzwald zu allen Tageszeiten ein Vesper ein. Es gibt nur eine eiserne Regel beim Vesper: es muss kalt sein. Ein „rechtes Veschper" muss folgendes enthalten: zuerst einmal brauchbares Werkzeug; ein Brettchen und ein scharfes Messer. Es muss ohne Sägeschliff sein, denn sonst würde es den Schinken zerreißen. Außer dem berühmten Schwarzwälder Schinken kommen dann noch jeweils eine dicke Schei-

Als der Wurstsalat noch ledig war …

… hieß er schlicht und einfach Wurstsalat. Dann vermählte sich der alemannische Wurstsalat mit seiner Nachbarin aus dem nahe gelegenen Elsass und hieß von nun an Straßburger Wurstsalat. Aber wie in jeder guten Ehe behielten beide Partner ihre Eigenständigkeit und sind doch gemeinsam stark. Und so kommt es, dass man heute noch auf fast jeder einheimischen Menükarte einen badischen Wurstsalat und einen Straßburger Wurstsalat findet.

Sie sollten sich die beiden Wurstsalatpartner nicht entgehen lassen – auch wenn die alemannische Küche über schier unerschöpfliche Köstlichkeiten verfügt. Denn der Wurstsalat hierzulande – einst als Resteverwertung gedacht – ist ein kulinarischer Allroundkünstler: er ist ein Salat und doch ein komplettes nahrhaftes Essen, er ist einfach in den Zutaten und lässt dem Koch dennoch unzählige Variationsmöglichkeiten in der Zubereitung.

Wurstsalat

400 g feine Fleischwurst oder Schinkenwurst, 2 Tomaten, 1 Zwiebel, Schnittlauch oder Petersilie, eine Prise weißer Pfeffer, Essig und Öl.

Die Fleischwurst in ganz feine Streifen schneiden, Tomaten enthäuten und entkernen und in kleine Würfel schneiden. Den Schnittlauch fein hacken, mit Pfeffer würzen und Essig und Öl dazugeben. Der Salat sollte erst kurz vor dem Verzehr zubereitet werden.

Straßburger Wurstsalat

200 g feine Fleischwurst oder Schinkenwurst, 200 g Emmentaler Käse, eine Zwiebel, eine Prise weißer Pfeffer, 3 EL Weinessig und Öl oder Mayonnaise.

Die Fleischwurst und den Käse in sehr feine Streifen schneiden, mit Pfeffer und Essig würzen. Die Zwiebel je nach Geschmack ganz fein würfeln oder in dünne Ringe schneiden. Die Mayonnaise oder alternativ Essig und Öl unterheben. Das Ganze etwa eine Stunde ziehen lassen und vor dem Servieren mit Tomatenvierteln, Gewürzgurkenscheiben oder Radieschen garnieren. Alternativ kann auch eine Hälfte der Mayonnaise durch Joghurt oder die Mayonnaise ganz durch Öl ersetzt werden.

Ab und zu trifft sich unser Wurstsalatpaar mit Freunden, dann kommen noch milder Senf, Knoblauch, Paprika oder hartgekochte Eier dazu.

Eine interessante Webadresse zum Thema Wurstsalat ist: www.elsaesser-wurstsalat.de

be Schwarzwurst und Leberwurst sowie eine Scheibe Lyonerwurst dazu. Senf, Gurken, hausgemachte Butter und ein dunkles Krustenbrot dürfen auch nicht fehlen. Je nach Region wird das Ganze noch von einem Rahmkäse oder einem Bibbeleskäs gekrönt. Natürlich gehört zu einem Vesper ein Viertele Most und ein Schnaps – vor und nach dem Essen.

Sein Vesper ist dem Schwarzwälder heilig. Übrigens, wenn man den Wirt einer Schwarzwälder Bauernwirtschaft beleidigen wollte, dann genügte die Frage nach dem Senf zum Vesper …

Begriffe

Damit Sie nicht vollkommen ratlos vor einer Speisekarte sitzen und nicht wissen, was Sie sich mit Ihrer Bestellung antun, hier einige Begriffe aus der **alemannischen Küche:**

- **Bibbeliskäs:** ein mit feingeschnittenen Zwiebeln und Kräutern angemachter Schichtkäse, den man zu Kartoffeln oder Landbrot isst. Der Name geht auf die Bibbele, die Hühnerküken, zurück, die einst mit diesem Quark aufgepäppelt wurden.
- **Brägele:** Bratkartoffeln, die entweder aus rohen geriebenen Kartoffeln (ähnlich den Schweizer „Röschti") oder aus gekochten Pellkartoffeln zubereitet werden – knusprig-saftig müssen sie auf jeden Fall sein. Besonders deftig sind in Schweineschmalz gebratene Brägele.
- **Bubespitzle:** kleine „Würstchen" aus gekochten geriebenen Kartoffeln, Eiern und Mehl, ähnlich den italienischen Gnocchi. Sie werden in kochendem Wasser gesotten und sehen so aus, wie sie heißen. Vornehme Leute sagen „Schupfnudeln" dazu.
- **Chriesewässerle:** hochwertiges Kirschwasser
- **Flammkuchen:** Diese Spezialität aus dem nahen Elsass besteht aus einem dünn ausgerollten, mit einer Rahm-Zwiebeln-Speck-Mischung belegten Hefeteig. Am besten schmeckt er, wenn er auf der Glut – daher auch sein Name – gebacken wird.
- **Gschwellte:** Pellkartoffeln
- **Käs-Spätzle:** Eine ursprünglich schwäbische Spezialität. Spätzle werden mit geriebenem Käse in Schichten gelegt und mit Zwiebeln geschmolzen.
- **Kerscheplotzer:** Kirschauflauf mit Vanillesoße
- **Kratzete:** zerrupfter, salziger Pfannkuchen, oft mit Spargel serviert.
- **Linzertorte:** Mürbeteigkuchen aus gemahlenen Haselnüssen mit Marmeladenfüllung und einem Teiggitter als oberste Lage, zu dem Kenner keinen Kaffee, sondern Rotwein trinken.
- **Ochsenmaulsalat:** Gepökeltes und gekochtes Schlund- und Maulfleisch des Ochsen. Es wird in

hauchdünne Streifen geschnitten und in einer Vinaigrette „angemacht".

- **Schäufele:** ein Schäufele, das Schulterblatt vom Schwein, wird in eine Lake gelegt und dann nach alter Tradition zart geräuchert. Es sieht mit seinem Knochen wie eine kleine Schaufel aus, deshalb der Name. Man lässt es in einem Sud langsam auf kleiner Flamme ziehen. Dazu gibt es Kartoffelsalat oder Sauerkraut.
- **Suppen:** Flädlesupp: Kraftbrühe mit Einlagen aus Pfannkuchenstreifen; Metzelsupp: eine Art Wurstsuppe.

  Die Badische Suppe besteht aus Grünkern, Wurzelgemüse (Sellerie, Lauch, Zwiebeln), Rinderbrühe, Sahne, Butter, Markklösschen und Weißbrot.

Und noch ein badischer Tipp: Gehen Sie vertrauensvoll in **Gasthäuser neben Rathäusern und Friedhöfen,** denn Beamte und Trauergesellschaften sind mit einem guten Appetit gesegnet.

Einige Spezialitäten

Zwiebelkuchen

Er besteht aus einem dünnen, aber breit ausgewellten Hefeteigboden, der mit Käse und Sauerrahm, mancherorts auch mit Bibbeleskäs oder Kümmel bedeckt wird. Früher gab es Zwiebelkuchen nur dann, wenn Brot gebacken wurde. Während der Brotteig trieb, hatte die Bäuerin eine schnelle Zwischenmahlzeit.

Schwarzwälder Schinken

Zwei Dinge zeichnen den Schwarzwälder Schinken aus: die Art des Würzens und die Zeit des Reifens. Aus dem Würzen machen die Metzgermeister meist ein großes Geheimnis, die Zeit des Reifens dauert von vier Monaten bis hin zu einem Jahr für Spitzenqualitäten. Bei der recht komplizierten Prozedur wird roher Schinken mit Salz eingerieben und zum Ziehen drei Wochen in ein geschlossenes Gefäß gelegt. Dann kommt er zum so genannten „Durchbrennen" auf einen Rost, damit sich das Salz gleichmäßig im Fleisch verteilen kann. Anschließend wird der Schinken über einer individuell unterschiedlichen Mischung aus Buchenholz, Tannen-, Fichten- und Föhrenreisig, Beeren und Sägemehl geräuchert – er erhält dadurch seine typische schwarze Oberfläche. Übrigens enthält der Räucherschinken beträchtliche Mengen an Eiweiß und Fett, wichtigen Mineralstoffen, Eisen und Vitaminen der B-Gruppe.

Weite Infos zu Küche und Köchen unter www.kulinarisch-schwarzwald.info

Schwarzwälder Kirschtorte

Nun, es gibt die Mär, dass sie einst ein persischer Eunuch, Chefkoch in einem Harem, für seinen Herrn und Meister kreiert haben soll. Er wollte den Damen seines Herren vollere Formen verleihen und ihn damit erfreuen. Ein Schweizer Journalist wollte es genauer wissen; nach jahrelangen Recherchen fand er 1982 heraus, dass die Urkirschtorte 1915 von einem Herrn namens *Josef Keller* im Café Agner in Bad Godesberg erfunden wurde. Das Café existiert nicht mehr, die Kirschtorte dagegen hat ihren Siegeszug weit über die deutschen Grenzen bis hin

Von Alla bis Hilwertritsch – ein Schwarzwaldkurs in zehn Begriffen

Alla

Ein am Westrand des mittleren Schwarzwaldes weit verbreitetes Wort, das mit dem islamischen Gott rein gar nichts zu tun hat. Es kommt aus der französischen Besatzungszeit und hat seinen Ursprung im französischen Wort „Aller" (gehen). Es bedeutet den positiven Abschluss eines Gesprächs oder eines Problems jeglicher Art, man kann es auch umschreiben mit „also, packen wir's an". Alla ...

Badener und Schwaben

Am äußersten Ostrand des Schwarzwaldes wohnen Schwaben, im übrigen Schwarzwald Badener. Verwechseln Sie niemals die einen mit den anderen! „Über Baden lacht die Sonne, über Schwaben die ganze Welt", so zumindest behaupten die Badener. Zur Strafe nennen die Schwaben die Badener „Gelbfüßler". Die Badener behaupten, der Name komme von ihren Soldaten, die einst gelbe Stulpen trugen. Die Schwaben sehen einen ganz anderen Ursprung: Eines Tages wollte ein Badener eine Fuhre roher Eier über die Alb transportieren. Der Wagen aber war zu klein für alle Eier. Der Badener zögerte nicht lange und zerstampfte alle Eier, das Platzproblem war aus der Welt geschafft, und der Badener war fürderhin der erste Gelbfüßler.

Badenser

Goethe hat sie so genannt und der DUDEN tut's auch; trotzdem sollten Sie niemals einen Badener als Badenser bezeichnen; das mag er nämlich gar nicht.

Bagasch

Die haben auch die Franzosen hinterlassen, die aber meinen damit ein Gepäckstück. Die Schwarzwälder hingegen verstehen darunter jegliche Art von Gruppe oder Gesellschaft, mit deren Anwesenheit man oft geschlagen ist, und die man, genau wie sein Gepäck, erst dann so richtig vermisst, wenn man sie mal nicht mehr hat.

Bollenhut

In aller Welt bekannt als das Symbol des Schwarzwaldes schlechthin, obwohl nur in den drei Gemeinden Gutach, Kirnbach und Reichenbach zu Hause. Der Hut sieht apart aus, das Kleid dazu eher sackartig. Im Schwarzwald beherrscht nur noch eine einzige Frau die Kunst des Bollenhutmachens, in Taiwan dagegen viele. Die Mädels, die noch zu haben sind, tragen rote Bollen (Kugeln), die Verheirateten schwarze Bollen.

Difteln

Zu deutsch tüfteln. Direkt eine Nationaleigenschaft der Schwarzwälder, der sie einerseits eine florierende Uhrenindustrie und andererseits die weltweit exportierenden Waffenschmieden Heckler und Koch und Mauser in Oberndorf verdanken.

Hilwertritsch

Der badische Verwandte des bayerischen Wolperdingers ist, wenn überhaupt, nur von Einheimischen zu fangen – und auch von denen nur in Vollmondnächten. Wichtigste Ausrüstungsgegenstände sind ein Sack und eine Taschenlampe. Ersterer, um die gefangenen Hilwertritsche heimzutragen, zweitere, um sie überhaupt in den Sack hinein zu bekommen. Über das genaue Aussehen des Hilwertritschen streiten die Experten noch, als erwiesen gelten seine bernsteingelben Augen und sein bevorzugter Aufenthaltsort: der Kastanienbaum. Der Schlachtruf aller Hilwertrischen-Jäger lautet: „Scht, scht, hudada, hudada".

Kuckucksuhr

Vorgängerin der Swatch-Uhr: „Die Uhren werden hier in sehr großen Mengen gemacht und durch den Handel in ganz Europa verbreitet" (ein päpstlicher Legat im Jahre 1762 über die Kuckucksuhr). In der Schonacher Werkstatt der Firma Rombach & Haas werden seit 1894 Kuckucksuhren gefertigt. Seit 2005 entstehen hier auch Kuckucksuhren in sehr originellem modernen Design.

Mach kei Fissimadende

Die Redewendung, die soviel wie „Mach keinen Unsinn" bedeutet, soll aus der französischen Besatzungszeit stammen, als so manch ein französischer Soldat die badischen Mädchen aufforderte: „Visitez ma tente" – „Besuchen Sie mein Zelt". Ein schlauer Sprachforscher aus Köln will des Volkes Version als dummes Zeug erkannt haben: der Ausdruck gehe auf das frühneuhochdeutsche „Visepanten" zurück und das bedeute eben genau selbiges.

Numme nit hudle

Das heißt auf spanisch mañana und auf freiburgerisch „immer mit der Ruhe". Übertriebene Hektik ist die Sache der Schwarzwälder nicht.

809ssw cz

in amerikanische Kühltruhen angetreten: Dort fristet sie als *Black Forest Cake* ihr frostiges Dasein. Zweifelhaft bleibt, ob die amerikanische Verwandte der Kirschtorte den Ansprüchen an eine richtige Kirschtorte auch genügt: Sie darf weder süße noch kandierte Kirschen, sondern ausschließlich Sauerkirschen enthalten, und das Kirschwasser darf keine Essenz, sondern es muss richtig gutes Schwarzwälder Kirschwasser sein.

Schwarzwälder Erfindungsreichtum macht auch vor dem Nationalstolz „Kirschtortee" nicht halt: Die kalorienreiche Schnapstorte gibt es mittlerweile auch **aus der Dose!** Auf die Idee ist Bäckermeister *Peter Ruf* aus St. Peter gekommen, als seine Schwester in den USA das gute deutsche Brot vermisst hatte, woraughin er selbiges für sie bzw. den Versand in Dosen abfüllte, was ihn wiederum auf die Idee brachte, auch Schwarzwälder Kirschtorten in Dosen zu verpacken.

Badischer Wein

Der römische Dichter *Horaz* meinte, der Wein enthülle die Geheimnisse, bringe dem Hoffenden den Erfolg, entlaste den Mühseligen und dränge sogar die Feiglinge in die Schlacht. Letzteres muss für die Römer der ausschlaggebende Grund gewesen sein, in Baden den Wein einzuführen. Da die Römer den Wein (das Wort geht auf das lat. *vinum* zurück) als Nahrungsmittel betrachteten, begannen sie bei ihren Eroberungsfeldzügen allerorten mit dem Anbau von Reben, um damit ihre Truppen bei Laune zu halten. Als dann das römische Reich zu Ende ging, übernahmen die Mönche im Zuge der Christianisierung die Weinanbaukultur. Fromm wie sie waren, benutzten sie ihn zunächst als Messwein, später wurde er dann als tägliches Getränk und Medizin geschätzt. Angeblich soll das Heilig-Geist-Spital in Überlingen jedem Alten oder Kranken täglich drei „Badi-

805sw cz

sche Maß“ verabreicht haben, umgerechnet waren das täglich 4,5 Liter Wein!

Wichtige Weinsorten

- **Riesling**: auch „König der Weißweine“ genannt; Der rassig-spritzige Wein gedeiht nur in klimatisch erstklassigen Lagen. Im badischen Hauptanbaugebiet, in der Ortenau, heißt er „Klingelberger“.
- **Silvaner**: Der milde zarte und feinfruchtige Weißwein wird vor allem am Kaiserstuhl angebaut.
- **Blauer Spätburgunder:** Die anspruchsvollste Rotweinsorte Deutschlands, vollmundig, samtig, mit einem an Brombeeren und Bittermandeln erinnernden Aroma.
- **Grauer Burgunder** *(Pinot Grigio):* Mutation des Blauen Spätburgunders. Ein Kaufmann namens *Ruland* aus Speyer gab um 1711 den Anstoß zur Verbreitung dieses Weins. Der Graue Burgunder ist der Nachfolgewein des alkoholreichen, vollmundigen Ruländers, der aus der Mode gekommen ist.
- **Gutedel**: frisch und leicht, mit mäßigem Alkoholgehalt.
- **Muskateller**: unter Kennern als Weißwein-Rarität bekannt, Anbau am Kaiserstuhl, säurebetonte Eigenart.
- **Spätburgunder**: alkoholreicher, vollmundiger Rotwein
- **Spätburgunder** Weißherbst: badische Spezialität, altgold bis hellrot, kräftig, vollmundig und fruchtig.
- **Traminer**: große Geschmacksfülle, in der Ortenau unter „Clevner“ geführt.

◁ Schwarzwälderkirschtorte

△ Der Badner trinkt übrigens kein „Viertele“, er „schlotzt“ es.

011ssw cz

Ein Hinweis für preisbewusste Menschen: Es gibt Lokale, die schenken ein Glas Wein aus (0,2 l), und es gibt Lokale, die etwas auf sich halten: Die stellen ein „Badisches Viertele“ (0,25 l) auf den Tisch.

Schwarzwälder Schnapskunde

Die Hälfte aller deutschen Kleinbrennereien, 14.000 an der Zahl, ist im südbadischen Raum zu finden. In diesem südlichen Klima mit seinem fruchtbaren Boden gedeihen Früchte wie Himbeeren, Brombeeren, Mirabellen und natürlich Kirschen ganz wunderbar. Der Schwarzwälder betrachtet den Schnaps nicht als Alkohol, denn dann wäre er ja letztendlich ungesund. Und das trifft auf den Schnaps auf keinen Fall zu. Denn

Schnaps ist Medizin, hält Leib und Seele zusammen; er ist ein reines und gesundes Getränk, über jeden Zweifel erhaben. Wenn Ihnen ein Schwarzwälder seinen echten „Hausgebrannten“ anbietet – eine große Ehre – dann flüchten Sie sich nicht in kleinliche Ausreden, es sei denn, Sie dürfen überhaupt keinen Alkohol trinken. Das Verhältnis zu Ihrem Gegenüber wäre von Anfang an erheblich getrübt.

„Ein Schwarzwälder Mädel und ein Schwarzwälder Kirsch, davor nimm Dich in acht! Die haben schon manchen, der's gar nicht gedacht, um den Verstand gebracht“
Lebensweisheit aus dem Film „Die Rosel aus dem Schwarzwald“.

Rossler

Unter allen gesunden Schnäpsen ist der Rossler der **Spitzenreiter in Sachen Gesundheit** (unter anderem hilft er bei Diabetes, er senkt nämlich den Insulinspiegel). Gemeinhin ist er bekannt unter der Bezeichnung **Topinambur,** aus der gleichnamigen Knolle wird er auch gewonnen. Die aus Brasilien stammende Pflanze wurde wegen ihres süßlichen Geschmacks früher an die Rösser verfüttert, von daher kommt auch der Name „Rossler“. Man hat viel von ihm, denn er stößt einem ziemlich lange auf. Kaufen Sie den Rossler nicht im Laden, sondern beim Bauern, da kriegen Sie mehr fürs Geld, nämlich statt den üblichen 38 bis 40% Alkohol enthält der beim Bauern gekaufte Schnaps zwischen 45 und 50%. Darüber hinaus ist der Schnaps vom Bauern allemal besser als der aus dem Laden.

Der Affe aus dem Schwarzwald

... ist ein Gin, der aus 47 pflanzlichen Zutaten besteht und im besonders weichen Schwarzwälder Quellwasser angesetzt wird. Der Legende nach hatte diesen Gin einst ein junger Offizier der Royal British Airforce produziert. Der Gin geriet im Laufe der Jahre in Vergessenheit, bis im Jahr 2006 *Alexander Stein,* Spross der traditionsreichen Weinbranddynastie Jacobi und ehemaliger Nokia-Manager, von der Existenz der außergewöhnlichen Ginrezeptur aus dem Schwarzwald hörte. Von da an ruhte und rastete er nicht, bis er den Affen aus dem Schwarzwald wieder zum Leben erweckt hatte ...

Kirschwasser

Der Edelste unter den Schnäpsen. Oft fälschlicherweise „Chriesewässerli“ genannt, bedingt die Herstellung dieses noblen Getränkes während des ganzen Produktionsprozesses absolute Sauberkeit und Sorgfalt. Kaufen Sie nicht einfach „Kirschwasser“ – das ist Massenware – sondern gönnen Sie sich **„Gebirgskirschwasser“.** Kirschen für diesen Spitzenschnaps brauchen sandigen Gebirgsboden – also je weiter hinten im Schwarzwaldtal, desto besser der Schnaps.

Und was so oft als **„Chriesewässerle“** bezeichnet wird, ist in Wirklichkeit eine kostbare Rarität: Für nur einen Liter echtes Chriesewässerle benötigt man mehr als 10 kg heidelbeergroße wilde Waldkirschen. Neu in der Kirschfamilie ist der „Wildkirsch“, sollten Sie einen entdekken, greifen Sie zu! Er kann es mit jeder Spitzenspirituose der Welt aufnehmen, wird aber leider nur von wenigen Brennern angeboten.

087ssw cz

> „Mirabell für die leichten Stunden, Kirsch für die schweren.“
> Schwarzwälder Schnapsweisheit

Zibärtle

Eine besondere, teure Rarität aus **wildwachsenden Zwergpflaumen,** mit der Konditoreien gerne ihre Pralinen füllen.

Schwarzwälder Braukunst

Badischer Wein ist von der Sonne verwöhnt, das ist bekannt. Weniger bekannt aber ist die **alte Brautradition** des Schwarzwaldes. Entstanden ist sie in den Klöstern und brachte unter anderem die hervorragende Biere der Brauereien Fürstenberg in Donaueschingen und in Rothaus bei Grafenhausen hervor. Besonders das 0,33 „Tannnenzäpfle“ von Rothaus genießt mittlerweile so etwas wie einen Kultstatus. Das Mädchen auf dem Etikett heißt übrigens Birgit, weil sie das „Bier gitt“ (gibt) ...

Das Mädchen mit den Prankenhänden, den kreisrunden rosa Bäckchen und dem eckigen Gesicht muss der Schrecken jedes Marketingmenschen sein. Und doch gilt sie bzw. ihr Bier mittlerweile auch außerhalb Badens als Kultbier: ganz ohne Reklame hat es das **Tannenzäpfle** sogar bis nach Berlin geschafft. Dank der dortigen Exil-Baden-Württemberger, die sich in der Fremde mit ihrem Heimatgetränk nicht ganz so einsam in der großen Stadt fühlen. Und nach den Türken sind die Badener-Schwaben immerhin die zweitgrößte ethnische Minderheit in Berlin. Was macht es da schon aus, dass hinter Birgit am Baum gar kein Tannen-, sondern ein Fichtenzapfen hängt. Würzig und süffig schmeckt dieses Bier, mit einem leicht süßlichen Unterton (Vorsicht: Es gilt als Kopfwehbier).

Buchtipps

- Brigitte Glaser: **Kirschtorte, der badische Krimi,** Emons Verlag: Kölner Sterneköchin findet im heimischen Baden einen Mörder mit Hilfe von Kirschwasser.
- Udo Marquardt: **Kirschtortenkomplott,** Sternwald-Verlag: Schwarzwald-Krimi um eine explodierende Kirschtorte.

Die Autorin | 288

Film und Musik | 280

Glossar | 276

Literaturhinweise | 277

Quellenhinweis | 280

Register | 282

10 Anhang

Glossar

(Kulinarische Fachausdrücke: siehe unter Schlemmerparadies Schwarzwald)

Alemannen

Von den Römern als „zusammengelaufenes Volk" bezeichnetes, germanisches Völkergemisch, das zum selbstbewussten Groß-Stamm verschmolzen ist und dessen Name „Alle Männer" bedeutet.

Apsis

Halbrunder, mit einer Viertelkugel überwölbter Raum an der Längs- oder Schmalseite von Kirchen oder Thermenanlagen.

Basilika

Drei- oder mehrschiffige Hallenkirche mit breitem und hohem Mittelschiff.

Bildstock

Ein an Wegen aufgestelltes Stein- oder Holzmal mit gemalten oder plastischen religiösen Darstellungen, häufig mit Inschriften versehen. Im Gegensatz zum bayrischen Marterl nimmt der Bildstock nicht auf einen Unglücksfall Bezug.

Chor

Erhöhtes Ende des Kirchenschiffs, in dem der Altar steht und der ursprünglich den Geistlichen und dem Chor vorbehalten war.

Epitaph

An den Innen- oder Außenwänden von Kirchen angebrachte Gedenktafeln für einen Verstorbenen, oft versehen mit dessen Portrait.

Fachwerk

Bei den Römern und im Mittelalter übliche Bauweise, bei der die Räume (Fächer) zwischen den Balken des tragenden Holzskeletts mit Lehm, Steinen oder Holz ausgefacht werden.

Fresken

Wandmalerei auf dem frischen, feuchten Verputz. Ab dem 14./15. Jahrhundert in christlichen Kirchen eingeführt, um den lese- und schreibunkundigen Menschen die Worte der Bibel zu veranschaulichen und nahezubringen.

Geomantie

Die Wirkung von Räumen und Dimensionen auf Menschen. Bekannt geworden als die chinesische Lehre Feng Shui.

Granit

Festes, körniges, magmatisches Tiefengestein. Hauptbestandteile: Quarz, Feldspat und Glimmer.

Karseen

Während der letzten Eiszeit entstandene Bergseen, die der Gletscher aus den Felsen herausgefräßt hat.

Münster

Kathedralen, Dome und andere bedeutende große Kirchen werden in Südwestdeutschland gerne als „Münster" bezeichnet. Das Wort kommt vom lateinischen *Monasterium* und bezeichnete ursprünglich die gesamte Klosteranlage. Heute versteht man darunter nur noch die Kirche.

Regio

Die Landschaft zu beiden Seiten des Rheins zwischen den Bergkämmen des Schwarzwaldes und den Höhen der Vogesen. Man will in Politik, Wirtschaft und Kultur gemeinsame Wege gehen, so soll zum Beispiel das gleichzeitige Studium an den Universitäten Basel, Müllhausen, Straßburg, Freiburg und Karlsruhe zum Normalfall werden.

Schanzen

Im Schwarzwald erstmals im 15. Jahrhundert und letztmals im 18. Jahrhundert angelegte Verteidigungswälle, die oft an Stellen früherer Ringwälle aus der keltisch-alemannischen Zeit errichtet wurden (siehe auch Viereckschanzen).

Schleifen
Im Zusammenhang mit Burgen bedeutet schleifen abreißen, zerstören.

Straußenwirtschaft
Ein je nach Region durch einen Zweig, Strauß oder Besen gekennzeichneter, nur zu bestimmten Zeiträumen geöffneter Ausschank eines Winzers (siehe auch Exkurs).

Therme
Römisches Bad. Bei den Römern dienten die Bäder nicht nur der Körperpflege, sondern auch als gesellschaftliches Zentrum zum Freunde treffen, Lesen oder Neuigkeiten austauschen. Mindestens einmal täglich, meist gegen Abend, war ein Badbesuch angesagt.

Viereckschanze
Seit dem 19. Jh. erforschte, quadratische oder rechteckige Erdwälle im Gelände, denen zunächst eine militärische Funktion zugeordnet wurde. Seit den 1930er Jahren werden sie eher als Heiligtümer gedeutet. Die über ganz Mitteleuropa verstreuten Anlagen (allein Baden-Württemberg hat über 100 Viereckschanzen!) weisen über die Form hinaus einige Gemeinsamkeiten auf: In der Regel haben sie ein Tor nach Westen, Süden und Osten, nie aber eines nach Norden. Innerhalb der Anlage liegen oft sogenannte Umgangstempel und größere Brandstellen, die auf die kultische Bedeutung der Orte hinweisen.

Wollsackverwitterung
Die Verwitterung der Gesteine setzt, besonders bei Granit, an der Oberfläche und in den Gesteinsklüften an. Dort verwittert der Stein zur Grus, der später heraus- und weggespült wird. Mit der Zeit entstehen oft wollsack- oder matratzenförmige Gesteinsblöcke, die nach der Abtragung des Erdreichs zutage treten.

Literaturhinweise

Anhang

Natur und Freizeit

- *Pollmann, Bernhard:* **Schwarzwald Süd,** Rother Wanderführer
- *Myrtek, Michael:* **Wanderungen Mittlerer und Südlicher Schwarzwald – Kaiserstuhl,** Rombach Verlag
- **Kompass Wanderführer,** Dt. Wanderverlag, Stuttgart. Je ein Band Schwarzwald-Nord und Süd.
- **Wanderungen im Kaiserstuhl – Südschwarzwald,** Suche nach Verborgenem. Verlag Moritz Schauenburg, Lahr 1997
- **Meyers Naturführer,** je ein Band Nord- und ein Band Südschwarzwald, Meyers Lexikonverlag

Regional- und Wanderkarten

- Sehr gut sind die Karten des Baden-Württembergischen **Landesvermessungsamtes,** die in Zusammenarbeit mit dem **Schwarzwaldverein** herausgegeben werden. Der Schwarzwald ist auf 9 Blättern im Maßstab 1:50.000 abgebildet (Von Nord nach Süd Blattnummern F1–F9).
- **RegioCart,** je eine Karte Schwarzwald Nord, Mitte und Süd, Maßstab 1:75.000. Orientierung sowohl für Wanderer als auch für Autofahrer.

Rad- und Motorradführer

- *Schmalfuß, Henning; Weber, Diethard:* **Schwarzwald Süd,** Bergverlag Rother, 2011. 33 Mountainbike-Touren durch den gesamten südlichen Schwarzwald. Der Schwarzwald gilt als Mekka für Biker!
- *Hepper, Matthias, Berg, Christoph:* **ADAC Tour-Books Schwarzwald, Elsass und Vogesen,** Travel House Media, 2010.

Bildbände

■ **Das große Buch vom Schwarzwald,** Theiss Verlag. Wunderschöner Bildband und hervorragendes Sachbuch in einem; eine der besten und umfassendsten Publikationen über den Schwarzwald.

■ HB-Bildatlas **Südlicher Schwarzwald**

■ *Spiering, Holger,* **Schwarzwald,** Edition Panorama, 2008. Hervorragend fotografierter Panorama-Bildband.

Literarisches und Kriminalistisches

Schwarzwald allgemein

■ *Klöppel, Renate:* **Die Tote vom Turm, Die Farbe des Todes ist schwarz, Der Kapuzenmann, Die Schattenseite des Mondes,** Schillinger, Piper. Auch im (Freiburger) Forschermilieu wird gemordet, intrigiert, geschlampt und gefälscht …

■ *Carl, Verena:* **Irgendwie, Irgendwann,** 2008. Zeitreise ins Freiburg der 1980er Jahre mit Biobrot, Palästinensertüchern, Missiles- und AKW-Protesten.

■ *Dorweiler, Ralf H:* **Badische Blutsbrüder, Ein Teufel zuviel, Mord auf alemannisch, Schwarzwälder Schinken, Bienenstich,** Emons Verlag. Eine Wertschätzung des Wiesentals, des Hotzenwalds und des Markgräferlands, die an vielen Stellen durchblitzt.

■ *Bender, Hans und Oberhauser, Fred (Hrsg.):* **Schwarzwald und Oberrhein,** insel taschenbuch. Ein literarischer Führer mit Textauszügen von Hemingway bis Goethe.

Badenweiler

■ *Wohmann, Gabriele:* **Frühherbst in Badenweiler,** Serie Piper, München, 1994. Midlifecrisis geplagter Musiker zur Kur in Badenweiler.

Bollschweil/Staufen

■ *Kaschnitz, Marie Luise:* **Beschreibung eines Dorfes**

Elzach/Prechtal

■ *Hemingway, Ernest:* **49 Depeschen,** daraus: Deutsche Gastwirte

Freiburg

■ *Fritz, Astrid:* **Die Hexe von Freiburg,** Historienroman

■ *Heyberger, Renate und Marquardt, Udo:* **Katzenkiller, Breisgau-Bohème, Kneipenkrieg, Tödliches Testament, Münstermörder, Pizza-Pate, Hundstage, Theaterblut, Chorknaben,** Sternwald Verlag, Freiburg 1995–2005, ca. 120 Seiten, neun empfehlenswerte, äußerst vergnüglich zu lesende „Führer" durch Freiburgs Gassen und Kneipen.

■ *Ummenhofer, Stefan, Rieckhoff, Alexander:* **Eiszeit, Honigsüßer Tod, Stille Nacht, Morgengrauen, Narrentreiben, Schwarzwaldrätsel, Ringfahndung,** Romaeus, Piper, 2000/2010. Kommissar *Hummel* ermittelt sich Fall um Fall durch den Südschwarzwald. Alle Morde unter www.schwarzwald-krimi.de.

Hochschwarzwald

■ *Schurhame, Romy:* **Die Wildlinge,** Buchendorf 2001. Das abenteuerliche Leben einer Schwarzwälder Familie aus dem Glottertal, deren beide Söhne ins Land der Zaren und ins Indianerland am Missisipi aufbrechen.

■ *Marquardt, Udo:* **Die Schwarzwaldfalle,** Sternwald Verlag

■ *Weis, Roland:* **Der Güllelochmord, Keltenkult und Kuckucksuhr,** Sternwald Verlag. Vier weitere atmosphärisch dichte Krimis.

■ *Busch, Petra:* **Schweig still, mein Kind,** Dromer/Knaur, 2010. Eine Schlucht im südlichen Schwarzwald: Hier erkundet die Hamburger Wanderführerautorin *Hanna Brock* neue Wege – und findet eine tote Schwangere …

■ *Bottini, Oliver:* **Mord im Zeichen des Zen.** Preisgekrönter Krimi mit alkoholkranker Kommissarin, Schauplätze sind Freiburg und der Hochschwarzwald sowie das nahe Elsass.

Hotzenwald

- *Stadler, Arnold:* **Volubilis oder meine Reise ans Ende der Welt,** Edition Isele, Eggingen 1999. Der Büchner-Preisträger 1999 beschreibt einen nach Lissabon reisenden Hotzenwälder, dem „nicht die Welt, sondern der Hotzenwald ins Gesicht geschrieben steht."
- *Durst-Benning,Petra:* **Antonias Wille,** Ullstein 2003. Junge Frau von heute soll das Leben einer Hoteliersfrau der Wende vom 19. zum 20. Jahrhundert anhand von deren Tagebüchern rekonstruieren. Sehr stimmungsvoller, den Hotzenwald sehr gut beschreibender Historienroman. Die Autorin recherchierte in Mambach, einem kleinen Ort im Hotzenwald, und wohnte in einem original Schwarzwaldhaus aus dem 18. Jahrhundert (zu buchen bei *Sibylle von Jan,* Rue de la Truite, F 70290 Plancher-Bas, Tel. (0033 38423) 2510.

Kaiserstuhl

- *Grießer, Anne:* **Trauben rot – Liebchen tot.** Eine tote Ukrainerein und eine verschwundene Saisonarbeiterin am Tuniberg.

Kandern

- *Zweig, Stefan:* **Sternstunden der Menschheit, Die Entdeckung Eldorados**

Todtnauberg

- *Heidegger, Martin:* **Sein und Zeit.** *Martin Heideggers* 1927 veröffentlichtes Hauptwerk gilt als Keimzelle für den Philosophischen Existenzialismus, wie er in Frankreich durch z.B. *Jean Paul Sartre* vertreten wird.

Staufen

- *Goethe, Johann Wolfgang von:* **Faust**

Waldkirch

- *Knoblich, Heidi:* **Tanz auf dem Wind.** Historienroman vom Schwarzwälder Leben zur Zeit, die Napoleon zum Geburtshelfer Badens machte.

Kinder- und Jugendbücher

- *Fischer, Karin und Ferdy* (2001): **Freizeit mit Kindern – Schwarzwald,** Stöppel Verlag, Weilheim: 80 Touren zwischen Hotzenwald und Karlsruhe, Tipps zu Kinderwagentauglichkeit, Wanderwege und Schlechtwetterprogramme.
- *Brezina, Thomas* (2000): **Knickerbockerbande 13. Der Ruf des Grusel- Kuckucks. Abenteuer im Schwarzwald.** (Ab 9 J.), Ravensb. Buchvlg., Ravensburg: Dominik hört in der schaurigen „Villa Fürchterlich" den Schrei des Gruselkuckucks.
- *Barth-Grözinger, Inge:* **Beerensommer,** Thienemann Verlag, 2006. Familiensaga aus dem Schwarzwald, die in einem Schwarzwälder Dorf Anfang des 20. Jahrhunderts spielt.

Sagen, Mythen, Kulte

- *Landspurg, Adolphe:* **Orte der Kraft, Schwarzwald und Vogesen,** Edition DNA, Straßburg, 1994. Orte der Kraft: Dolmen, Menhire, Grabhügel, Schalenfelsen und Felsenreihen. Der Autor hat zusammen mit Geologen, Historikern und Ethnologen „Orte der Kraft" im Schwarzwald und in den Vogesen aufgesucht und beschrieben. Teilweise sehr schöne Aufnahmen.
- **Schwarzwald, „Die Schwarzen Führer",** Eulen Verlag, Freiburg 1996, 173 Seiten. 120 geheimnisvolle Stätten in 87 Orten mit ca. 70 Abb. Zwei Übersichtskarten. Neu an diesem Buch sind die genauen Ortsbeschreibungen und die historischen Nachweise.

Film und Musik

Hollywood im schwarzen Wald

Eine der weltweit erfolgreichsten Seifenopern, die **Schwarzwaldklinik,** wurde im Schwarzwald gedreht. Aber das Klischee von der allumfassenden Idylle von Mensch und Natur, in der Probleme noch als niedliche Störfaktoren daherkommen, ist älter, wie die folgende Auflistung von erfolgreichen, im Schwarzwald gedrehten Filmen auch zeigt.

- Gütenbach, Fallerhof im oberen Fallengrund: Die 1994/ 95 gedrehte SWF-Serie: **Die Fallers – eine Schwarzwaldfamilie.**
- Glottertal: Die Endlosserie: **Schwarzwaldklinik**
- Grafenhausen: **Schwarzwaldklinik, Schwarzwaldfahrt aus Liebeskummer** (mit *Roy Black*).
- Freiburg: *Disney-Film:* **Der Glöckner von Notre Dame,** mit den Wasserspeiern des Münsters.
- Rust, Europapark: SWF Fernsehspiel: **Nadine – nackt im Bistro,** die Kulissenstraße ist im Park zu besichtigen.
- St. Blasien Bernau, Herzogenhorn und Resenhof – Bernau: **Das Schwarzwaldmädel,** 1950 als erster deutscher Nachkriegsfilm in Farbe gedreht.
- Freiburg, Badenweiler, Bernau und Titisee: **Die Rosel aus dem Schwarzwald,** Text der Titelmelodie: *„Ein Schwarzwälder Mädel und ein Schwarzwälder Kirsch, davor nimm dich in acht! / Die haben schon manchen, der's gar nicht gedacht, um den Verstand gebracht."*
- **Schwarzwaldhaus 1902:** Ebenso wie die Schwarzwaldklinik setzte auch dieser Vierteiler Zeichen: er war der erste einer ganzen Reihe von Dokuserien, bei denen die Akteure eine Zeitreise unternahmen.
- Schloss Bürgeln: **Lorentz & Söhne,** die Serie sollte an den Erfolg der Schwarzwaldklinik anknüpfen, gelang aber nicht: Schloss Bürgeln erscheint hier als Weingut, ungeachtet dessen, dass in dieser Höhenlage gar kein Wein mehr angebaut werden kann.
- Vöhrenbach, **Viehjud Levi,** 1998, mal nicht kitschig, sondern die authentische Geschichte des Juden Levi, der 1933 spurlos verschwand.

Quellenhinweis

Folgendes Zitat (Seite 192) drucken wir mit freundlicher Genehmigung des Verlages. Aus: Huchel, Peter: Materialien, stm 2048, Suhrkamp Verlag, Frankfurt, 1986.

Register

A

Achkarren 232
Adelhausermuseum für Natur- und Völkerkunde 114
Adler Hotel 125
Akkustationen 249
Albert-Schweitzer-Haus 80
Alpirsbach 64
Alte Steige 126
Augustinermuseum 114
Ausflugsziele für die ganze Familie 246
Auto 250

B

Bächle 114
Bad Bellingen 184
Bad Boll 152
Bad Dürrheim 88
Bad Krozingen 164
Bad Krozinger Schlosskonzerte 164
Bad Peterstal-Griesbach 55
Bad Rippoldsau-Schapbach 51
Bad Säckingen 209
Badenweiler 185
Bahnhäusle 77
Balzer Herrgott 71
Belchen 172
Benediktinerkloster St. Georgen 78
Benediktinerkloster St. Peter 129
Bergbaugeschichtlicher Wanderweg 190
Bergle 21
Bernau im Schwarzwald 204
Besucherbergwerke 30
Biberach 27
Bickensohl 233
Bike Crossing Schwarzwald 249
Bischoffingen 236
Blansingen 180
Blauen 189
Blecker 109
Blumberg 155
Bollenhut 32
Bootsfahrten 42
Braukunst 273
Breg 72
Breisach 227
Brend 72
Brezeln 134
Brigach 74
Bronzener Hirsch 126
Buchenberg 82
Burefasnet 190
Burg Staufen 166
Burgruine Falkenstein 97
Burgbachwasserfall 54
Burgberg 82
Burgruine Hohenschramberg 97
Burgruine Rötteln 180
Burgruine Schilteck 97
Burkheim 235
Burkheimer Nachtwächter 235
Bus 252

C

Café INKA 181
Camping 244
Cassiopeia-Therme 186
Chriesewässerle 273

D

Da-Bach-Na-Fahrt 97
Datschkuchenbacken 22
Deutsches Uhrenmuseum 70
Diersburg 19
Döggingen 154
Doktor Faustus 168
Dom St. Blasien 214
Dominikanermuseum 93
Donaueschingen 156
Donaueschinger Musiktage 157
Donauquelle 72, 74, 157

Drechslerei 204
Duravit Design Center 100

E
E-Bike 249
Eichener See 177
Eierlaufen 176
Einhorn-Apotheke 18
Eisenbahn 155, 250
Elektrobikes 249
Elzach 34
Elzacher Fasnet 34
Endingen 236
Erdmannshöhle 177
Erntedank 231
Esoterik-Studium 264
Europa-Park Rust 40

F
Fahl 201
Fahrrad 249
Fallerhof 72
Familienferien 245
Färberhaus 20
Fasnacht, schwäbisch-alemannische 252
Fauna 258
Feldberg 143
Feldsee 142
Ferienland, Todtnauer 197
Fernskiwanderwege 127
Feste 252
Film 280
Flößer 57
Franziskanermuseum 83
Freiburg 105
Freiburger Münster 106
Freilichtmuseum Vogtsbauernhof 31
Freizeit-Park Rust 40
Freudenstadt 47
Fridolinsmünster 210
Fürstenberger Schloss 57
Furtwangen 70

G
Galgen 72
Gastronomie 243
Gastwirte 36
Gauchachschlucht 154
Gebirgskirschwasser 272
Gengenbach 19
Gengenbacher Kräuterweihe 22
Geologie 254
Geologischer Weinlehrpfad 232
Geroldsecker Waffenschmiede 27
Geschichte 259
Gin 272
Glasbläserei 126
Glashütte 145
Glaswaldsee 54
Gleitschirm-Drachenflieger 131
Glöcklehofkapelle 164
Glossar 276
Glottertal 131
Gottesacker 80
Grafenhausen 149
Griesbach 55
Grimmelshausen, Hans Jakob 39
Grimmelshofen 154
Großjockenmühle 126
Gutach 32
Gutachbrücke 151

H
Hahn-und-Henne-Geschirr 25
Hangloch Wasserfall 198
Hans-Thoma-Kunstmuseum 204
Hansjakob, Heinrich 29
Hansjakobmuseum 29
Hansjakobwege 29
Haslach 28
Hausach 30
Hausen 177
Hauser, Kaspar 114, 212
Hebel, Johann Peter 173
Hebelfest 177
Hecker, Friedrich 262

Heidenkirche 27
Heidenstädtle 95
Heidenstein 214
Heilig-Kreuz-Münster 93
Heimatpfad 126
Herrischried 206
Hexenlochmühle 71
Hexenprozesse 92
Hexentanzplätze 130
Hinterzarten 123
Hirzbauernhof 74
Hohengeroldseck 27
Holbeinpferd 113
Höllentalbahn 126
Holzflößerei 57
Hornberg 99
Hornberger Schießen 99
Hotels 244
Hotzen 260
Hotzenwald 206
Hüfingen 159

I

Ihringen 230
Ihringer Weintage 230
Informationen 243
Internationales Luftfahrtmuseum 86
Internet 244
Isteiner Klotz 180

J

Jakobsweg 22
Jüdischer Friedhof Sulzburg 192
Jugendherbergen 245

K

Kaiserstuhl Radwanderweg 225
Kaiserin Elisabeth von Österreich 220
Kaiserstuhl 225
Kandel 130
Kandelfelsen 131
Kandern 182
Kappel 151
Kastelstein 55
Kelten 259
Keltischer Baumkreis 167
Keramikmuseum 25, 166
Kinzig 30
Kinzigtäler Jakobsweg 22
Kinzigtorturm 20
Kippenheim 38
Kirchzarten 121
Kirschtortenfestival 198
Kirschwasser 272
Klaus-Jürgen-Wussow-Brücke 132
Kleines Museum aus dem Müll 210
Klima 255
Kloster Alpirsbach 64
Kloster St. Trudpert 170
Kloster Wittichen 63
Kohlenmeiler 170
Königsfeld 80
KONUS-Gästekarte 252
Küche, alemannische 266
Kuckucksuhr 77
Kulte 280
Kunsthalle Messner 115
Kurpark „Luisengarten“ 88

L

Laguna Badeland 181
Lahr 37
Landschaftschutzgebiete 257
Le Petit Salon 221
Lettner 227
Lifteverbund Südschwarzwald 202
Literaturhinweise 277
Literaturmuseum „Hebelhaus“ 177
Loipen 127, 143
Lorenzkapelle 93
Lörrach 178
Lotharlehrpfad 258
Luftfahrtmuseum 86
Lützelhardt 28

M
Magdalenenberg 84
Mahlberg 39
Markgräflerland 161, 264
Mephisto-Stadtführungen 167
Mikwe 17
Motorrad 250
Mountainbike 121, 249
Muggenbrunn 201
Münstertal 169
Münstertäler Bienenkundemuseum 170
Münsterturm 110
Murgtal 208
Museum für Ur- und Frühgeschichte 114
Museum im Ritterhaus 18
Museumsbergwerk Schauinsland 119
Museumseisenbahnen 251
Musik 280
Mythen 280

N
Nachtwächter 235
Narrenmuseum 21, 89
Narrenschopf 89
Narrensprung 91
Narrentreiben 58
Nasentrompeter 109
Natur-Labyrinth 167
Naturraum 254
Naturschutz 256
Naturschutzgebiet Schwenninger Moos 86
Naturschutzgebiet Wutach-Gauchachschlucht 150
Naturschutzgebiete 256
Naturschutzzentrum Südschwarzwald 143
Neckar 86
Neumagenbrücke 166
Neuf-Brisach 230
Niederrotweil 234
Niggelturm 21
Nikolauskirche 82
Nonnenmattweiher 187
Nordrach 26
Nordracher Puppenmuseum 26

O
Oberbergen 234
Oberharmersbach 27
Oberrheinbegradigung 261
Oberried 123
Offenburg 16
Ökohauptstadt 105
Orgelbauerstadt 134
Orgeltage 176
Orkan Lothar 263

P, Q
Panorama-Radweg 249
Parkhotel Adler 125
Pensionen 244
Phono-Museum 79
Ponyreiten in Tannenwäldern 246
Preiskategorien Hotels 245
Primtal 95
Puppen- und Spielzeugmuseum 94
Pürschgerichtskarte 93
Quellenhinweis 280

R
Radmacherbrunnen 83
Radbus-Linien 250
Radführer 277
Ravenna-Wasserfall 126
Regionalkarten 277
Reisezeit 243
Resenhof 204
Rickenbach 207
Ritter Kuno 178
Römer 259
Römerbad 93
Römische Badruinen 159
Rossler 272

Rothaus 149
Rötteln 180
Rottweil 90
Rottweiler Hund 90
Rottweiler Narrensprung 91
Routen 250
Ruine Bärenfels 178
Rust 40

S

Sagen 72, 280
Sakralkunst 134
Saline 95
Salpeterer 260
Sauschwänzlebahn 155
Schanze 95
Schapbach 51
Schattenmühle 151
Schatzstein 198
Schaubergwerk Teufelsgrund 170
Schauinsland 119
Scheffel, Viktor von 210
Scheffelhaus 20
Schiltach 60
Schindelmacherei 126
Schlemmerparadies 264
Schloss Bürgeln 183
Schlossbergpfad 232
Schluchsee 146
Schmieheim 38
Schnapskunde 271
Schonach 78
Schopfheim 175
Schramberg 96
Schramberger Stadtmuseum 96
Schuhwerk 243
Schurhammerhütte 152
Schwarzwald-Radfernweg 249
Schwarzwaldbahn 99
Schwarzwälder Kirschtorte 267
Schwarzwälder Klopfsäge 126
Schwarzwälder Pilzlehrschau 99
Schwarzwälder Schinken 267
Schwarzwälder Superlative 242
Schwarzwälder Uhrenindustrie 96
Schwarzwaldhöfe 204
Schwarzwaldklinik 131
Schwarzwaldmädel 129
Schwarzwaldmuseum 76
Schwarzwaldsammlung 83
Schwarzwaldverein 247, 262
Schweitzer, Albert 80
Schwenningen 85
Schwenninger Moos 86
Schwörstadt 214
Segway 156
Seherin 34
Simonswäldertal 71
Sisi 220
Solebad Solemar 88
Solfelsen 208
St. Blasien 214
St. Georgen 78
St. Märgen 130
St. Peter 129
St. Stephansmünster 227
St. Ulrich 121
St.-Oswald-Kapelle 128
Stadtpfarrkirche St. Marien 20
Staufen 165
Steinen-Hofen 178
Steinwasen-Park 123
Sternschanze 175
Stollen Barbara 121
Storchenturm 37
Straußenfarm 156
Straußenwirtschaften 228
Sulzburg 189
Sutter, Johann August 182

T

Tabak 39
Tannenzäpfle 273
Taubergießen 42
Themenpfade 236

Titisee-Neustadt 139
Todtmoos 205
Todtnau 197, 198
Todtnau-Präg 201
Todtnauberg 201
Todtnauer Ferienland 197
Todtnauer Wasserfall 144
Topinambur 272
Traubenkur 184
Triberg 75
Triberger Wasserfälle 75
Triberger Weihnachtszauber 75
Trompeter von Säckingen 210
Trompeterschlössle 209
Tropfsteinhöhle 177
Tschamberhöhle 214

U

Uhr 98
Uhrenindustriemusem 85
Uhrenmuseum 85
Uhrenstraße 68
Uhrmachergewerbe 70
Unterharmersbach 27
Unterkunft 244
Urlaub auf dem Bauernhof 245

V

Vauban 115
Veranstaltungen 252
Vesper 264
Viadukt 99
Viereckschanzen 95
Villingen 83
Villingen-Schwenningen 82
Villinger Altertümersammlung 83
Vitra Design Museum 181
Vogelpark Steinen 178
Vogtsbauernhöfe 31
Vogtsburg im Kaiserstuhl 232
Vorderösterreich Museum 237

W

Wachter, Emil 207
Wald 255
Waldkirch 134
Waldsterben 255
Wallbach 211
Wallfahrtskirche Maria in der Tanne 76
Wanderkarten 277
Wandern 150, 207
Wanderwege 247
Wasserfall Burgbach 54
Wasserfälle Triberg 75
Wasserfallsteig 144
Wehrgeschichtliches Museum 20
Weiberwirtschaft 130
Weil am Rhein 181
Wein, badischer 270
Weinbaumuseum Achkarren 232
Weinberge 131
Weinlehrpfad 132
Westweg-Portale 247
Wieladingen 208
Wildgutachtal 71
Winter 254
Winterhalter, Franz Xaver 220, 221
Wittichen 63
Wolfach 57
Wurstsalat 265
Wutachmühle 152
Wutachschlucht 150

Z

Zähringer Hof 171
Zell am Harmersbach 25
Zell-Weierbach 19
Zibärtle 273
Zu Fuß 247
Zugverkehr, regulärer 250
Zum Löwen 38
Zum Rößle 36
Zweribachwasserfälle 130
Zwiebelkuchen 267

Die Autorin

083ssw cz

Cornelia Ziegler ist in einem Dorf nahe Rastatt aufgewachsen und lebt heute in München. Nach Jahren des Recherchierens und Schreibens in und über Griechenland arbeitete sie als Leiterin eines Schwarzwälder Fremdenverkehrsamtes. Heute ist sie freie Autorin und Stadtführerin in München. Aber noch immer fährt sie so oft es geht mit Familie und Freunden in den Schwarzwald und entdeckt dort immer wieder Neues und Unbekanntes.

Die Autorin dankt allen, die sie durch den Schwarzwald und dieses Buch begleitet haben, insbesondere ihrer Mutter und den vielen Freunden, die sich immer wieder aufs Neue vom Schwarzwald faszinieren lassen.

Markierungszeichen der Hauptwanderwege des gesamten Schwarzwaldes

Höhenwege (weißer Hintergrund)

- Westweg Pforzheim – Basel, 281 km, Dauer: 12-13 Tage
- Mittelweg Pforzheim – Waldshut, 228 km, Dauer: 9 Tage
- Ostweg Pforzheim – Schaffhausen, 238 km, Dauer: 10 Tage
- Nord-Süd-Weg „Kandel-Höhenweg", 110 km, Dauer: 5 Tage
- Nord-Süd-Weg „Ortenauer Weinpfad", 63 km, Dauer: 3 Tage
- Nord-Süd-Weg „Gäurandweg", 99 km, Dauer: 4 Tage
- „Markgräfler Wiiwegli", 53 km, Dauer: 2 Tage

Querwege (gelber Hintergrund)

- Querweg Freiburg – Bodensee, 178 km, Dauer: 7 Tage
- Querweg Lahr – Rottweil, 93 km, Dauer: 4 Tage
- Querweg Gegenbach – Alpirsbach, 51 km, Dauer: 3 Tage
- Querweg Schwarzwald – Kaiserstuhl – Rhein, 110 km, Dauer: 5 Tage
- Querweg Schwarzwald – Jura – Bodensee, 112 km, Dauer: 5 Tage
- Querweg Hotzenwald, 45 km, Dauer: 2 Tage
- Querweg Hochrhein, 49 km, Dauer: 2 Tage

Zugangswege (weißer Hintergrund)

- Zugangswege zum Westweg vom Rheintal her
- Zugangswege zum Westweg vom Neckarvorland her
- Zugangs- und Verbindungswege zwischen den Höhenwegen